Fé apaixonada

Publicações RBC

jennie afman dimkoff

É apaixonada

Verdades clássicas
para mulheres
contemporâneas

Fé apaixonada — Verdades clássicas para mulheres contemporâneas
Copyright © 2002, 2005 by Jennie Afman Dimkoff
Originally published in English under the title *Passionate Faith* by Revell,
a division of Baker Publishing Group, Grand Rapids, Michigan, 49516, U.S.A.
All rights reserved.

Coordenação editorial: Rita Rosário
Tradução: Julie Marie Castin, Carla Adriana Duarte Muller
Revisão: Daniela Mallmann, Thaís Soler
Projeto gráfico e capa: Audrey Novac Ribeiro

Dados Internacionais de Catalogação na Publicação (CIP)

Dimkoff, Jennie Afman
Fé apaixonada — Verdades clássicas para mulheres contemporâneas
Tradução: Julie Marie Castin, Carla Adriana Duarte Muller
Curitiba/PR, Publicações RBC

Título original: *Passionate Faith*

1. Fé;   2. Vida cristã;   3. Confiança;   4. Devocional;   5. Mulheres

---

Proibida a reprodução total ou parcial, sem prévia autorização, por escrito, da editora.

Todos os direitos reservados e protegidos pela Lei 9.610, de 19/02/1998.

Exceto quando indicado no texto, os trechos bíblicos mencionados são da edição Revista e Atualizada de João Ferreira de Almeida © 1993 Sociedade Bíblica do Brasil.

Publicações RBC
Rua Nicarágua, 2128, Bacacheri, 82515-260, Curitiba/PR, Brasil
E-mail: vendas_brasil@rbc.org
Internet: www.publicacoesrbc.com.br • www.ministeriosrbc.org
Telefone: (41) 3257-4028

Código: EJ943
ISBN: 978-1-60485-798-6

1.ª edição: 2013
1.ª impressão: 2013

Impresso no Brasil • Printed in Brazil

Este livro é amorosamente dedicado a minha contadora de histórias favorita, Pauline Wielhouwer Afman, mais conhecida para mim como "Mamãe".

Querida mãe, como considero valiosas minhas lembranças da infância de sua maravilhosa voz contralto tecendo histórias que entrelaçavam seus caminhos em meu jovem coração. Obrigada acima de tudo por compartilhar a maravilhosa e instigante história do amor de Deus por mim. Elas influenciaram o meu dia a dia.

Obrigada por seu amor incondicional, encorajamento fiel e contínuo apoio em oração. Eu te amo.

sumário

Agradecimentos	9
Como usar este livro	11
1 Um par perfeito: A primeira história de amor registrada	13
2 Escolhendo confiar: Uma história de fé desafiadora	39
3 Primeiro eu, primeiro eu! Uma história para líderes	57
4 O orgulho leva um banho: Uma história sobre humildade, cura e serviço	79
5 Querida Abigail: Uma história de vida santa num relacionamento difícil	101
6 Buscando a face de Deus na correria da vida: Uma história de alguém que busca	125
7 Fé e amizade se encontram: Uma história sobre amizade persistente	145
8 Adivinhe quem vem para o jantar: Uma história sobre escolhas	163
9 "Deus, o Senhor está atrasado! Onde estavas quando precisei de ti?": Uma história sobre o tempo de Deus	187
10 Escape do corredor da morte! Uma história sobre libertação e resposta de oração	209
Conclusão	235
Guia de estudo de dez semanas	237
Notas	291

agradecimentos

A minha querida irmã, Carol Kent, que por anos me mentoreou, incentivou e encorajou a escrever. Sem o seu exemplo e motivação, duvido que este livro teria se tornado realidade.

Ao Dr. Robert Nienhuis, o vice-presidente da Universidade de Cornerstone, por gentilmente revisar a veracidade bíblica do meu manuscrito. Obrigada, Bob, por emprestar sua inteligência em meu livro e por me desafiar a permanecer na Palavra de Deus.

A Marilyn Gordon, de Baker Books, que atendeu ao toque de Deus e deu seguimento a nossa conversa no aeroporto. Sem esse contato, duvido que eu teria encontrado a família dos editores Baker/Revell.

A Jenifer Leep, minha diretora comercial na *Revell*. Você permitiu que esse projeto fosse possível, e seu entusiasmo me trouxe alegria durante a jornada. Foi maravilhoso trabalhar com você. Você sempre me encorajou quando eu mais precisei.

Aos amigos especiais, que me concederam autorização para compartilhar suas comoventes histórias (eu amo vocês).

A Jan Zimmerman, amiga, companheira de oração e de viagens. Seu encorajamento, discernimento e entusiasmo foram como presentes para mim. Obrigada por sua ajuda nos estudos bíblicos deste livro.

A Linda Goorhouse, cuja ajuda de valor imensurável como minha assistente de escritório tornou possível que eu cumprisse prazos. Seu ânimo e trabalho de equipe tornaram a quantidade de tarefas menos assustadoras.

Aos meus filhos, Amber e Josué, que além de me daram liberdade para contar suas histórias, foram meus incentivadoras. Eles compartilharam minhas ideias e agiram como revisores durante o processo. Sou abençoada por ser mãe de vocês.

Ao meu marido, Graydon, que me encorajou a escrever esse livro sobre as histórias que mais gosto quando eu estava pesquisando pelo tópico ideal.

A todos aqueles que oraram por mim durante esse projeto. Vocês nunca saberão o quanto essas orações foram necessárias. Por favor, continuem intercedendo.

como utilizar este livro

eu amo boas histórias, e a Bíblia é repleta com o que há de melhor dentre as melhores. Ao escrever este livro e fazer a releitura de dez histórias de fé, desejo convidar você para mergulhar nas páginas — viver as histórias com os personagens reais.

Você está curiosa sobre o que a Bíblia tem a dizer especialmente a você? Em cada capítulo de Fé Apaixonada, você encontrará releituras de histórias da antiguidade; a seção Aprofundando contém informações para que você compreenda melhor a cultura, a política e os costumes da época. Também há uma história contemporânea que a auxiliará a entender e aplicar a história bíblica em sua vida hoje.

Para aproveitar ao máximo a leitura deste livro, talvez você prefira estudar a seção no fim do livro, preparada para ser um guia de estudo de dez semanas, para uso individual ou em grupo. Para cada uma das histórias de *Fé Apaixonada*, você encontrará tarefas para cinco dias que vão esclarecer as lições de cada história e trazer uma aplicação em seu dia a dia. Algumas partes dos estudos podem envolvê-la mais pessoalmente, enquanto outras podem ser usadas para uma boa discussão em grupo.

Cada semana de estudo incluirá a leitura da história, uma oportunidade para identificar os personagens principais, trecho de leitura da Bíblia, discussão do tema principal e um olhar mais de perto na fé dos personagens. As perguntas são uma maneira prática para ajudá-la a descobrir como se tornar uma mulher de fé apaixonada.

Quer você leia e estude esse livro a sós com Deus ou com amigas semanalmente, inicie com orações, pedindo ao Senhor para abrir sua mente e coração para as verdades que Ele pode lhe revelar. O tempo investido na presença de Deus aumentará sua intimidade com Ele.

Aproveite o livro *Fé Apaixonada!* Eu adoraria saber como Deus te abençoou por meio dele. Para me contar sua história de fé, envie-me um email: jennie@jenniedimkoff.com

Confiando nele por opção,
Jennie Afman Dimkoff

1
um par perfeito

A primeira história de amor registrada

Era uma linda e gelada noite de dezembro, e o rapaz ao meu lado na torre de observação havia planejado aquela noite com muito cuidado. Enquanto olhávamos a deslumbrante beleza das Cataratas do Niágara, com o barulho estrondoso da água e as luzes coloridas que iluminavam a névoa que se levantava da base da cachoeira, ele tomou as minhas mãos nas mãos dele, e pediu que eu fosse sua esposa.

Seu pedido me surpreendeu, mas eu amava muito aquele estudante de Direito, jovem e entusiasta, que estava diante de mim. Com o coração disparado e o ar preso em minha garganta, respondi sem fôlego: "Eu adoraria."

Ele hesitou por um momento. "Você *aceita*?"

"Eu adoraria."

Houve outra pausa. "Você *aceita*?" ele perguntou de novo.

Desta vez eu segurei as mãos *dele*. Olhando em seus olhos e balançando a cabeça, eu lhe assegurei, "Sim! Eu te *amo*, e *adoraria* me casar com você!"

Com isso, Graydon Dimkoff, aos seus 23 anos, me ergueu em seus braços, girou-me e gritou para as pessoas que haviam acabado de entrar na torre: "Ela me ama e acabou de dizer que vai se casar comigo!"

Eu adoro uma boa história de amor, especialmente aquelas com facetas surpreendentes que me prendem. Li uma tão cativante recentemente que quero recomendar o livro a você. Na verdade, é uma coleção de histórias em um único volume. Depois de ler uma delas nas próximas páginas, espero que você fique tão curiosa para descobrir o que mais está registrado no livro que queira ler por si mesma.

O livro é a Palavra de Deus, a Bíblia. E a história de amor a qual me refiro é a de Rebeca e Isaque. O nome de Rebeca significa "cativante", e ela era a Miss Mesopotâmia do Antigo Testamento. Seu relacionamento amoroso com Isaque, filho de Abraão e Sara, começa em Gênesis 24, e é mais emocionante do que um roteiro de filme. Você me acompanha enquanto passeamos pelas páginas deste livro?

A história de Rebeca

O velho levantou a mão para enxugar a umidade dos seus olhos. Como ele sentia sua falta!

Sentar-se na tenda de Sara trouxe de volta as lembranças — sua beleza incomum, suas aventuras nômades juntos, a tristeza dela ao longo dos anos de esterilidade e seu ceticismo com a notícia vinda de Deus de que teria um filho em idade avançada. Abraão sorriu enquanto lembrava-se da felicidade que sentiram no dia do nascimento do filho. À criança deram o nome de Isaque, que significa "riso" e indicava a alegria que ele havia lhes trazido já em idade avançada.

Pelo menos Sara viveu o suficiente para ver o nosso filho amadurecer, ele pensou, balançando a cabeça e concordando consigo mesmo. Mesmo em sua dor, havia muito a agradecer.

Fé apaixonada

Olhando pela abertura da tenda, ele viu Isaque caminhando sozinho no campo. Observando seu filho e herdeiro, Abraão suspirou. *Ele sofre por ela tanto quanto eu*, pensou. *Tenho negligenciado meu dever. Isaque já tem quase 40 anos e ainda está solteiro, e eu nada tenho feito para lhe arranjar um casamento. A vida tem muito mais para ele do que simplesmente herdar minha propriedade.*

Pausando para dar uma última olhada na tenda de Sara, o velho chamou seu servo fiel para ajudá-lo.

"Eliézer, confio em você há muitos anos com tudo o que tenho. Hoje peço que faça um juramento para me representar em uma questão de grande importância. É tempo de meu filho, Isaque, se casar, mas sob nenhuma condição eu quero que ele se case com uma das mulheres cananeias desta terra. Você me entende?"

Concordando com a cabeça, o servo se concentrava em cada palavra.

"Chegue mais perto de mim e ponha a mão debaixo da minha coxa. Quero que você jure pelo Deus dos céus e da terra que não buscará uma esposa para meu filho entre as filhas dos cananeus, no meio dos quais estou vivendo. Quero que vá até a minha terra, na Mesopotâmia, e busque uma esposa para Isaque dentre os meus parentes. Estou velho demais para fazer a viagem. Você deve ir em meu lugar."

O servo, obediente, passou pelo ritual do juramento, mas sua mente estava cheia de perguntas sem respostas. *Eu tenho que encontrar uma esposa para Isaque? Eu sei pouco sobre a Mesopotâmia, e é tão longe. Como vou saber localizar a família de Abraão?*

"Farei como me pediu", disse Eliézer, "mas e se a mulher não quiser vir comigo a esta terra? Devo então voltar, buscar Isaque e levá-lo à Mesopotâmia?"

Abraão foi inflexível. "Não! Deus prometeu que daria esta terra à Isaque como herança! Deus preparará o caminho para você,

Eliézer, enviando Seu anjo adiante de ti. Se a mulher se recusar, você estará livre do juramento. Jure que não levará Isaque de volta para lá!"

A caravana, constituída por dez camelos carregados com ricas roupas, joias e outras recompensas da riqueza de Abraão, partiu. Eliézer foi em direção a Aram Naaraim, no norte da Mesopotâmia, especificamente para a cidade de Naor. A viagem era longa e árdua, e seu coração pesava com a responsabilidade que estava diante dele. Depois de muitos dias, chegaram às redondezas de Naor, e ele e seus homens fizeram seus camelos se ajoelharem junto ao poço que havia ali. Sua chegada foi ao cair da tarde, quando as moças da cidade vinham com seus jarros até o poço buscar água. Sua tarefa parecia impossível. Parado ali, empoeirado e cansado, Eliézer elevou o seu coração a Deus e orou. "Senhor, Deus de meu senhor Abraão, dá-me neste dia bom êxito. Estou aqui ao lado desta fonte, e as filhas do povo desta cidade estão vindo para tirar água. Quando eu disser a uma jovem, 'Por favor, incline o seu cântaro e dê-me de beber,' e ela disser, 'Beba, e também darei água aos teus camelos' — seja essa a que escolheste para Isaque."

Uma voz feminina antecedeu a entrada da moça para o estábulo onde Labão estava instruindo um de seus servos. "Estou indo buscar água, querido irmão", ela anunciou agradavelmente. Respirando profundamente, olhou para fora do estábulo antes de comentar com Labão. "Que noite agradável, não? Agradável demais para ficar em casa! Volto logo." Tão rápido quanto chegou, ela saiu novamente.

Labão deu um passo até a porta e sorriu enquanto observava sua irmã graciosamente se distanciar, equilibrando um jarro de barro nos ombros. *Ela é muito bonita,* ele pensou e então sorriu. *Sim, ela é bela, inocente, generosa até demais, e impulsiva a ponto de um dia levar um esposo à distração!* Ainda sorrindo, ele inspirou

um pouco do ar fresco que ela havia expirado e voltou às tarefas rotineiras.

Ao chegar à saída da cidade, Rebeca acenou para várias outras moças que, ao entardecer, faziam a mesma peregrinação até o poço. Ao se aproximar, ela notou os dez camelos ajoelhados perto da fonte. Um homem mais velho estava um pouco adiante da caravana. Obviamente, ele estava cansado e empoeirado devido à longa viagem, mas o que chamou sua atenção foi o fato de ele parecer estar conversando silenciosamente — com ninguém.

Rebeca não olhou nos olhos do senhor, mas estava ciente de que ele parecia estar observando-a encher o jarro e erguê-lo sobre o ombro, com seus braços fortes e saudáveis. Quando ela voltou do poço, o homem veio em sua direção e pediu água.

"Claro", respondeu Rebeca. Segurando com as duas mãos, ela abaixou o jarro para providenciar água fresca ao estranho.

Enquanto a irmã de Labão observava o homem cansado e empoeirado bebendo sedentamente, seu coração foi movido por compaixão. Sem considerar o grande esforço que faria, ela ofereceu: "Tirarei também água para encher os bebedouros até que seus camelos terminem de beber."

Sem mais uma palavra, a moça despejou a água remanescente e correu outra vez ao poço — e muitas outras vezes — para tirar água suficiente para todos os camelos sedentos.

Eliézer mal podia acreditar no que estava acontecendo. Será que suas orações foram respondidas assim tão rápidas? Ele assistiu admirado enquanto Rebeca trabalhava, e depois que os animais terminaram de beber até satisfazerem-se, ele dirigiu-se aos seus pertences e dali retirou um pingente e duas belas pulseiras de ouro. Aproximando-se dela com os presentes, perguntou: "Quem é teu pai?" Em seguida, estendendo o braço em direção à caravana, acrescentou: "Será que há lugar em sua casa para ficarmos esta noite?"

"Meu pai é Betuel, e eu sou neta de Naor", Rebeca respondeu educadamente. "Tenho certeza de que temos bastante espaço para você e seus homens e também palha para os camelos."

Era ela! Eliézer mal podia acreditar no que ouvia! Esta linda mulher era prima segunda de Isaque! Sem dizer uma palavra a Rebeca, ele inclinou-se e adorou ao Senhor na presença dela.

"Louvado seja o Deus do meu senhor Abraão, que não cessou com a sua benevolência e fidelidade ao meu senhor."

"Mãe! Labão! Onde estão vocês?" Sem fôlego de tanto correr, ela abriu a porta da casa de sua mãe e contou, entusiasmada, o que havia acontecido perto do poço. "Olhe os presentes que o homem me deu!" exclamou, mostrando a eles o delicado pingente e as pulseiras de ouro brilhantes.

"Arrumem a casa e preparem uma refeição", Labão ordenou. "Vou receber o nosso convidado!" Ele então se apressou e foi até o poço. Encontrou o homem em pé perto dos camelos, e convidou Eliézer e seus acompanhantes para ir para casa com ele.

Ainda balançado com os eventos do dia, Eliézer absorveu a cena em torno dele. Betuel, pai de Rebeca, quem ele sabia ser sobrinho de Abraão, estava presente, assim como seu irmão, Labão. A mesa estava posta diante deles, mas Eliézer estava concentrado demais em sua missão para comer. "Não comerei até que tenha dito o que tenho a dizer."

Labão respondeu: "Estamos ouvindo."

Então Eliézer explicou que, como servo de Abraão, ele havia sido enviado para encontrar uma esposa para o filho de seu mestre, Isaque, que herdaria todas as riquezas de seu pai. Ele descreveu como havia feito o juramento, como foi sua viagem e como havia orado no poço, pedindo que Deus apontasse a moça certa. "Antes mesmo de terminar minha oração, sua linda filha veio ao poço. Quando pedi água, ela graciosamente me deu, e mais, ofereceu

água aos camelos! Quando descobri que ela era da casa dos parentes de Abraão, me curvei e adorei ao Senhor."

Eliézer e Rebeca se entreolharam por um momento. Ela estava em pé na porta com uma travessa nas mãos e ouvira a conversa com os olhos arregalados. A moça virou para seu pai e seu irmão. "Por favor, digam-me se vocês querem ou não atender o pedido de Abraão, para que eu saiba o que fazer."

Betuel e Labão olharam para Rebeca e depois um para o outro, concordando. "Isso vem do Senhor. Aqui está Rebeca. Leve-a e vá. Que ela seja esposa do filho de seu senhor."

Pasma demais para dormir diante de tudo que tinha visto e ouvido naquele dia, Rebeca ficou na porta de sua casa olhando a noite lá fora, contemplando o futuro. Ela sabia desde pequena que um dia seu pai e seu irmão arranjariam um casamento para ela. Mas deixar tudo que lhe era familiar e ir para uma terra distante era algo para se pensar duas vezes. Era confortante para sua família saber que o filho de Abraão era um homem rico, mas para ela era melhor ainda saber que Isaque não tinha outras esposas para competir com ela! E então veio o pensamento triste de que muito provavelmente ela nunca mais veria sua família.

Quando parecia que sua cabeça explodiria com tantos pensamentos, a moça se lembrou do momento em que viu o velho no poço pela primeira vez, e de como ele parecia estar orando. Ela se lembrou da maneira impulsiva com a qual ofereceu água aos camelos e a reação surpreendente dele quando soube o nome de seu pai. Por duas vezes ela havia presenciado o velho fazendo orações de agradecimento a Deus por tê-lo levado a ela e a sua família. Rebeca soube naquele momento que Deus os havia unido. Respirou fundo o ar da noite fresca e sentiu paz. Deus estava no controle, e ela se casaria com um homem cujo nome significa "riso". Ela sorriu em meio à escuridão.

Cedo na manhã seguinte, a mãe de Rebeca se movimentava pela casa, dando ordens aos servos, com a mente cheia de planos para o casamento. Havia tanto a ser feito! O vestido de Rebeca e o véu para a sua cabeça. Amigos e familiares que gostariam de parabenizá-la e celebrar com a família. Pena que o casamento não poderia acontecer na cidade de Naor. Ela, porém, valorizaria o tempo que restava com sua filha e compartilharia segredos íntimos do casamento nos próximos dias. Tanto a ser feito!

Labão e Eliézer entraram na sala. Mais uma vez o velho anunciou o que tinha em mente ao invés de comer primeiro. "Eu gostaria de partir e levar Rebeca para o meu senhor agora."

"O quê?" A mãe de Rebeca olhou freneticamente para Labão, que parecia tão assustado quanto ela.

"Mas você acabou de chegar. Isso é tudo muito de repente. Não podemos deixá-la partir em tão curto prazo. Precisamos de mais tempo. Dê-nos pelo menos dez dias. Então pode levá-la."

Eliézer estava determinado. "Por favor, não me impeça. O Senhor tem prosperado meu caminho. Deixe-me partir para que eu volte ao meu senhor."

No dilema sobre o que fazer, eles decidiram permitir que Rebeca tomasse sua própria decisão. Chamaram-na à sala e perguntaram se estaria disposta a partir imediatamente com Eliézer.

Rebeca olhou para a família que amava, e então para o homem de oração que esperava ansioso diante dela, e respondeu sem hesitar.

"Sim, eu vou."

Rebeca se preparou às pressas para deixar sua casa. Sua ama, Débora, e suas servas iriam com ela a Canaã, então havia muito a preparar. Mas antes de montarem nos camelos e partirem com Eliézer, sua família se juntou em volta dela e a abençoou.

"Nossa irmã, que sejas mãe de milhares e milhares; e que a tua descendência possua a porta dos teus inimigos."

Fé apaixonada

Engolindo o nó na garganta, Rebeca montou no camelo, deu adeus àqueles que amava e virou-se para frente em sua sela para viver a nova realidade que a aguardava. A viagem seria longa, mas se lembrou de que o casamento que a esperava quando terminasse a jornada seria divino, e que o nome de seu esposo significava "riso".

No início do entardecer, Isaque saiu para caminhar no campo e meditar. Enquanto seu pai havia abraçado a vida nômade, ele tinha mais jeito para o cultivo da terra, e a terra havia prosperado sob seus cuidados. Isaque amava caminhar pelo campo, gastando tempo em silêncio para pensar e orar. Muitos pensamentos haviam passado por sua mente naqueles dias. Ele havia sofrido profundamente com a morte de sua mãe, mas nas últimas semanas suas conversas com Deus haviam girado em torno da tarefa que seu pai dera a Eliézer. Isaque, apesar de rico e de ser um homem de grande importância, era somente um homem de Deus vivendo em uma terra pagã. A ideia de ter uma esposa que compartilharia não apenas seu modo de vida, mas também sua fé, trazia esperança ao seu coração. Quem Deus providenciaria? Como ela seria? Simples, mas gentil? Será que ele seria abençoado com uma mulher de Deus que também seria bela, da mesma forma que o pai dele fora abençoado?

Olhando além das terras de sua propriedade, ele avistou uma caravana vinda do leste. Esforçando-se para enxergar, contou dez camelos. Deve ser Eliézer, com uma noiva ou a notícia de sua recusa. Com seu coração acelerado, ele se apressou para encontrar-se com eles.

Enquanto a distância diminuía e o destino se aproximava, Rebeca sentiu uma forte expectativa e olhou para sua ama, Débora, que estava cansada e dolorida sobre o camelo, logo atrás dela. "Estamos quase lá, Débora! Não deve demorar muito, querida amiga. Você pode estar arrependida de ter vindo, mas eu sou muito grata por você estar comigo!"

Voltando-se para a trilha que estavam seguindo, na direção oeste, atravessando terras mais férteis do que o deserto que tinham deixado para trás, Rebeca olhou e viu um homem a pé, ansiosamente se aproximando da caravana. Impulsivamente, ela freou o camelo, desceu, e foi até Eliézer para perguntar se ele reconhecia aquele homem. De fato, reconhecia.

"É o meu senhor, Isaque!"

Ela gostou do que viu! Ele era atraente e robusto! Com a adrenalina correndo pelas veias, Rebeca pegou seu véu e cobriu o rosto, como era costume, indicando sua condição de moça solteira.

Isaque abraçou Eliézer calorosamente, mas não se alongou no cumprimento para contemplar a figura esbelta da mulher que o esperava ansiosamente atrás do criado. Ele podia ver seus olhos castanhos brilhantes por detrás do véu. O servo contou a Isaque como Deus o havia levado pelo caminho certo até a mulher certa. O filho de Abraão sorriu alegremente e aprumou-se, segurando o ombro do servo em gratidão. Em seguida, voltando-se a sua noiva, acolheu-a com alegria e a levou para a tenda que tinha sido de sua mãe, Sara.

Na ausência da mãe de Rebeca, Débora e as servas prepararam Rebeca para o dia do casamento. Exuberante nas vestes de noiva, ela, de espontânea vontade, tornou-se esposa de Isaque. E o melhor de tudo, ele a amava, e ela era um conforto e consolo para o marido. Era um par perfeito.

Aprofundando

Porque este romance aconteceu em uma cultura muito diferente da minha, várias perguntas vieram a minha mente do começo ao fim da história. Isso foi bom, porque significou que eu tive de pesquisar em alguns livros de referências. Utilizei comentários, dicionários bíblicos e livros sobre o cotidiano e a cultura nos tempos

da Bíblia. Verifiquei também mapas que mostravam a viagem de Eliézer de ida e volta até a Mesopotâmia. Permita-me compartilhar com você algumas das informações fascinantes que encontrei e que acrescentam cores vivas à narrativa.

O que há em um nome? O nome de Rebeca significa "cativante", e ela era exatamente isso. Bela e determinada, a moça manteve Isaque "cativado" por toda uma vida. Isaque e Rebeca viveram durante o tempo em que a poligamia era quase universal, mas Isaque nunca tomou outra esposa nem se entregou a relações com servas ou concubinas — mesmo quando Rebeca encontrou dificuldade em conceber seu herdeiro. Pela primeira vez na Palavra é registrado que um homem amou sua esposa (Gênesis 24:67). E não só isso. Há uma referência de que, mais adiante em seu casamento, ele ainda a acariciava intimamente! (Gênesis 26:8)

O nome de Isaque significa "riso" ou "ele ri". Com certeza, era símbolo da reação de seus pais ao descobrirem que teriam um filho em idade avançada. Creio que o nome também era um reflexo de seu próprio temperamento. O escritor Bruce Wilkinson fala da importante conexão de uma pessoa com seu nome: "Nos tempos bíblicos, um homem e seu nome eram tão intimamente relacionados que 'tirar o nome' de um indivíduo era o mesmo que matá-lo. Um nome era muitas vezes tomado como um desejo ou profecia sobre o futuro de uma criança."[1]

Qual quantidade de água dez camelos conseguem beber? Informei-me de que camelos têm capacidade de beber aproximadamente 34 litros de água e armazená-los internamente para que durem por dias. Isso fazia deles um transporte muito valioso no deserto, inclusive para cargas. Se você está fazendo as contas, isso significa que Rebeca pode ter carregado até 340 litros de água para as criaturas desengonçadas, e as Escrituras dizem que ela "se apressou" para fazê-lo (v.20). Ela era uma mulher de energia e entusiasmo! Outra referência explicou sobre a viagem a camelo: "Os camelos viajavam em caravanas de até 1500 animais. Eram grupos amarrados por cordas e guiados por uma pessoa sobre um burro, a aproximadamente 5 km/h. O camelo não era nada confortável de andar. É até fácil montar nele quando está ajoelhado, mas quando se anda de camelo, o balanço faz sentir enjoo."[2]

Agora temos certeza de que Rebeca era uma mulher de vigor além de beleza!

Um casamento arranjado? Depois que Eliézer se assegurou de que a família de Rebeca realmente a deixaria partir, desembrulhou muitos presentes valiosos, como joias em ouro e prata e artigos de vestuário. A maioria dos casamentos era arranjada e as negociações eram feitas por um representante do noivo (neste caso Eliézer). Casamentos arranjados também custavam caro ao noivo. "Compensação de trabalho tinha de ser pago à família da mulher, e havia uma quantia a ser paga ao pai da noiva. Ele poderia usar os juros dela, mas não poderia gastá-la, pois era mantida como reserva para a mulher no caso de ela ficar viúva ou se divorciar. Quando tais quantias não podiam ser pagas, outros meios eram encontrados, como serviços ou a eliminação de inimigos."[3]

Ela partiria com o estranho? Rebeca teve a rara oportunidade de escolher ou não se casar com Isaque. Por causa das circunstâncias incomuns que cercavam o pedido de Eliézer — levar Rebeca imediatamente para fora do país — sua família decidiu que este direito seria dado a ela. Como uma mulher do século 21, fico feliz! Você também não fica? Quando ela decidiu ir, foi de livre e espontânea vontade.

 Fé apaixonada

Na cultura de Rebeca, o período do noivado geralmente durava um ano, e assim como hoje, a família da noiva planejava a celebração. Sabemos que os familiares de Rebeca não tiveram a oportunidade de planejar e sequer estar presente no casamento, mas é muito especial notar que, antes de ela partir, eles se reuniram em volta da filha e a abençoaram. Que ótima ideia para incorporar aos nossos planos pré-nupciais hoje!

Uma visão geral da vida de Rebeca revela aspectos significativos que você vai perder se apenas ler a história de amor.

- **Ela foi estéril durante vinte anos antes de ter um bebê.** Dar à luz, especialmente a um filho homem, dava grande significância à mulher na cultura de Rebeca. Apesar de ela ser amada, passou por humilhações devido à esterilidade. A gravidez foi uma resposta direta à oração de Isaque em favor de sua esposa (Gênesis 25:21).

- **Ela tinha um relacionamento pessoal com Deus.** Rebeca falava com Deus e Ele respondia! Sua gravidez foi difícil, e quando ela sentiu uma agitação desconfortável em seu ventre, o texto não diz que ela foi pedir conselhos à parteira. O livro de Gênesis 25:22 conta que ela "foi consultar ao SENHOR" perguntando "Por que estou eu assim?"

- **Deus falou com ela!** Ele lhe disse que duas nações estavam em guerra dentro dela e que o mais velho serviria ao mais novo. Não ficamos sabendo como Deus falou com Rebeca, e não há evidências de que ela tenha contado a Isaque sobre sua conversa com Deus.

- **Ela teve dois meninos: Esaú, o primogênito, e Jacó.** Rebeca foi a primeira de apenas duas mulheres registradas na

Bíblia que deu à luz gêmeos. Os meninos eram diferentes um do outro como a noite e o dia e trouxeram conflito para a família. Tamar foi a outra mãe de gêmeos (Gênesis 38).

- **Ela era bela.** Anos depois de Rebeca e Isaque se casarem, uma fome na terra fez com que tivessem de se mudar para o território inimigo por um longo período de tempo. Isaque temia que os homens daquela terra desejassem Rebeca por causa de sua beleza e o matassem se soubessem que ela era sua esposa. Ele mandou que ela mentisse e dissesse que era irmã dele. Um dia, o rei olhou pela janela e viu Isaque acariciando Rebeca, e acabou a farsa! (O pai de Isaque, Abraão, fez o mesmo numa situação idêntica, com sua esposa, Sara, muitos anos antes. O fruto não caiu longe da árvore, e acho que tinha um verme em seu interior!)

> **Apesar de todos os traços marcantes e admiráveis de Rebeca, ela certamente não era perfeita e suas circunstâncias também nem sempre foram boas.**

- **Ela favorecia um filho em relação ao outro.** Rebeca amava mais Jacó do que Esaú (Gênesis 25:28).
- **Ela sofreu com as duas mulheres hititas com quem seu filho Esaú se casou.** Ao invés de trazer alegria, suas duas noras lhe causavam desgosto (Gênesis 27:46).
- **Ela errou, enganando seu marido.** Rebeca tramou com seu filho Jacó para que enganasse Isaque, que estava velho e cego. Tramaram juntos para que Isaque desse a Jacó o direito de primogenitura, que pertencia a Esaú. Funcionou, mas a que preço? Sem dúvida, essa é uma história notável.
- **Não há referência à morte de Rebeca.** Seu marido, Isaque, viveu 180 anos.

De que maneira essa história se aplica a sua vida?

Oração é importante. O servo Eliézer orou fervorosamente para que Deus guiasse até a esposa certa para Isaque. Depois, agradeceu a Deus com alegria pelas respostas recebidas durante a jornada.

Isso me lembrou de diversas vezes em que eu, ainda adolescente, descia as escadas e encontrava minha mãe de joelhos ao lado do sofá da sala, orando em voz alta pelos seus filhos. Muitas vezes, eu parava para escutar até ela chegar ao meu nome na lista. Ela orava para que Deus me abençoasse e eu dedicasse meus talentos ao Senhor, e também sempre orava pelo meu futuro esposo — para que Deus nos preparasse um para o outro e que assim o servíssemos juntos. Sua oração e postura enquanto pedia a Deus em meu favor tocavam profundamente o meu coração. Hoje sou grata porque ela pode ver suas orações respondidas e porque continua intercedendo por mim.

Em três ocasiões Rebeca viu o servo orar, e na terceira vez ela finalmente se convenceu de que ela era o motivo pelo qual ele louvava a Deus! Tenho certeza de que isso influenciou a sua escolha de se casar com Isaque e a tranquilizou em relação às tremendas mudanças que estavam acontecendo em sua vida.

Existe uma mensagem mais profunda do que uma simples história de amor. A Bíblia é cheia de simbolismo. Isaque representa Cristo e Rebeca é como a igreja, aceitando Isaque por sua própria vontade — sem vê-lo. Jesus disse no livro de João 20:29: "Bem-aventurados os que não viram e creram."

Pela fé, eu aceitei Jesus quando tinha apenas cinco anos de idade, e naquele dia começou um relacionamento de amor entre uma menininha e um Deus vivo. Sem vê-lo, eu disse: "Sim, e eu nunca mais serei a mesma". É um par perfeito! Você já aceitou Sua proposta?

Todos amam uma boa história de amor, e caso você não tenha adivinhado, eu decidi começar este livro com um pouco da minha história e bastante da história de Rebeca e Isaque para prender a sua atenção. Espero animá-la a experimentar mais daquilo que a Bíblia tem a oferecer. Claro, quero que você aproveite o livro e aplique em seu dia a dia as lições das histórias da Bíblia que eu vou recontar nas páginas deste livro. Mas minha motivação principal é desafiá-la a aprofundar-se na Palavra de Deus por si mesma.

Minha oração é que os capítulos que seguem a inspirem e desafiem todas as vezes que manusear este livro. Mas se eu conseguir desafiá-la a ler a Bíblia por si mesma, com certeza, terei conseguido algo muito maior! Espero que este livro dê um gostinho do banquete que a aguarda.

"…e, assim, habite Cristo no vosso coração, pela fé, estando vós arraigados e alicerçados em amor, a fim de poderdes compreender, com todos os santos, qual é a largura, e o comprimento, e a altura, e a profundidade e conhecer o amor de Cristo, que excede todo entendimento, para que sejais tomados de toda a plenitude de Deus" (Efésios 3:17-19).

No longo caminho de volta para minha casa, estudei o perfil forte de Graydon e encontrei-me profundamente contemplativa. Eu o havia conhecido cinco anos antes, e na época nunca teria considerado namorá-lo, e muito menos, me casar com ele. Nós nos conhecemos no colégio, e ele era quatro anos mais velho do que eu. Era um agnóstico que gostava de discutir sobre a existência de Deus. Eu, uma cristã, filha de pastor, e um alvo para debate que ele simplesmente não podia deixar passar.

No começo, eu estava horrorizada com sua rejeição descarada a Deus e seu desdém da minha certeza de que era possível ter um

relacionamento pessoal com Deus, aceitando, pela fé, Seu Filho Jesus Cristo. Em seguida, tive um desejo profundo em meu coração de orar pelo jovem intelectual que argumentava com tanta força, mas que admitia abertamente ter um vazio e uma insatisfação dentro de si. Todas as noites eu orava fervorosamente para que meu amigo Graydon viesse a conhecer Cristo.

Algum tempo depois, meu pai aceitou a proposta para pastorear a cerca de 160 km de distância, e me mudei com a minha família. Graydon foi estudar na Universidade de Michigan e começamos a nos corresponder duas ou três vezes por mês. Eu lhe escrevi fazendo um desafio: "Como você pode rejeitar a Bíblia sem lê-la? Você lê qualquer coisa que os seus professores da faculdade mandam, e lê com a mente aberta. Mas você rejeita a Bíblia sem mesmo abri-la!"

Foi provavelmente o primeiro argumento lógico e não emocional que ofereci, e ele aceitou o desafio. Comprou uma Bíblia na livraria da faculdade e começou a ler. Fã de história, Graydon leu sobre a criação do mundo, e para minha surpresa, com o passar dos meses, escolheu aceitar o relato como verdade histórica. Ele não acreditava, no entanto, que havia algum significado pessoal que pudesse ser encontrado nas páginas da Bíblia.

Três anos se passaram, e todas as noites, uma adolescente orava pela salvação de seu amigo.

Então chegou uma carta dele, dizendo que gostaria de me visitar por um fim de semana. Minha família toda orou por ele antes da visita. Eu estava com muita expectativa de que meu amigo, finalmente, escolheria aceitar Jesus Cristo. Afinal, como hóspede na casa de um pastor, era esperado que ele comparecesse a todos os cultos no domingo. Isso significa que ele teria três oportunidades!

Ele veio. Ambos tínhamos crescido, e foi maravilhoso nos vermos novamente depois de trocarmos correspondências por tanto tempo. Ele participou de todos os cultos no domingo, mas disse "não" a Deus.

Após o culto da noite, minha mãe preparou um jantar leve. Ela e eu comemos rapidamente e nos retiramos da mesa, para que meu pai conversasse com Graydon. Nós oramos silenciosamente enquanto meu pai falava do Novo Testamento para ele. Novamente Graydon disse "não".

Naquela noite, fiquei triste na hora de dar adeus ao meu amigo, e frustrada com sua rejeição a Cristo. Eu estava preocupada também. Encontrei um versículo das Escrituras que dizia: "E Deus endureceu seu coração". Graydon havia rejeitado a Deus e ridicularizado os outros por suas crenças mais vezes do que qualquer um que eu já tivesse conhecido. Será que Deus se cansaria da rejeição dele e diria, "Já chega, amigo. Siga seu próprio caminho à eternidade"?

Depois que Graydon foi embora, voltei para casa com meu coração desanimado e fui para o meu quarto. Ali, sozinha, fiz uma oração diferente de qualquer outra que já tinha feito antes. Levantando meus braços, eu inconscientemente tentei agarrar a Deus. Cerrei os punhos e, com lágrimas escorrendo pelo rosto, clamei: "Deus, se eu prometer não desistir do Graydon, o Senhor promete não desistir também?"

Três dias depois, uma carta com letra familiar chegou e me deixou impressionada. Em essência, dizia:

Querida Jennie: Eu estava exausto de tanto seu pai pregar para mim no domingo à noite que cheguei a pensar que dormiria ao volante. Liguei o rádio só para ficar acordado, e veja só, eu só consegui pegar estações com pregações!

(Ele havia sintonizado na transmissão de Estudos Bíblicos de Grand Rapids, Michigan na rádio, e ouvido um velho ministro chamado M. R. DeHaan, que tinha uma mensagem lógica para um ouvinte lógico). Sua carta continuou:

O homem disse: "O que você tem a perder se der a vida para Cristo?" Bem, eu refleti. Se tudo aquilo fosse verdade, eu não teria absolutamente nada a perder e tudo a ganhar. O pregador continuou falando: "Caso sua fé seja insuficiente, você já pensou em pedir que Deus pegue esse pouco de fé e a torne suficiente?".

Bom, Jennie, ali no meu carro comecei a falar com Deus, e lhe disse: "Deus, eu tenho este vazio dentro de mim que nada consegue preencher. Se o Senhor realmente existir, poderia entrar em mim, preencher meu vazio e me perdoa por todas as coisas podres que já disse e fiz — principalmente a respeito de quem tu és?"

Eu quase não acreditei quando li aquele primeiro testemunho do meu amigo, que anos mais tarde seria o meu marido e o líder espiritual em nossa casa. Enquanto voltávamos das Cataratas de Niágara na noite em que ele me pediu em casamento, eu não tinha ideia do futuro maravilhoso e desafiador que Deus tinha para nós. Era um par perfeito.

Uma oração apaixonada

Querido Pai celestial, obrigada pela antiga história de amor de Isaque e Rebeca, e obrigada porque ela tem relevância em minha vida hoje. Sou tão grata por, assim como Rebeca, que teve o direito de escolher Isaque, ter o direito de escolher te seguir. Por favor, coloca em meu coração a fome de ler e entender mais sobre o que tens para mim na Bíblia. Ajuda-me a ler com a mente aberta e o coração aberto. Abençoa meu desejo sincero de te conhecer melhor. Eu quero ser como o servo de Abraão, que orou pedindo Tua orientação e foi rápido em te agradecer pela oração respondida. Por favor, dá-me direção e sabedoria em relação às pessoas ao meu redor e às decisões que tenho de tomar; guia-me no caminho certo. Em nome de Jesus, amém.

Leitura das Escrituras: Gênesis 24:1-67

Era Abraão já idoso, bem avançado em anos; e o Senhor em tudo o havia abençoado. Disse Abraão ao seu mais antigo servo da casa, que governava tudo o que possuía: Põe a mão por baixo da minha coxa, para que eu te faça jurar pelo Senhor, Deus do céu e da terra, que não tomarás esposa para meu filho das filhas dos cananeus, entre os quais habito; mas irás à minha parentela e daí tomarás esposa para Isaque, meu filho.

Disse-lhe o servo: Talvez não queira a mulher seguir-me para esta terra; nesse caso, levarei teu filho à terra donde saíste?

Respondeu-lhe Abraão: Cautela! Não faças voltar para lá meu filho. O Senhor, Deus do céu, que me tirou da casa de meu pai e de minha terra natal, e que me falou, e jurou, dizendo: À tua descendência darei esta terra, ele enviará o seu anjo, que te há de preceder, e tomarás de lá esposa para meu filho. Caso a mulher não queira seguir-te, ficarás desobrigado do teu juramento; entretanto, não levarás para lá meu filho. Com isso, pôs o servo a mão por baixo da coxa de Abraão, seu senhor, e jurou fazer segundo o resolvido.

Tomou o servo dez dos camelos do seu senhor e, levando consigo de todos os bens dele, levantou-se e partiu, rumo da Mesopotâmia, para a cidade de Naor. Fora da cidade, fez ajoelhar

os camelos junto a um poço de água, à tarde, hora em que as moças saem a tirar água.

E disse consigo: Ó SENHOR, Deus de meu senhor Abraão, rogo-te que me acudas hoje e uses de bondade para com o meu senhor Abraão! Eis que estou ao pé da fonte de água, e as filhas dos homens desta cidade saem para tirar água; dá-me, pois, que a moça a quem eu disser: inclina o cântaro para que eu beba; e ela me responder: Bebe, e darei ainda de beber aos teus camelos, seja a que designaste para o teu servo Isaque; e nisso verei que usaste de bondade para com o meu senhor.

Considerava ele ainda, quando saiu Rebeca, filha de Betuel, filho de Milca, mulher de Naor, irmão de Abraão, trazendo um cântaro ao ombro. A moça era mui formosa de aparência, virgem, a quem nenhum homem havia possuído; ela desceu à fonte, encheu o seu cântaro e subiu.

Então, o servo saiu-lhe ao encontro e disse: Dá-me de beber um pouco da água do teu cântaro.

Ela respondeu: Bebe, meu senhor. E, prontamente, baixando o cântaro para a mão, lhe deu de beber.

Acabando ela de dar a beber, disse: Tirarei água também para os teus camelos, até que todos bebam. E, apressando-se em despejar o cântaro no bebedouro, correu outra vez ao poço para tirar mais água; tirou-a e deu-a a todos os camelos. O homem a observava, em silêncio, atentamente, para saber se teria o SENHOR levado a bom termo a sua jornada ou não.

Tendo os camelos acabado de beber, tomou o homem um pendente de ouro de meio siclo de peso e duas pulseiras para as mãos dela, do peso de dez siclos de ouro; e lhe perguntou: De quem és filha? Peço-te que me digas. Haverá em casa de teu pai lugar em que eu fique, e a comitiva?

um par perfeito

Ela respondeu: Sou filha de Betuel, filho de Milca, o qual ela deu à luz a Naor. E acrescentou: Temos palha, e muito pasto, e lugar para passar a noite.

Então, se inclinou o homem e adorou ao Senhor. E disse: Bendito seja o Senhor, Deus de meu senhor Abraão, que não retirou a sua benignidade e a sua verdade de meu senhor; quanto a mim, estando no caminho, o Senhor me guiou à casa dos parentes de meu senhor.

E a moça correu e contou aos da casa de sua mãe todas essas coisas. Ora, Rebeca tinha um irmão, chamado Labão; este correu ao encontro do homem junto à fonte. Pois, quando viu o pendente e as pulseiras nas mãos de sua irmã, tendo ouvido as palavras de Rebeca, sua irmã, que dizia: Assim me falou o homem, foi Labão ter com ele, o qual estava em pé junto aos camelos, junto à fonte. E lhe disse: Entra, bendito do Senhor, por que estás aí fora? Pois já preparei a casa e o lugar para os camelos.

Então, fez entrar o homem; descarregaram-lhe os camelos e lhes deram forragem e pasto; deu-se-lhe água para lavar os pés e também aos homens que estavam com ele. Diante dele puseram comida; porém ele disse: Não comerei enquanto não expuser o propósito a que venho. Labão respondeu-lhe:

Dize. Então, disse: Sou servo de Abraão. O Senhor tem abençoado muito ao meu senhor, e ele se tornou grande; deu-lhe ovelhas e bois, e prata e ouro, e servos e servas, e camelos e jumentos. Sara, mulher do meu senhor, era já idosa quando lhe deu à luz um filho; a este deu ele tudo quanto tem. E meu senhor me fez jurar, dizendo: Não tomarás esposa para meu filho das mulheres dos cananeus, em cuja terra habito; porém irás à casa de meu pai e à minha família e tomarás esposa para meu filho.

Fé apaixonada

Respondi ao meu senhor: Talvez não queira a mulher seguir-me.

Ele me disse: O SENHOR, em cuja presença eu ando, enviará contigo o seu Anjo e levará a bom termo a tua jornada, para que, da minha família e da casa de meu pai, tomes esposa para meu filho. Então, serás desobrigado do meu juramento, quando fores à minha família; se não ta derem, desobrigado estarás do meu juramento.

Hoje, pois, cheguei à fonte e disse comigo: ó SENHOR, Deus de meu senhor Abraão, se me levas a bom termo a jornada em que sigo, eis-me agora junto à fonte de água; a moça que sair para tirar água, a quem eu disser: dá-me um pouco de água do teu cântaro, e ela me responder: Bebe, e também tirarei água para os teus camelos, seja essa a mulher que o SENHOR designou para o filho de meu senhor.

Considerava ainda eu assim, no meu íntimo, quando saiu Rebeca trazendo o seu cântaro ao ombro, desceu à fonte e tirou água. E eu lhe disse: peço-te que me dês de beber.

Ela se apressou e, baixando o cântaro do ombro, disse: Bebe, e também darei de beber aos teus camelos. Bebi, e ela deu de beber aos camelos.

Daí lhe perguntei: de quem és filha?

Ela respondeu: Filha de Betuel, filho de Naor e Milca.

Então, lhe pus o pendente no nariz e as pulseiras nas mãos. E, prostrando-me, adorei ao SENHOR e bendisse ao SENHOR, Deus do meu senhor Abraão, que me havia conduzido por um caminho direito, a fim de tomar para o filho do meu senhor uma filha do seu parente. Agora, pois, se haveis de usar de benevolência e de verdade para com o meu senhor, fazei-mo saber; se não, declarai-mo, para que eu vá, ou para a direita ou para a esquerda.

Então, responderam Labão e Betuel: Isto procede do Senhor, nada temos a dizer fora da sua verdade Eis Rebeca na tua presença; toma-a e vai-te; seja ela a mulher do filho do teu senhor, segundo a palavra do SENHOR.

Tendo ouvido o servo de Abraão tais palavras, prostrou-se em terra diante do SENHOR; e tirou joias de ouro e de prata e vestidos e os deu a Rebeca; também deu ricos presentes a seu irmão e a sua mãe. Depois, comeram, e beberam, ele e os homens que estavam com ele, e passaram a noite.

De madrugada, quando se levantaram, disse o servo: Permiti que eu volte ao meu senhor.

Mas o irmão e a mãe da moça disseram: Fique ela ainda conosco alguns dias, pelo menos dez; e depois irá.

Ele, porém, lhes disse: Não me detenhais, pois o Senhor me tem levado a bom termo na jornada; permiti que eu volte ao meu senhor.

Disseram: Chamemos a moça e ouçamo-la pessoalmente. Chamaram, pois, a Rebeca e lhe perguntaram: Queres ir com este homem?

Ela respondeu: Irei.

Então, despediram a Rebeca, sua irmã, e a sua ama, e ao servo de Abraão, e a seus homens. Abençoaram a Rebeca e lhe disseram:

És nossa irmã; sê tu a mãe de milhares de milhares, e que a tua descendência possua a porta dos seus inimigos.

Então, se levantou Rebeca com suas moças e, montando os camelos, seguiram o homem. O servo tomou a Rebeca e partiu.

Ora, Isaque vinha de caminho de Beer-Laai-Roi, porque habitava na terra do Neguebe. Saíra Isaque a meditar no campo, ao cair da tarde; erguendo os olhos, viu, e eis que vinham camelos. Também Rebeca levantou os olhos, e, vendo a Isaque, apeou do camelo, e perguntou ao servo: Quem é aquele homem que vem pelo campo ao nosso encontro?

Fé apaixonada

É o meu senhor, respondeu. Então, tomou ela o véu e se cobriu.

O servo contou a Isaque todas as coisas que havia feito. Isaque conduziu-a até à tenda de Sara, mãe dele, e tomou a Rebeca, e esta lhe foi por mulher. Ele a amou; assim, foi Isaque consolado depois da morte de sua mãe.

Nota final: A história de Isaque e Rebeca foi registrada no século 5.º a.C. Leia o livro de Gênesis 22–35 para entender melhor sobre o nascimento e a infância de Isaque. Você vai ler também sobre seus filhos gêmeos, que nasceram anos mais tarde, e a respeito do complexo relacionamento que se desenvolveu a partir deles na família (esses capítulos adicionais ainda falam sobre Débora, a ama de Rebeca, e Eliézer).

notas

2
escolhendo confiar

Uma história de fé desafiadora

A pequena Susie mal podia conter seu entusiasmo! Durante o momento de compartilhar, ela deu a grande notícia para sua turma do jardim de infância: "Nós vamos ter um novo bebê em minha casa!"

A classe estava feliz por ela, mas todas as vezes que havia o momento de compartilhar, a contribuição de Susie era apenas uma variação da mesma notícia: "Nós vamos ter um novo bebê!"

Um dia, quando a menina voltou da escola, sua mãe, empolgada, acenou para ela com uma mão enquanto segurava sua barriga saliente com a outra.

"Venha aqui agora, querida. Coloque suas mãos na barriga da mamãe e você vai sentir o bebê mexer!"

Susie estava chocada! Devagar, ela se aproximou e fez o que sua mãe disse, mas, apesar dos olhos arregalados, não disse uma palavra.

No outro dia, a classe aguardou a notícia habitual de Susie, mas ela não disse uma palavra. E veio o outro dia, e o próximo. Nada.

Passou-se uma semana inteira. A professora começou a se preocupar. Susie estava empolgada com o bebê há tanto tempo e agora estava tão silenciosa que a professora pensou que talvez sua mãe tivesse perdido o bebê. Ela esperou até a hora da soneca, quando todas as crianças estavam descansando, e então chamou Susie até sua mesa. Colocando o braço gentilmente sobre os ombros da criança, ela perguntou: "Susie, você ainda vai ter um novo bebê em casa?"

Susie parecia angustiada. Ela torceu suas pequenas mãos e, suspirando, olhou para cima. "Eu não tenho certeza, professora", confidenciou, "porque acho que minha mãe comeu o bebê!"[1]

Com tal equívoco, não é de se admirar que Susie estivesse tão angustiada! Aproveitando o gancho dessa história, quero contar outra que não é tão engraçada, registrada no livro de Êxodo 1 e 2. É sobre outra garotinha cuja mãe estava esperando um bebê e a família escolheu confiar em Deus durante um tempo de grande desespero.

A história de Joquebede

"Ah, sim. Obrigada, Miriã. Eu estava ansiosa por isso."

Joquebede se ajeitou para receber o copo de água que sua filha entregou a ela, enquanto levava a outra mão às costas para massagear a coluna dolorida.

"Está tudo bem, mamãe?", Miriã perguntou em voz baixa.

Olhando disfarçadamente para a esquerda, Joquebede viu um capataz empurrar grosseiramente um idoso sobrecarregado com feno para os fabricantes de tijolos. O velho tropeçou, quase conseguindo manter o equilíbrio antes de cair de vez contra outro trabalhador. O feno se espalhou por toda parte e o capataz levantou seu chicote.

"Vá e traga refresco para os outros," ordenou Joquebede, apressadamente desviando a garotinha da cena angustiante e do caminho do capataz. "Estou bem, Miriã. Estou bem. Vejo você à noite."

Fé apaixonada

Miriã olhou nos olhos de sua mãe por um momento, e em seguida ajuntou o jarro de água e foi rapidamente.

"Oh, Senhor, quanto tempo?", orou Joquebede enquanto se curvava novamente para sua tarefa. "Quanto tempo?"

O sinal finalmente veio depois do pôr do sol. Joquebede, cansada, assentiu com a cabeça para outros trabalhadores exaustos e se foi. Ela caminhou até o rio, cautelosamente, passando pela grama alta, de olho nos crocodilos. Sentou-se à margem e mergulhou seus pés e tornozelos inchados na água fria do Rio Nilo. Seu suspiro de alívio foi audível, mas o coração doía em silêncio. Sob suas roupas, o corpo inchado com a gravidez. Por quanto tempo ela ainda conseguiria manter o segredo da família?

Os israelitas moravam na terra do Egito desde os tempos de José. A grande fome foi o que os levou até lá, e então eles prosperaram e se multiplicaram. Mas com o passar das gerações, levantou-se um rei que viu os muitos filhos de Israel como uma ameaça e também uma oportunidade de melhorar seu reino. Ele escravizou o povo e lançou uma enorme campanha arquitetônica para construir duas cidades-armazéns, obrigando os hebreus a trabalharem, sem piedade. Ele esperava enfraquecer os fortes e matar os mais fracos, ao mesmo tempo em que construía cidades elaboradas para armazenamento e exibição das riquezas do Egito.

O primeiro plano falhou. Ao invés de se enfraquecerem, os israelitas ficaram ainda mais fortes e continuaram a se multiplicar. Então o faraó mudou a sua tática. Chamou as parteiras hebreias e ordenou que matassem todas as crianças do sexo masculino que viessem a nascer.

O segundo plano também não deu certo. As parteiras hebreias temiam a Deus mais do que temiam o rei do Egito. Elas desobedeceram ao faraó e salvaram os bebês meninos. Então o soberano decretou que o seu povo invadisse a vasta comunidade escrava, tomasse as crianças do sexo masculino à força e que as afogassem no Rio Nilo.

Foi durante esse tempo que Joquebede se encontrava grávida de seu terceiro filho.

Apenas uma pequena luz iluminava a cena humilde do nascimento. Tomada por dor, Joquebede abafou o seu choro, desesperadamente tentando expelir a criança de seu ventre. Anrão, de plantão na porta do quarto, disfarçadamente olhou para a parteira, temendo que os soldados que patrulhavam a vasta comunidade escrava ouvissem sua esposa e entrassem pela porta. A pequena Miriã, com os olhos arregalados de medo e admiração e encharcados de lágrimas escorrendo pelas bochechas, gentilmente limpou o suor do rosto e do pescoço de sua mãe.

Um gemido do fundo da garganta escapou das profundezas de sua alma enquanto fazia a última força que impulsionava a criança ao mundo. Acabou! Ela sentiu o peso da criança quando deitaram-na em sua barriga e ouviu a parteira movendo a banqueta para atendê-la no pós-parto. Esforçando-se para ver a criança, Joquebede tocou numa cabecinha escura e grudenta. Em seguida, ela trocou olhares com a parteira.

"É um menino", exclamou a mulher sobriamente.

Então os olhos de Joquebede se voltaram para Anrão, e a intensidade do olhar que eles trocaram era cheia de significado.

"Um filho", ela sussurrou, e uma lágrima escorreu pelo seu rosto enquanto a alegria e a tristeza se misturavam dentro dela.

A parteira embrulhou o bebê e o colocou sobre o peito de Joquebede. Anrão deixou seu posto na porta e se ajoelhou ao lado de sua esposa e filho, e os abraçou. Seu orgulho e alegria com o nascimento foram frustrados pela realidade do perigo que agora os ameaçava. A resposta que receberam às suas orações não era fácil.

"Ele é lindo, Anrão," Joquebede sussurrou, "tão lindo".

Fé apaixonada

Seus olhos se fecharam em total exaustão. Ela disse apenas algumas palavras antes de ser tomada pelo sono. "Anrão, Deus nos deu um menino. Ele nos deu um menino."

Aqueles pais escolheram não obedecer ao rei e esconderam o filho por três meses.

As semanas e meses seguintes foram repletos de tensão para Joquebede. Ela era uma mãe trabalhadora com uma criança faminta para alimentar e esconder dos soldados do faraó. A ajuda da pequena Miriã não tinha preço, mas o bebê estava ficando maior e mais agitado. Em vários momentos, ele não fora descoberto por pouco. Era só uma questão de tempo até que os soldados que patrulhavam a vasta comunidade escrava batessem em suas portas gritando: "Há alguma criança aqui? Não estávamos cientes de que havia uma criança na casa de Anrão!"

Até aquele momento Deus havia protegido o bebê, mas por quanto tempo mais Joquebede conseguiria manter tal situação? Todos os recursos que podia imaginar para que ele não fosse descoberto estavam esgotados. Quando ela não podia mais esconder a criança, Deus lhe deu a ideia de colocá-lo no exato local em que os outros bebês haviam morrido: o Rio Nilo.

Joquebede teceu um grande cesto bem firme, puxando as tiras de papiro para dentro e para fora. Ela misturou uma quantia de resina e piche sobre o fogo, e, com um pedaço de pau, passou o piche no cesto vário vezes espalhando a substância pegajosa em toda a superfície. Com certeza não era o cesto mais lindo que já havia feito, mas era firme e à prova de água. E carregaria a carga preciosa.

Bem ciente de que estava prestes a colocar duas crianças em uma situação de vida ou morte, ela passou e repassou com Miriã a importante responsabilidade que ela assumiria com o desenrolar do drama. Sua mente acelerava ao considerar as variáveis que poderiam ocorrer. E se os soldados as vissem? E se o cesto descesse rio abaixo? E se viessem os crocodilos? E se tudo acontecesse conforme o planejado e a princesa viesse até o rio para banhar-se? Como a pequena Miriã deveria abordar a realeza? Será que deveria fazer sinal de reverência ou se prostrar? Que palavras deveriam sair de sua boca? Joquebede suspirou enquanto considerava todas as possibilidades, mas a atitude que havia tomado fora correta. Pela fé, ela escolheu confiar no cuidado de Deus com os seus filhos.

Joquebede se levantou na escuridão para amamentar o seu bebê, possivelmente pela última vez. Ela memorizou a textura de sua pele e o formato de seus pequenos dedinhos e pés. Acomodando-o no cesto, ela acordou Miriã e deu-lhe um rápido café da manhã. Em seguida, com o cesto apoiada em seu quadril, saiu na escuridão acompanhada da filha Miriã.

"Venha rápido e fique bem quietinha", alertou "não devemos ser vistas."

Joquebede inspirou. Ela havia visto o pôr do sol na noite anterior e, o cheiro do ar naquela manhã, lhe mostrava que o tempo estava apropriado. Talvez a princesa viesse ao rio para se banhar e se refrescar. Joquebede orou para que isso realmente acontecesse.

A grama estava úmida aos pés de Joquebede, e ela podia ouvir o barulho do rio conforme se aproximavam dele. Chegando à margem, ela se ajoelhou e segurou o bebê em seus braços, fazendo-o arrotar uma última vez, sentindo a maciez de sua pele em seu pescoço e a fragrância leitosa de seu suspiro.

Joquebede o colocou no cesto e o cobriu cuidadosamente para que os insetos não subissem nele. Então colocou a barra de sua saia na altura da cintura, levantou o cesto novamente na altura do quadril e, com Miriã assistindo a cada movimento, entrou na água fria do Rio Nilo. Ela foi até o local em que o junco era mais grosso, onde achava que o cesto não se afastaria. E o soltou. Soltou e deixou que Deus fizesse o Seu trabalho.

Joquebede voltou silenciosamente até a margem do rio onde encontrou Miriã agachada. Sem se importar com suas saias encharcadas, ela se ajoelhou e colocou as mãos sobre os ombros da criança. Agora, muita coisa dependia de uma garotinha e de um Deus Todo-poderoso.

"Observe com cuidado, Miriã, e fique bem quietinha. Lembre-se de tudo o que já conversamos. Lembre-se de como você deve se aproximar da princesa e do que dizer-lhe. Tenho que ir antes que nos descubram aqui. Não tenha medo, Miriã. Você não está sozinha. Deus está com você."

O dia estava quente e nublado, e a princesa instruiu suas servas para que a acompanhassem no banho de rio. Ali era bem mais fresco e elas estavam descansando na margem. A filha do faraó sorria ao conversar com suas servas quando ouviu um pequeno choro. Protegendo os olhos com as mãos, ela olhou para o rio.

"Ouviram isso?", ela perguntou às outras. "Acho que ouvi um bebê chorar."

O choro da criança ficou mais forte, e os olhos da princesa avistaram um cesto estranho que estava no junco perto da área onde se banhava.

"Olhem! Ali! Busquem-no para mim!"

Suas servas foram até a área pantanosa onde um bebê faminto chorava, pegaram o cesto e o entregaram a sua senhora. Ela cuidadosamente levantou a coberta e olhou admirada para o que havia ali dentro.

Ela já esperava encontrar um bebê depois de ouvir o choro impaciente. No entanto, não estava preparada para ser dominada por tamanha compaixão ao ver aquela linda criança. A princesa tocou a manta simples e áspera.

"Essa criança é hebreia", exclamou, tirando a criança do cesto. "Um menino hebreu bem molhado!" Ela riu, tirando-o dos panos.

Para o espanto de suas servas, a nobre egípcia o colocou em seus braços, pouco se importando com suas roupas caras. Consolada por um momento, a criança se aconchegou nela e em seguida se agitou.

"Ele é mais do que simplesmente um bebê com fome, eu diria", e riu novamente.

"Princesa!"

Uma voz fraca chamava da grama alta, e a filha do faraó viu uma menina hebreia. Seus olhos estavam arregalados com nervosismo, mas ela corajosamente se aproximou da comitiva real. Após demonstrar reverência e retorcendo suas mãos suadas, ofereceu: "A senhora gostaria que eu encontrasse uma mulher hebreia para amamentar o bebê?"

"Sim, menina. Gostaria muito! E rapidamente!", sorriu a princesa.

"Sim, senhora!" A menina fez novamente sinal de reverência e correu na direção da qual tinha vindo.

"O que vai fazer com ele, senhora?", indagou uma das servas. "Parece que algum hebreu andou desobedecendo às ordens de seu pai."

"O que vou fazer com ele?" A princesa olhou para as servas por alguns segundos antes de abaixar o rosto e passar o nariz na cabeça macia do bebê. "Ele será meu filho."

Naquela manhã, enquanto Joquebede trabalhava, as horas pareciam se arrastar como se fossem anos. Todos os pensamentos dessa mãe estavam no que havia acontecido com o seu filho. Ela conteve sua ansiedade, e pela fé, buscou paz. Deus estava no controle.

Então, de longe, ela ouviu Miriã chamando!

"Mamãe! Mamãe! A princesa veio!" Com toda empolgação, Miriã até se atrapalhou com as palavras. "Eu me lembrei do que deveria dizer, mamãe! Venha rápido! Acho que vamos ter nosso bebê de volta!"

O alívio tomou conta de Joquebede e as lágrimas escorreram de seus olhos.

"Oh, Senhor Deus, Jeová, obrigada!" Joquebede ergueu seu rosto aos céus e agradeceu ao Senhor antes de se dirigir à Miriã. "Venha, minha filha, vamos pegar nosso bebê de volta!"

Mãe e filha correram de volta para o rio. Antes de se apresentarem, Joquebede pausou um instante para alisar o cabelo e ajeitar a roupa. Ela havia atado os seios naquele dia, mas o desconforto estava aumentando a cada momento. Ela podia ouvir o seu filho chorando de longe, e o seu coração disparou. Saindo na clareira junto ao rio, Joquebede apresentou-se humildemente diante da poderosa mulher que segurava o filho dela.

"Vossa Alteza, minha filha me contou que a senhora precisa de uma ama para o seu bebê. Recentemente eu perdi meu filho, assim como muitas de minhas irmãs hebreias. Meus seios estão fartos. Seria um prazer cuidar dessa criança por você."

Joquebede atreveu-se a levantar os olhos para o rosto da filha do faraó, e elas se entreolharam por um momento. Então a princesa pôs o bebê, que estava aos berros, nos braços de Joquebede e disse, "Leve a criança e amamente-a por mim. Cuide bem dela e eu lhe pagarei um salário por isso."

Emocionada e sem palavras com a notícia, Joquebede estendeu suas mãos, tremendo, para tomar a criança nos braços.

"Seu nome será Moisés, porque eu o retirei da água", comunicou a princesa.

A alegria entoava nos corações de Joquebede e Miriã enquanto saíam com a criança. Deus havia honrado a fé que tinham nele e salvo a vida do bebê! Além disso, Joquebede fora promovida da posição de escrava para a de ama e babá do pequeno príncipe

Moisés, que seria o neto do faraó. Mas ela se preocuparia com esse detalhe outro dia. Seu bebê estava em seus braços novamente!

Joquebede voltou para casa a fim de contar a surpreendente notícia a Anrão, sem saber que um dia Deus usaria o seu pequeno filho para responder ao clamor do Seu povo por liberdade.

Aprofundando

A história de Joquebede e sua família é um exemplo da fé persistente diante de circunstâncias impossíveis e da incrível provisão de Deus. Ao analisarmos mais de perto a vida dessa família e o tempo em que viviam, há uma notável mensagem de esperança para cada um de nós, nos dias atuais. Analise tais fatos comigo.

Qual é o cenário desta história? Se você estiver curiosa para saber como os israelitas foram morar no Egito, precisará voltar quase 400 anos antes da história de Joquebede e ler sobre José (Gênesis 37–Êxodo 2). Resumindo, José, filho de Jacó e neto de Isaque, estudado no capítulo anterior, se tornou um homem importante na história hebraica e egípcia. José foi vendido como escravo em sua juventude. Mais tarde, foi reverenciado por avisar ao governante egípcio que uma fome de sete anos viria depois de igual número de anos de fartura e, por aconselhar sobre a necessidade de armazenar alimentos para o futuro. Quando estas previsões provaram ser verdadeiras, o faraó promoveu José para o cargo de governador do país, cargo que ficava abaixo apenas do próprio faraó. Anos depois, quando os irmãos de José vieram para o Egito comprar grãos durante a fome, José se reencontrou com parte de seu clã. O faraó, então, convidou toda a família de José a mudar-se com os seus rebanhos para a área fértil de Gósen. Dessa maneira, os primeiros hebreus vieram para a terra do Egito. Os familiares, totalizando cerca de 70 pessoas, foram honrados e respeitados

(Gênesis 45:16-20) e vieram a prosperar e se multiplicar na terra (José e seus 11 irmãos foram os pais das 12 tribos de Israel, que juntos formaram uma população de mais de dois milhões de pessoas).

Mas em seguida, as coisas mudaram. Depois de aproximadamente 300 anos, uma nova dinastia chegou ao poder. Seus faraós não reconheceram o trabalho de José nem deram crédito aos esforços dele para salvar o Egito, e os israelitas foram escravizados. Na abertura de nossa história, Joquebede e sua família são parte de uma vasta população de escravos explorada por um monarca cruel. Conforme os anos de sofrimento se sucediam, a área de Gósen se tornou um gueto e a vida passou a ser uma existência amarga.

Então veio o decreto cruel do faraó. As primeiras duas tentativas do faraó para diluir a população hebraica falharam. Em seguida, o governante decretou que os bebês do sexo masculino deveriam ser jogados no Rio Nilo. É a primeira referência de infanticídio nas Escrituras.

Vários anos atrás, ouvi Charles Swindoll falar sobre esta história em seu programa de rádio. Ele fez um comentário tão vívido que nunca vou esquecer: "Imagine como os crocodilos do Rio Nilo se deliciaram no ano em que os meninos foram jogados nas águas."

Aquelas pessoas eram reais, e viveram numa época dolorosa da história. E em meio a tempos tão amargos e difíceis, uma mulher chamada Joquebede ficou grávida pela terceira vez.

Você já questionou o tempo de Deus em sua vida? Infelizmente, eu já. Também fiquei imaginando se Joquebede e Anrão oraram pedindo uma menina. Apesar do grande valor que era colocado sobre o número de filhos que um homem tinha, uma menina certamente teria sido uma resposta fácil para um problema terrível! Em vez disso, o nascimento daquele filho testou a fé dos dois, e eles aceitaram, provocando o faraó e escondendo a criança das mãos da morte.

Como se atreveram? Anrão e Joquebede eram da tribo de Levi, que era a tribo da qual os sacerdotes eram escolhidos. Eles possuíam uma herança divina. Havia sido profetizado no livro de Gênesis que os israelitas seriam escravizados, mas que a quarta geração seria liberta (Gênesis 15:13-16). Os tempos eram terríveis, mas eles lembraram-se da promessa de Deus.

Deus realizou milagres na vida de Joquebede.

- **A princesa decidiu adotar a criança como seu próprio filho.** *Incrível.* Ela era filha de quem? Do faraó. Que tipo de discriminação existia contra o povo hebraico na terra? *Esmagadora.* Aquela mulher poderia escolher entre os mais belos bebês do Egito para ter como filho. No entanto, Deus colocou em seu coração o desejo de adotar uma criança de outra raça, da raça que estava sendo oprimida por seu próprio pai. Ela traria a criança para dentro da casa dela, onde cresceria com status de neto real e receberia a melhor educação.

- **Deus honrou a fé da mãe de Moisés.** Ele permitiu que a princesa contratasse Joquebede a para que esta amamentasse e cuidasse da criança. Não sabemos se a filha do faraó suspeitou que Joquebede havia dado à luz aquela criança, mas sabemos que ela não tinha intenção alguma de permitir que Joquebede ficasse com Moisés. Ela o queria. No entanto, a mãe legítima de Moisés não só foi autorizada a cuidar dele como também foi elevada do *status* de escrava para o de empregada remunerada da família real.

- **Anrão e Joquebede escolheram confiar em Deus nessa situação impossível, e Deus lhes retirou todo o medo.** No famoso capítulo da Bíblia sobre os "heróis da fé", podemos ler que "Pela fé, Moisés, apenas nascido, foi ocultado por seus pais, durante três meses, porque viram que a criança era formosa; também *não ficaram amedrontados* pelo decreto do rei" (Hebreus 11:23).

Anrão e Joquebede tiveram de confiar em Deus para preservar a vida de seu bebê e também quando veio a hora de entregá-lo na casa do inimigo. É interessante notar que Joquebede deve ter usado seu tempo como babá para ensinar o pequeno príncipe a honrar a Deus. Isso é o que Bíblia fala sobre Moisés: "Pela fé, Moisés, quando já homem feito, recusou ser chamado filho da filha de Faraó, preferindo ser maltratado com o povo de Deus a usufruir prazeres transitórios do pecado" (Hebreus 11:24-25).

No devido tempo, ele libertou os israelitas da escravidão.

De que maneira esta história se aplica a sua vida?

Para você, há uma situação impossível hoje? É financeira? É uma criança rebelde, algo ruim acontecendo no trabalho, ou problemas no casamento? Pais com doenças terminais ou a perda de um ente querido?

Eu quero lembrá-la de que o mesmo Deus que amou Joquebede e tinha um plano para ela e sua família ama você também e tem um plano especial para a sua vida. A Bíblia traz uma promessa maravilhosa: "Eu é que sei que pensamentos tenho a vosso respeito, diz o Senhor; pensamentos de paz e não de mal, para vos dar o fim que desejais. Então, me invocareis, passareis a orar a mim, e eu vos ouvirei. Buscar-me-eis e me achareis quando me buscardes de todo o vosso coração" (Jeremias 29:11-13).

Você vai escolher confiar em Deus no seu problema? Imagine um cesto grande e feio coberto de piche. Agora pense naquele fardo que acorda você no meio da noite e rouba sua preciosa paz de espírito. Você consegue, pela fé, colocar esse fardo dentro do cesto?

Pela fé, entre na água e solte-o, confiando que Deus vai trabalhar para o bem em sua vida.

Escolha confiar nele. Isso pode fazer *toda* a diferença.

João Pai se abaixou para pegar no colo João Júnior, de quatro anos, vestido de pijama xadrez, e foi em direção às escadas. Ele se certificou de que Joãozinho havia escovado os dentes e tomado um último copo de água, e então o levou para seu quarto. Ambos conheciam a rotina de todas as noites. O pai colocaria Joãozinho na cama, leria uma história da Bíblia e faria uma oração. Então a criança aguardaria o beijo de boa noite de seu pai na testa, e se aconchegaria embaixo das cobertas enquanto ouviria o último "Boa noite, filho" e a luz seria apagada.

Quando desceu, João Pai serviu um pouco de suco de laranja, que estava na geladeira. Antes de ir até sua poltrona, deu um beijo no rosto de sua esposa enquanto ela se concentrava nos cheques na mesa da cozinha. Em seguida, ele foi até a sala, colocou a bebida na mesinha de canto e se assentou na poltrona com o controle remoto numa mão e o jornal na outra. Seu suspiro de contentamento foi audível.

Ele estava abrindo a primeira página da seção de esportes quando ouviu uma voz fraca e familiar chamando do topo da escada.

"Papai? Estou com medo do escuro."

De novo não, João pensou um pouco irritado. Abaixando o jornal, mas sem se dar ao trabalho de levantar-se, ele disse ao filho.

"Volte para cama, Joãozinho. Você não está sozinho. Deus está com você. Agora volte para a cama, filho."

E Joãozinho voltou para cama.

Apenas alguns minutos se passaram, e a mesma fraca voz o chamou novamente.

"Papai? Você pode mandar a mamãe aqui em cima e eu mando Deus aí embaixo? Acho que preciso de alguém que tenha pele e que eu possa tocar."[2]

Fé apaixonada

Neste momento, estou rindo de Joãozinho, mas a verdade é que já fui igualzinha a ele em várias ocasiões. Quando tenho medo, ou estou de mãos atadas, ou quando não consigo encarar os desafios a minha frente, o que eu faço? Ah, ligo para minha mãe, ou para meu esposo no trabalho, ou para minha irmã, ou para minha vizinha, porque sei que todas essas pessoas me amam e irão me ajudar, encorajar ou orar por mim. Esqueço quando estou ocupada correndo atrás dessas pessoas "que têm pele" que tenho um Deus poderoso que me ama, tem um plano maravilhoso, deseja trabalhar em minha vida e está apenas esperando que eu clame por Ele.

Oração apaixonada

Querido Pai celestial, preciso da Tua ajuda. Estou tão cansada de tentar administrar minha vida e as situações difíceis com minhas próprias forças. Nesse momento, escolho confiar em ti. Ajuda-me a desapegar e parar de tentar manipular as coisas para que se resolvam da maneira que eu penso melhor. Obrigada por me amar e se importar com os meus problemas.

Por favor, tira o meu medo assim como o Senhor fez com Joquebede e Anrão. Substitua minha ansiedade por Tua paz. Ajuda-me a descansar sabendo que tens um plano especial para minha vida.

No precioso nome de Jesus, amém.

Leitura das Escrituras: Êxodo 1:6–2:10

Faleceu José, e todos os seus irmãos, e toda aquela geração. Mas os filhos de Israel foram fecundos, e aumentaram muito, e se multiplicaram, e grandemente se fortaleceram, de maneira que a terra se encheu deles.

Entrementes, se levantou novo rei sobre o Egito, que não conhecera a José. Ele disse ao seu povo: Eis que o povo dos filhos de Israel é mais numeroso e mais forte do que nós. Eia, usemos de astúcia para com ele, para que não se multiplique, e seja o caso que, vindo guerra, ele se ajunte com os nossos inimigos, peleje contra nós e saia da terra.

E os egípcios puseram sobre eles feitores de obras, para os afligirem com suas cargas. E os israelitas edificaram a Faraó as cidades-celeiros, Pitom e Ramessés. Mas, quanto mais os afligiam, tanto mais se multiplicavam e tanto mais se espalhavam; de maneira que se inquietavam por causa dos filhos de Israel; então, os egípcios, com tirania, faziam servir os filhos de Israel e lhes fizeram amargar a vida com dura servidão, em barro, e em tijolos, e com todo o trabalho no campo; com todo o serviço em que na tirania os serviam.

O rei do Egito ordenou às parteiras hebreias, das quais uma se chamava Sifrá, e outra, Puá, dizendo: Quando servirdes de parteira às hebreias, examinai: se for filho, matai-o; mas, se for filha, que viva. As parteiras, porém, temeram a Deus e não fizeram como lhes ordenara o rei do Egito; antes, deixaram viver os meninos. Então, o rei do Egito chamou as parteiras e lhes disse: Por que fizesses isso e deixastes viver os meninos?

Responderam as parteiras a Faraó: É que as mulheres hebreias não são como as egípcias; são vigorosas e, antes que lhes chegue a parteira, já deram à luz os seus filhos.

E Deus fez bem às parteiras; e o povo aumentou e se tornou muito forte. E, porque as parteiras temeram a Deus, ele lhes constituiu família.

Então, ordenou Faraó a todo o seu povo, dizendo: A todos os filhos que nascerem aos hebreus lançareis no Nilo, mas a todas as filhas temeram a Deus, ele lhes constituiu família. Então, ordenou Faraó a todo o seu povo, dizendo: A todos os filhos que nascerem aos hebreus lançareis no Nilo, mas a todas as filhas deixareis viver.

Foi-se um homem da casa de Levi e casou com uma descendente de Levi. E a mulher concebeu e deu à luz um filho; e, vendo que era formoso, escondeu-o por três meses. Não podendo, porém, escondê-lo por mais tempo, tomou um cesto de junco, calafetou-o com betume e piche e, pondo nele o menino, largou-o no carriçal à beira do rio. A irmã do menino ficou de longe, para observar o que lhe haveria de suceder.

Desceu a filha de Faraó para se banhar no rio, e as suas donzelas passeavam pela beira do rio; vendo ela o cesto no carriçal, enviou a sua criada e o tomou. Abrindo-o, viu a criança; e eis que o menino chorava. Teve compaixão dele e disse: Esse é menino dos hebreus.

Então, disse sua irmã à filha de Faraó: Queres que eu vá chamar uma das hebreias que sirva de ama e te crie a criança?

Respondeu-lhe a filha de Faraó: vai. Saiu, pois, a moça e chamou a mãe do menino. Então, lhe disse a filha de Faraó: Leva esse menino e cria-mo; pagar-te-ei o teu salário. A mulher tomou o menino e o criou. Sendo o menino já grande, ela o trouxe à filha de Faraó, da qual passou ele a ser filho. Essa lhe chamou Moisés e disse: Porque das águas o tirei.

Nota final: O livro de Êxodo relata o nascimento da nação de Israel, sua amarga escravidão ao povo egípcio e sua libertação deste país. O povo foi guiado por Moisés, filho de Anrão e Joquebede. O registro data de 1450–1405 a.C.

notas

3
primeiro eu, primeiro eu!

Uma história para líderes

O pastor Miguel Hollenbeck e sua esposa, Joice, foram casados durante 17 anos sem terem filhos. Então adotaram duas lindas meninas. Eles vieram nos visitar por alguns dias quando sua filha Cássia tinha cinco anos e a outra, Jane, era bebê. Foi muito prazeroso ver a felicidade que nossos queridos amigos demonstraram por causa de sua família que crescia.

Cássia era uma criança carismática e precoce, tinha cabelos ruivos e pele coberta de sardas. Joice confidenciou-me no segundo dia de sua visita que, apesar de todos os seus pontos positivos, Cássia dava trabalho.

"Ela está passando por esta fase, em que quer ser *chefe* de tudo e de todos", revelou Joice, balançando a cabeça. "Ela coloca as mãozinhas na cintura e anuncia que é chefe do quarto dela, de seus brinquedos e da irmãzinha. A professora da escola onde Cássia estuda diz que ela tenta ser a chefe lá também!"

Na noite seguinte, eu estava enxaguando a louça na pia da cozinha quando Cássia entrou e pediu, educadamente, três pedaços de um doce que havia em cima do balcão. Virando-me para ela, eu respondi: "Acho que não, querida, mas se sua mãe deixar, ficarei feliz em dar um pedaço para você."

Momentos depois, ela voltou com a devida permissão, e eu dei a ela o doce prometido em um guardanapo. Após a primeira mordida, ela levantou a cabeça e disse com um sorriso travesso, "Tia Jennie, eu estava apenas brincando quando pedi três".

Balancei a cabeça enquanto dava risada e voltei para a pia quando fui surpreendida por sua pergunta. Com uma mão segurando o doce e a outra posicionada importantemente na cintura, ela disse, pensativa: "Você não é minha chefe, mas quando seu pai não está, você é a chefe aqui nesta casa, não é?"

Eu ri alto, e enquanto voltava ao trabalho, sorri, pensando: "Pelo menos o desafio de Miguel e Joice é repleto de muito humor!"

Três dias depois que a família do pastor foi embora, uma carta chegou pelo correio.

Queridos Graydon e Jennie,

Obrigada pela maravilhosa visita em sua casa. Tivemos uma ótima viagem de volta com as crianças dormindo boa parte do caminho. Na segunda-feira, Cássia falou com Miguel sobre aceitar Jesus como Salvador, e quando orou, pediu que Deus entrasse e fosse o "chefe" de sua vida.

Ela parece muito diferente, Jennie. Por que eu espero que Deus trabalhe de forma poderosa nas vidas dos adultos, mas esqueço que Ele pode mudar a vida de uma criança de maneira tão bela?

De qualquer forma, estamos felizes.

Obrigada novamente pela diversão, comida, e companhia.

Com amor, Joice

Eu já pensei naquela carta muitas vezes desde que ela chegou. Tive a oportunidade de ver Cássia crescer de uma criança para uma notável adolescente com tremendo entusiasmo e habilidade de ganhar outros para Cristo. O que houve com a menininha mandona que era cheia de si? Bem, ela não só convidou Jesus para entrar em seu coração, mas também pediu que Ele fosse seu *Chefe* — seu Senhor. Ela o colocou em primeiro lugar, e isso fez toda a diferença.

Há uma história amedrontadora sobre uma mulher talentosa e abençoada que, quando criança, fora charmosa e tremendamente usada por Deus. Ela cometeu o erro de tentar ser a chefe. Você a reconhecerá na continuação da história. Nela, podemos aprender uma lição importante.

A história de Miriã

Impura. Pela centésima vez, a idosa olhou para suas mãos e estremeceu, lembrando. Vergonha a consumia enquanto se lembrava de sua arrogância tola, orgulho obstinado e língua imprudente. Como poderia ter se desviado tanto, sendo ela quem deveria saber melhor do que todos?

O ambiente era calmo onde ela se encontrava confinada, fora do acampamento. A senhora estava aterrorizada na primeira noite que havia sido separada do riso caloroso em volta das fogueiras — ela nunca havia ficado tão só, tão separada da comunhão das famílias que compunham a vasta multidão dos filhos de Israel. Doze tribos ao todo, com bandeiras hasteadas para cada uma. Elas eram, de fato, um espetáculo para serem vistas. Era impressionante o fato de Miriã ter sido uma das líderes bastante estimadas. Ela resmungou, menosprezando-se.

Se ela pudesse voltar no tempo. A senhora ansiava por retirar sua arrogância impetuosa, preconceito, o pecado contra seu irmão, sua cunhada e seu Senhor. Como ela poderia ter se desviado assim tão longe de um relacionamento correto com Deus? Ela olhou em toda a extensão de terra diante dela enquanto sua mente se concentrava nos anos anteriores.

Os anos de escravidão haviam sido extenuantes, inesquecíveis. Sofrimento, medo, morte, amargura. Miriã havia presenciado de tudo. Ela ficou maravilhada com a força de sua mãe, Joquebede, sua fé inabalável durante a última gravidez, e sua recusa em cumprir o decreto de faraó.

Os pensamentos de Miriã se voltaram para a caminhada clandestina que ela e sua mãe haviam feito à beira do rio para esconder o bebê entre os juncos. Ela quase podia sentir o cheiro do rio e parecia estar mais uma vez olhando através da grama alta. Seu coração batia enquanto se lembrava de como ela se sentiu solitária quando Joquebede a deixou para cuidar do bebê. Mas ela não estava sozinha. Deus estava com ela.

A filha de faraó havia vindo à beira do rio Nilo para se banhar. Miriã congelou quando a viu perceber a arca caseira flutuando entre os juncos.

"Por favor, Deus, ajude-nos!" O coração jovem de Miriã ficou apertado ao ver a elegante mulher levantar o bebê molhado e faminto do cesto. Tremendo, ela se aproximou da mulher poderosa e perguntou se por acaso gostaria que buscasse uma ama para o bebê que era para se tornar o filho da filha de faraó! O dia que havia começado com tanto medo e tensão terminou em júbilo.

Miriã fez uma pausa para suspirar com a lembrança de acontecimentos que pareciam tão reais, mas que haviam ocorrido mais de 80 anos atrás. Balançando a cabeça, ela suspirou novamente.

Os anos que se seguiram junto ao rio Nilo foram difíceis para os hebreus, mas, apesar das dificuldades, Miriã era cheia da fé de sua família e da tribo levita. Crescendo naquela tribo piedosa, ela tinha conhecimento das leis e promessas de Deus e também havia testemunhado a provisão divina para seu irmão mais novo. Ela ainda tinha vislumbres da vida além da miséria em que viviam os escravos. De alguma forma, Deus os libertaria, mas como? Quando? Será que Ele usaria o bebê? Será que Ele a usaria?

Depois que Moisés foi morar com a princesa, Miriã raramente o via, e nos 40 anos seguintes, faraó foi implacável em sua exploração ao povo hebreu. Ocasionalmente, Miriã ou Arão — seu outro irmão — viam Moisés de relance distantemente, de pé em alguma posição elevada, observando os grandes projetos de construção. Ele tinha chegado à idade adulta, e suas roupas e modos eram egípcios. Será que ele lembrava de sua herança? Será que, um dia, ele ajudaria a libertar o seu povo?

Em seguida, ocorreu um escândalo real, e a notícia espalhou-se rapidamente por todo o acampamento de escravos. O príncipe Moisés havia testemunhado um supervisor egípcio espancando um escravo e matou a autoridade! Quando faraó soube da notícia, ficou tão furioso que ordenou que Moisés fosse condenado à morte.

E Moisés fugiu.

Miriã, cansada, fechou os olhos, lembrando-se das emoções conflitantes que tinha experimentado. No início, ela estava extremamente orgulhosa por Moisés ter defendido uma pessoa de seu próprio povo. Mas depois ela teve muito medo que fosse pego, e depois ficou aliviada ao saber que ele havia fugido. Mas, com sua partida e nos longos anos que se seguiram, houve essa tentação de nadar em desespero. Deus havia prometido a seu antepassado, Abraão, que eles seriam libertos, mas como? Quando a libertação viria?

Mais 40 anos amargos se arrastaram, e os filhos de Israel clamaram a Deus por libertação. Então, Deus enviou o seu libertador, e era Moisés.

Ele voltou! Quase irreconhecível. Do egípcio arrumado e elegante que havia sido, Moisés apareceu barbudo e castigado pelo sol e pelo vento. Seus 40 anos na terra de Midiã tinham sido gastos no pastoreio. Ele havia se casado com a filha de um sacerdote e contou sinceramente aos israelitas sobre seu encontro surpreendente com Deus, que se manifestou em uma sarça ardente. E apesar de sua impressionante educação egípcia, o ex-príncipe era um homem humilde. Ele tinha dificuldade para falar publicamente, e ainda assim teve a ousadia dada por Deus de ir diante do faraó e exigir a liberdade para os israelitas.

Esperança queimou mais uma vez no coração de Miriã! Seu irmão Arão estava com Moisés e muitas vezes era o seu porta-voz. Mas foi a Moisés que Deus deu poder para fazer coisas verdadeiramente miraculosas. Quando ele se apresentou a faraó, sua vara se transformou em uma cobra! Então, quando ele a pegou pela calda, tornou-se uma vara de novo! Ele tocou o Nilo e o rio se transformou em sangue. Rãs vieram do nada e estavam por toda parte! Granizo caiu sobre o Egito, e em seguida, enxames de gafanhotos vieram e comeram tudo o que fora deixado. Apesar das pestes, pragas e trevas, faraó se recusou a deixar o povo ir, até a noite da morte: a Páscoa.

Moisés avisou faraó que se ele não libertasse os israelitas, o primogênito de cada família egípcia morreria. Os israelitas foram avisados que, para escapar desta morte, eles deveriam preparar pão sem fermento e matar e assar um cordeiro, passando seu sangue sobre os batentes de suas casas.

Mas o faraó se recusou a acreditar. À meia-noite, a morte veio. Luto tomou a terra do Egito, e nenhuma casa sem marcação escapou da ira de Deus. Com a morte de seu filho e herdeiro, faraó finalmente desistiu de seu domínio sobre os israelitas. Ele implorou-lhes para partirem e levarem os rebanhos de gado e outros animais com eles.

O rosto de Miriã se enrugou em um sorriso cansado ao se lembrar de seu êxodo triunfante. Que admirável! Mais de dois milhões de pessoas deixaram o Egito. Havia 600 mil homens, além de mulheres e crianças. Três pessoas os conduziram: Moisés, Arão e Miriã, com a presença de Deus adiante deles de dia e de noite.

Os desafios do êxodo eram muitos, mas olhando para trás, Miriã podia ver como Deus procurou usar cada desafio para ensinar e se revelar ao seu povo. O primeiro obstáculo veio quando eles chegaram ao mar. Faraó mudou de ideia e queria os israelitas como escravos de volta. E então, enviou o seu vasto exército, incluindo cavaleiros e oficiais com 600 carros para persegui-los. As pessoas estavam presas. Aterrorizadas. Mas Deus falou a Moisés, e Moisés levantou seu bastão sobre a água.

Um vento forte soprou, a água se dividiu bruscamente para a esquerda e para a direita, e, surpreendentemente, terra seca estava à frente deles. Não era uma tarefa pequena levar tantas pessoas por uma passagem tão estranha e assustadora, mas o forte ajudou o aleijado. Doze tribos de homens, mulheres e crianças, e também os animais que tinham levado com eles cruzaram o mar. Alguns puxavam carroças. Todas as pessoas levavam cargas.

"Depressa, pessoal, depressa! As tropas de faraó estão logo atrás de nós!"

Mas onde estavam os egípcios? Miriã e os outros logo perceberam que Deus havia colocado sua própria presença na forma de uma coluna de nuvem entre Seu povo e seus inimigos. Ele causou a escuridão da noite para os egípcios, mas deu a luz para os israelitas encontrarem seu caminho.

O árduo êxodo continuou por toda aquela noite. Na parte da manhã, quando as pessoas estavam a salvo na margem oposta, Deus levantou a nuvem por trás deles e os israelitas testemunharam o exército egípcio que avançava através da mesma cavidade oca. De repente, Deus fez as rodas caírem dos carros, criando confusão e um bloqueio eficaz. Os soldados atrás dos carros continuavam entrando na passagem de terra seca para atravessar o mar. Então, quando o exército inteiro entrou, Deus disse a Moisés para voltar a esticar seu cajado sobre a água.

O grito do povo em terra e os gritos aterrorizados dos soldados e cavalos foram abafados pelo barulho da água que desabou sobre o inimigo, destruindo cada um deles.

A grandeza do que tinha acontecido foi surpreendente. Com corações batendo fortemente, os israelitas viram os corpos dos soldados mortos surgirem na costa. Mas então, a realidade de sua libertação e do que Deus havia feito por meio de Moisés, seu servo, tomou conta. A festa começou.

O canto! A dança! Os pés de Miriã acompanhavam a música da celebração em seu pensamento. Essa havia sido sua melhor e mais alegre experiência em liderança. Ela havia tomado um pandeiro nas mãos e levantado acima da cabeça, e seu pés batiam no chão. Com todas as mulheres — milhares — seguindo-a, ela entoou sua canção alegre de louvor a Deus: "Cantai ao Senhor, porque Ele é exaltado. O cavalo e seu cavaleiro Ele lançou no mar!"

Conforme o eco daquela música de tanto tempo atrás desaparecia e a realidade de seu comportamento recente e as circunstâncias atuais a confrontavam, Miriã tristemente balançou a cabeça. Deus havia permitido que ela não só ajudasse a liderar os israelitas, mas que fosse uma de seus porta-vozes. Ela era uma profetisa. Falava a palavra do Senhor para as pessoas. Como depois de experimentar pessoalmente tanta alegria no ministério e de testemunhar o poder de Deus no trabalho através de seu humilde irmão, ela poderia ter sido tão crítica e fomentado pensamentos tão vãos?

Aquela esposa cuxita dele a incomodava há tempos. Enquanto Miriã espiava pela abertura em sua barraca, viu Moisés se inclinar para ouvir a esposa. Um sorriso abriu em seu rosto, e eles trocaram risadas calorosas. Então ele admirou sua esposa enquanto ela caminhava para fora da tenda com uma cesta equilibrada sobre a cabeça. Miriã balançou a cabeça com amargura.

Com o passar do dia, Miriã não só alimentou o espírito crítico crescendo dentro dela como também envolveu Arão. E eles começaram a fofocar sobre Moisés.

"Arão! Venha partilhar o fogo em frente a minha barraca comigo. Gostaria de ter uma palavra com você."

Parecendo tão velho e cansado quanto ela se sentia, Arão se abaixou para sentar-se diante do fogo. Parecia que havia perambulado no deserto por toda a vida.

"O que é, Miriã? Estes velhos ossos precisam de descanso."

"Você se encontrou com Moisés hoje? Ele ouviu seu conselho?", indagou.

"Ele estava ocupado com assuntos tribais, irmã."

"Bem, ele teve tempo suficiente para conversar com aquela esposa cuxita dele", reclamou Miriã.

A escolha de Moisés por uma companheira há muito perturbava a Arão e Miriã. Moisés podia até ter vivido em outras culturas, mas, o fato de ter se casado com uma estrangeira, enquanto havia mulheres das 12 tribos de Israel para escolher, irritava-os. Isso e a constante peregrinação no deserto levaram a paciência de ambos ao limite.

"O que Moisés teria feito sem nossa assistência na liderança por todos estes anos? Mesmo a sua caríssima educação egípcia, com certeza, não fez dele um grande orador! Ele precisou que você falasse por ele no Egito, Arão! Um líder mais agressivo não seria melhor para guiar essas pessoas inconstantes que parecem sempre estar reclamando?"

"O Senhor tem falado apenas a Moisés?", ela continuou. A pergunta saiu como um desafio, e os dois irmãos se olharam à luz do fogo.

"Não, irmã", Arão respondeu, sentando-se e olhando-a nos olhos. "Ele também falou por meio de *nós*. Deus nos colocou como líderes junto a Moisés quando fugimos do Egito."

Miriã prosseguiu, fazendo seu discurso. "Ambos somos mensageiros de Deus como profeta e profetiza, e além disso somos irmãos *mais velhos* de Moisés!"

Cheios de si, eles corajosamente compararam seus dons de profecia aos de Moisés e criticaram duramente sua escolha pela esposa.

Deus os ouviu. E Miriã tinha sido pega em pecado. Era muito tarde para tomar de volta suas palavras tolas.

Miriã começou a suar enquanto se lembrava da voz de Deus naquele dia. Ele havia falado com ela e Arão antes em sonhos e visões e havia dado a eles as Suas palavras para que declarassem ao povo. No entanto, naquele dia, Deus falou em voz alta com Miriã e seus dois irmãos: *"Venham para a tenda de reunião, vocês três."*

Tremendo, foram para a tenda no centro do acampamento, e Deus desceu em uma coluna de nuvem e falou com Arão e Miriã.

> *"...se entre vós há profeta, eu, o Senhor, em visão a ele, me faço conhecer ou falo com ele em sonhos. Não é assim com meu servo Moisés, que é fiel em toda a minha casa. Boca a boca falo com ele, claramente e não por enigmas; pois ele vê a forma do Senhor; como pois, não temestes falar contra o meu servo, contra Moisés?" (Números 12:6-8).*

Fé apaixonada

A descrição de Deus de seu relacionamento íntimo com Moisés e a dura realidade de Sua ira em favor de Seu humilde servo atingiu Miriã profundamente. Sua punição foi rápida, e por um momento, ela viu a morte de frente. Quando Deus os deixou, a líder estava coberta de lepra, com a carne parcialmente devorada.

Aterrorizado, Arão se virou a Moisés e pediu perdão pelo pecado que ele e Miriã haviam cometido. Reconhecendo a influência do irmão em relação à Deus para mudar o curso das coisas, ele pediu a Moisés que não permitisse que ela ficasse naquela condição tão horrível.

Miriã estreitou os olhos enquanto verificava a posição do sol. Em mais ou menos uma hora, uma semana inteira teria passado desde os eventos preocupantes daquele dia. Ela olhou para as mãos cerradas no colo e abriu lentamente os dedos. Elas estavam enrugadas e cansadas, mas inteiras. Uma lágrima escorreu pelo seu rosto, e, engolindo em seco, pensou sobre a reação de Moisés a sua situação. Ele tinha todo o direito de estar furioso com ela, porque ela tentou usurpar a sua liderança. No mínimo, ele poderia ter dado a ela um sermão sobre respeito a sua esposa, e muito mais sobre seu chamado inegável do Senhor Deus. Mas ele não havia feito nada disso. Pelo contrário, ele havia demonstrado seu amor por ela. Seu irmão clamou ao Senhor em favor dela.

"Deus, por favor, cure-a!"

Deus não a restaurou imediatamente a sua forma normal de vida. Decretou que ela deveria ser lançada fora do acampamento por sete dias... sozinha e envergonhada.

Tinha sido uma semana longa, solitária, e às vezes assustadora, mas ela estava prestes a voltar para seu povo. Restaurada. Perdoada. Com um coração grato, ela chorou de alegria.

Aprofundando

Escolhi contar esta história a partir da perspectiva de Miriã, no final de sua disciplina, de como ela poderia ter se lembrado dos acontecimentos da sua vida. Para ser sincera, eu costumava relutar com o final, sentindo-me frustrada por Deus ter escolhido Miriã em vez de Arão para castigar. Estudando mais profundamente, no entanto, descobri alguns pensamentos e informações importantes que quero compartilhar com você.

Miriã era uma mulher de influência. Ela veio de uma família de fé e foi usada por Deus para ser líder. Como era da tribo de Levi, ela tinha uma herança divina e desde cedo havia testemunhado Deus agindo em sua família. O Senhor até mesmo deu a ela o dom de profetizar e nomeou-a a uma posição de liderança. Outro fato interessante é que essa hebreia foi a primeira cantora mulher registrada na Bíblia (como é maravilhoso que sua primeira canção gravada tenha sido em louvor ao Senhor). As Escrituras afirmam que Miriã conduziu as mulheres em canto e dança após a fuga do Mar Vermelho. Ela era a mulher de influência fundamental entre o seu povo.

A "ordem para liderar era clara. Ao longo da história do cativeiro e da libertação dos israelitas do Egito, fica claro que Moisés era o indivíduo escolhido por Deus para liderar os filhos de Israel. Muitos anos depois, o profeta Miqueias escreveu as palavras do Senhor que listam os três líderes que Deus enviou diante do povo para livrá-los da escravidão. Ele disse: "...e enviei adiante de ti a Moisés, Arão e Miriã" (Miqueias 6:4).

Miriã é listada em terceiro lugar, mas está lá! No entanto, no livro de Números 12, onde o seu pecado e julgamento de Deus são registrados, o nome dela é claramente o primeiro da lista, levando-me a acreditar que ela foi a instigadora do conflito.

Encontrei algumas notas interessantes no livro do rabino Joseph Telushkin sobre conhecimento bíblico que dão credibilidade a minha teoria de que Miriã foi a instigadora. Um estudioso do hebraico, Rabbi Telushkin diz: "A evidência interna do texto realmente oferece duas sugestões de que Miriã era a infratora primária. Primeiro, o verbo usado para descrever as suas observações iniciais é o feminino singular, *ve-teddaber* ("e ela falou"). Segundo, seu nome é citado primeiramente, sendo que quando Miriã e Arão são mencionados juntos em todas as outras ocasiões, o nome dele vem antes."[1]

Moisés não estava forçando sua autoridade sobre Miriã e Arão. Exatamente o oposto era verdade. O livro de Números 12:3 diz: "Era o varão Moisés mui manso, mais do que todos os homens que havia sobre a terra."

Moisés poderia ter sido presunçoso sobre muitas coisas: o seu passado como um príncipe do Egito, sua educação formal — que era muito superior a de qualquer outro israelita —, sua posição incrível como líder da nação de Israel, ou as muitas coisas milagrosas Deus que havia feito por intermédio dele. Em vez disso, ele era a pessoa mais humilde do mundo.

Não é de se admirar que Deus ficasse tão bravo. Ele não permitiria que as duras críticas ao Seu servo mais fiel (especialmente por alguém que deveria saber que não deveria fazer aquilo) ficassem impunes.

Eu não preciso me preocupar se Deus foi "justo" ou não. As Escrituras dizem claramente que se confessarmos os nossos pecados, Ele é fiel e justo para nos perdoar os pecados e nos purificar de toda injustiça (1 João 1:9). No livro de Gênesis 18:25, Abraão pergunta: "Não fará justiça o Juiz de toda a terra?" Isso quer dizer que posso confiar nas ações de Deus — mesmo que eu não as entenda totalmente. Também quer dizer que quando eu piso na bola, como Miriã, perdão e restauração são acessíveis a mim também.

Não imagino que tenha demorado muito para Miriã confessar seu pecado diante de Deus. Fico pensando se o clamor do coração dela foi se quer um pouco parecido com o de Davi quando foi pego em adultério.

Compadece-te de mim, ó Deus, segundo a tua benignidade; e, segundo a multidão das tuas misericórdias, apaga as minhas transgressões.

> *"Lava-me completamente da minha iniquidade, e purifica-me do meu pecado.*
> *Pois eu conheço as minhas transgressões, e o meu pecado está sempre diante de mim.*
> *Pequei contra ti, contra ti somente, e fiz o que é mau perante os teus olhos, de maneira que serás tido por justo por teu falar e puro no teu julgar.*
> *Eu nasci em iniquidade, e em pecado me concedeu minha mãe.*
> *Eis que te comprazes na verdade no íntimo e no recôndito me fazes conhecer a sabedoria.*
> *Purifica-me com hissopo, e ficarei limpo; lava-me, e ficarei mais alvo que a neve.*
> *Faze-me ouvir júbilo e alegria, para que se exultem os ossos que esmagaste.*
> *Esconde o rosto dos meus pecados, e apaga todas as minhas iniquidades.*

Cria em mim, ó Deus, um coração puro, e renova dentro de mim um espírito inabalável.

Não me repulses da tua presença, nem me retires de mim o teu Santo Espírito.

Restitui-me a alegria da tua salvação e sustenta-me com um espírito voluntário" (Salmo 51:1-12).

A semana de isolamento de Miriã foi provavelmente a providência mais sábia que Deus poderia ter prescrito para a talentosa e agressiva mulher. Isso lhe deu tempo a sós com Ele. Acho que Miriã teve um retiro a dois com Deus, e estou certa de que ela nunca mais foi a mesma.

O que aconteceu com Miriã após sua restauração? Estudei para saber sobre a vida de Miriã, depois que ela foi trazida de volta para o acampamento. As únicas outras referências são quando ela morreu e onde foi enterrada, e um epitáfio sóbrio no livro de Deuteronômio 24:9: "Lembra-te do que o Senhor teu Deus fez a Miriã."

O quê? Não se concentrar em sua obediência como uma criança junto ao Rio Nilo, em sua liderança tremenda com as mulheres, em seu poderoso dom de profecia, ou até mesmo em sua voz solo adorável? Lembrar-se de sua queda? Depois de pensar um pouco em oração, percebi que Deus usou a palavra "lembre-se" porque, obviamente, há algo nesta história que eu deveria aplicar a minha própria vida.

De que maneira esta história pode se aplicar a sua vida?

Mantenha seu foco em Deus. A presença de Deus estava diante dos israelitas na forma de uma coluna de nuvem durante o dia e de uma coluna de fogo de noite. Eu me pergunto se Miriã ficou tão acostumada a Sua presença, que deixou de dar valor à Sua grandiosidade e tirou os olhos da coluna, focando-os em si mesma e em suas próprias ambições. Ela costumava se alegrar em Seu Senhor e Sua liderança. Mas então ela mudou o foco e decidiu ser chefe de si mesma.

Vivemos em um momento emocionante na história, quando as mulheres neste país podem elevar-se a praticamente qualquer posição. À medida que Deus permite que muitas de nós assumamos posições de liderança, sejam em nossas comunidades, igrejas, locais de trabalho, ou ministérios, não devemos trabalhar para a promoção de nós mesmas ou para elevar as nossas posições de autoridade. Se fizermos de Deus o Senhor das nossas vidas e o mantermos sempre diante de nós, Ele pode abrir portas de oportunidades surpreendentes (como me dar a oportunidade de escrever este livro) e proporcionar realizações que nunca sonhamos serem possíveis. Como cristãs, ou seguidoras de Jesus Cristo, Filho de Deus, somos Suas representantes pessoais, e estamos em missão para fazer a Ele (não a nós mesmas) visível para um mundo perdido e esvaído.

Eu já vivi o suficiente para ver alguns líderes cristãos bem famosos pisarem na bola. Ministérios dinâmicos sofreram e se acabaram totalmente porque, em algum lugar ao longo do caminho, os líderes tiraram seus olhos de Cristo e se concentraram em si. Alguns se tornaram ávidos por fama, outros por dinheiro ou sexo ilícito. E não foram somente as suas reputações pessoais que se arruinaram, mas o testemunho de Cristo que eles haviam proclamado e que foi danificado. Tudo isso porque eles queriam ser os chefes.

Na verdade, tenho muito em comum com Miriã. Também cresci em uma família de fé e tenho herança divina. Eu também tenho o privilégio de ter um ministério como oradora e contadora de histórias. E eu, como Miriã, tenho uma irmã famosa no ministério que prega e escreve. (Essa é a minha incrível e querida irmã mais velha, Carol Kent, por sinal.) Também tenho uma personalidade trabalhadora, controladora, que preciso continuamente render ao Senhor. Não sei quanto a você, mas eu prefiro aprender com o erro de Miriã do que com minhas próprias falhas. Sou tão agradecida a Deus por ter feito uma pausa longa o suficiente na história de Miriã para dizer "lembre-se". E você?

Morda sua língua! Você já desejou poder retirar os pensamentos agressivos ou palavras amargas que usou contra alguém? Eu já. Francamente, elas eram geralmente ditas porque eu me sentia superior à pessoa ou queria controlar a situação.

Com certeza sou grata pelo perdão.

Sei que uma história como a de Miriã assombra, mas Deus pode usá-la para revelar nosso próprio orgulho e ações tolas. A boa notícia é que Ele nos ama muito — o suficiente para castigar-nos, se necessário. E se confessarmos os nossos pecados, Ele é fiel e justo para nos perdoar os pecados e nos purificar de toda injustiça (1 João 1:9).

A melhor maneira que consigo descrever o perdão de Deus é falando sobre o perdão que foi estendido a mim quando eu não o merecia.

Eu estava com saudades de casa. Profundamente, dolorosamente, esmagadoramente com saudades de casa.

Meu marido estava no exército, e fomos enviados longe de nosso estado natal.

Eu desesperadamente sentia saudades de minha mãe. Lembrei-me de sua ternura e das vezes que ela se sacrificou por mim. Pensei nas incontáveis manhãs em que eu havia descido as escadas e a encontrado de joelhos ao lado de nosso velho sofá desgastado, orando em voz alta por seus filhos. Eu mais do que sentia sua falta. Eu lembrava das vezes que eu a tinha feito chorar quando era adolescente.

Eu era uma boa aluna, e muito envolvida na minha escola. A vida era emocionante e eu era uma pessoa de palco. Tinha um papel de liderança em cada peça produzida por nossa escola desde meu primeiro até meu último ano. Eu amava ser o centro das atenções, mas nossa casa não tinha palco ou holofotes. Eu morava em uma casa paroquial com uma família de oito, que tinha um orçamento limitado. Sentia-me ressentida com a carga de trabalho que vinha com o fato de ser uma das mais velhas, e eu estava infeliz com a escassez de dinheiro. Opunha-me às regras estritas de meus pais e aos horários de chegar em casa que eram estabelecidos a mim. Eu entristecia minha mãe com minhas palavras.

"Por que você é tão injusta? Eu lidero o musical da escola, e você me faz voltar para casa da festa da peça à meia-noite! Você está tentando me humilhar na frente dos meus amigos, ou será que não confia em mim?"

"Por que eu tenho que limpar o andar de baixo inteiro antes de eu ir para a escola todas as manhãs? E quando eu chego em casa da escola há uma pia cheia de louças sujas para lavar, antes mesmo do jantar! O que você faz o dia todo afinal?!"

Eu tinha muitas queixas, e quando a porta da frente estava fechada — e, especialmente, quando meu pai não estava lá — eu tinha uma língua afiada e egoísta que dizia desaforos a minha mãe. Por alguma razão, ela deixava eu me safar dizendo aquelas coisas odiosas, mas às vezes ela chorava.

Anos mais tarde, lá estava eu, uma mulher adulta, com minha própria casa, longe, sentindo falta dela — e me sentindo miserável por tê-la feito sofrer.

Quatro anos se passaram. Meu marido estava chegando ao fim de seu serviço militar, e precisávamos encontrar uma casa e espaço de escritório para a sua prática jurídica. Decidida a voltar para minha cidade natal para uma viagem rápida durante a minha pausa de Páscoa da escola onde trabalhava, escrevi com antecedência para minha mãe, convidando-a a vir ao nosso encontro. Ela dirigiu por seis horas sozinha para que pudéssemos estar juntas, e foi um reencontro maravilhoso.

No dia seguinte, encontrei minha mãe sentada em uma cadeira de balanço na casa onde estávamos hospedados. Sua cabeça estava para trás e seus olhos estavam fechados. Ela estava dormindo profundamente. Fiquei lá na porta e a observei por um tempo.

Eu te amo muito, mamãe, eu pensei. *Sinto tanto sua falta.* Parada ali, percebi que era hora de eu acertar algo que estava errado havia muito tempo.

Caminhando até a sala, ajoelhei-me ao lado de sua cadeira e gentilmente coloquei o cotovelo em seu colo. Quando ela acordou, apoiei minha cabeça no braço. Ela passou as mãos no meu cabelo como se eu fosse uma menina novamente.

"Ah, mãe, eu tenho tanta saudade de você!"

"Sinto sua falta também, querida", ela respondeu, acariciando meu rosto.

Eu me endireitei para olhar nos olhos dela. "Mãe, há algo que tem me incomodado há muito tempo, e eu tenho que pedir que me perdoe."

Ela olhou para mim e disse: "Perdoar você, Jennie? Por quê?"

"Ah, mãezinha, por todas as vezes que eu fiz você chorar quando eu era adolescente. Eu não entendia que quando era rigorosa, você estava tentando me proteger. Eu era tão cheio de mim mesma. Eu não tinha nenhuma compreensão real do ministério do papai ou que era o ministério da nossa família também. Você tinha uma casa cheia de crianças, e era minha parte do ministério limpar a casa todas as manhãs. Quando pratos sujos estavam esperando na pia, depois da escola, era porque você havia servido o Senhor em oração e aconselhamento às pessoas espiritualmente carentes durante toda a tarde. Fui tão egoísta. Eu te machuquei tantas vezes. Por favor, perdoe-me, mãe. Sinto muito."

Derramando lágrimas, minha mãe me abraçou e calmamente respondeu: "Ah, minha querida Jennie. Eu amo você e perdoei você há muito, muito tempo."

Muitos anos se passaram desde aquele dia renovador, mas eu tenho sido grata inúmeras vezes desde que minha mãe me ensinou a lição sobre o perdão de Deus. Quando vou ao meu Pai celestial com um coração quebrantado e contrito e digo: "Oh, Deus, eu sinto muito. Estraguei tudo. Machuquei o Senhor de novo. Por favor me perdoe", o Salvador me olha com o amor que o levou à cruz do Calvário e responde: "Ah, minha filha, eu te amo. Eu a amo desde antes de você nascer, e eu paguei o preço por isso há muito tempo. Você está perdoada."[2]

Oração apaixonada

Querido Pai celestial, muito obrigada pela história de Miriã. Tantas veze sou igual a ela — servindo com alegria num momento e esperando elogios e reconhecimento em outro. Por favor, perdoa-me pelas vezes que eu ignorei a Sua presença e propósito em minha vida, e em vez disso, centrei-me em mim mesma.

Obrigada pelo tremendo privilégio de ser Sua representante aqui na terra. Por favor, guarda o meu coração da tentação de me promover em vez de promover a Ti.

E também, o Senhor poderá guardar os meus lábios? Não me deixe usá-los com rancor contra os outros. Não permita que eu critique aqueles que o Senhor colocou como autoridade sobre mim.

E, por favor, dá-me a coragem de dizer "sinto muito" àqueles a quem eu fiz mal. E dá-me a graça de perdoar os que me feriram, sabendo quão incondicionalmente tu me amastes e me perdoastes.

Eu te amo, Senhor. Faço essa oração no nome precioso do Teu Filho, Jesus. Amém.

Leitura das Escrituras: Números 12:1-16

Falaram Miriã e Arão contra Moisés, por causa da mulher cuxita que tomara; pois tinha tomado a mulher cuxita. E disseram: Porventura, tem falado o SENHOR somente por Moisés? Não tem falado também por nós? O SENHOR o ouviu.

Era o varão Moisés mui manso, mais do que todos os homens que havia sobre a terra.

Logo o SENHOR disse a Moisés, e a Arão, e a Miriã: Vós três, saí à tenda da congregação. E saíram eles três. Então, o SENHOR desceu na coluna de nuvem e se pôs à porta da tenda; depois, chamou a Arão e a Miriã, e eles se apresentaram. Então, disse: Ouvi, agora, as minhas palavras... se entre vós há profeta, eu, o SENHOR, em visão a ele, me faço conhecer ou falo com ele em sonhos. Não é assim com o meu servo Moisés, que é fiel em toda a minha casa. Boca a boca falo com ele, claramente e não por enigmas; pois ele vê a forma do SENHOR; como, pois, não temestes falar contra o meu servo, contra Moisés?

E a ira do SENHOR contra eles se acendeu; e retirou-se.

A nuvem afastou-se de sobre a tenda; e eis que Miriã achou-se leprosa, branca como neve; e olhou Arão para Miriã, e eis que estava leprosa. Então, disse Arão a Moisés: Ai! Senhor meu, não ponhas, te rogo, sobre nós este pecado, pois loucamente procedemos e pecamos. Ora, não seja ela como um aborto, que, saindo do ventre de sua mãe, tenha metade de sua carne já consumida.

Moisés clamou ao S‌ENHOR, dizendo: Ó Deus, rogo-te que a cures.

Respondeu o S‌ENHOR a Moisés: Se seu pai lhe cuspira no rosto, não seria envergonhada por sete dias? Seja detida sete dias fora do arraial e, depois, recolhida. Assim, Miriã foi detida fora do arraial por sete dias; e o povo não partiu enquanto Miriã não foi recolhida.

Porém, depois, o povo partiu de Hazerote e acampou-se no deserto de Parã.

Nota final: Quando esta história tão instigante ocorreu, segundo o *Baker Commentary on the Bible* (Comentário bíblico Baker), os estudiosos da Bíblia concordam que o êxodo ocorreu por volta de 1440 a.C.[3] Se assim for, a história da rebelião de Miriã provavelmente entre 1439 e 1400 a.C. (Lembre-se de que o número diminui à medida que o calendário se aproxima da data do nascimento de Cristo).

4
o orgulho leva um banho

Uma história sobre humildade, cura, e serviço

"Ei, eu estou bonitona hoje!"

Encolhendo minha barriga, virei-me de um lado para o outro, estudando minha aparência no espelho. Naquela noite, eu iria acompanhar meu marido num jantar especial de negócios que acontecia anualmente. Eu queria estar linda. Vesti-me com elegância e caprichei no visual do meu cabelo e na maquiagem. Admirando o resultado dos meus esforços, tive a sensação de que meu marido ficaria orgulhoso de ter-me ao seu lado naquela noite.

Horas mais tarde, e já de volta em casa após o jantar, lavei minhas mãos na pia do banheiro. Vendo meu reflexo novamente, sorri para mim mesma. Senti-me satisfeita por aquela noite ter sido tão boa e recordei vários elogios sobre a minha roupa.

Nossa filha, Amber, que tinha apenas oito anos naquela época, acordou e foi ao meu encontro no banheiro. Ela estava sonolenta e quentinha em sua camisola longa de pelúcia. Amber aconchegou-se sob o meu braço e eu a abracei enquanto ela estava à minha frente.

o orgulho leva um banho

"Tudo bem, docinho?", perguntei, beijando sua cabeça.

Podíamos ver uma à outra no espelho em nossa frente. De repente, seus olhos sonolentos se iluminaram e ela respondeu com entusiasmo.

"Mamãe! Eu finalmente sei o que vou dar para você no Natal! Você vai *amar*!"

Não querendo diminuir o seu entusiasmo, mas percebendo que estávamos em meados de março, eu respondi, "Uau, você *é* uma compradora adiantada, não é mesmo?"

A resposta dela foi cheia de emoção sincera, e um pensamento saiu após o outro. "Bem, é que custa caro, mamãe. Vou precisar de muito tempo para economizar, mas tudo bem", continuou ela, "porque eu sei que finalmente pensei em algo que você realmente *precisa*! Você vai *amar*!

Ela fez uma pausa. "Existe só um problema." Sua testa franziu um pouco. "Eu não acho que vai ser uma surpresa."

Virando-a para que olhasse para mim, segurei seu rostinho. Garanti a ela que amava surpresas e tentei explicar que eu não precisava de presentes caros. "Querida", eu disse, "presentes caseiros feitos com muito amor são os meus favoritos".

Ela balançou a cabeça. "Não, mamãe, eu tenho certeza que *esse* vai ser o seu presente favorito este ano. Eu *sei* que você vai adorar. Então eu acho que está tudo bem se eu contar o que é antes da hora. Veja, eu consigo juntar o dinheiro até o Natal, mas eu não sei como fazer o pedido. O anúncio disse que eu tenho que ligar para um número gratuito, e eu não tenho certeza se eu sei como fazer isso. Você sabe?"

Um número de telefone gratuito? Minha mente acelerou. "Sim, eu sei como usar um número gratuito. Mas, querida, o que eu poderia precisar que você encomendaria através do telefone?"

Ela explodiu com a notícia. "Um aparelho abdominal *Gut Buster*! Você *realmente* precisa de um, não é, mamãe?" Ela sorriu para mim com confiança ingênua. "Eu disse que era algo que você gostaria de ter!"

Você já ouviu a expressão "da boca dos pequeninos..."?

A observação e a declaração da minha filha sobre a minha *necessidade* não era algo que eu realmente *queria* ouvir, mas eu tinha de admitir que havia, certamente, um fundo de verdade nisso.

No livro de 2 Reis, no Antigo Testamento, há uma história sobre um homem orgulhoso que tinha uma grande necessidade, e por causa da disposição em atender ao sábio conselho de uma jovem de sua casa, sua vida foi radicalmente transformada. Ele se chamava Naamã, e era o comandante do exército do rei da Síria, Aram. Ele morava na cidade real de Damasco, onde havia adoração de ídolos, e ele acompanhava pessoalmente o rei da nação no templo de Remon. Sua destreza surpreendente no campo de batalha o fez não só favorito do rei, mas também lhe rendeu respeito e popularidade entre as pessoas. A Bíblia se refere a Naamã como um valente soldado. Apesar de sua riqueza, posição e popularidade, porém, mesmo o mais humilde escravo na Síria não trocaria de pele com ele. Veja, Naamã tinha lepra, uma doença repugnante, que poderia roubar-lhe a força vigorosa, bani-lo da sociedade, e em algum momento, tirar sua vida.

A história de Naamã

Ao entrar no belíssimo quarto de sua senhora, a menina sorriu com prazer ao vê-la em um lindo vestido novo. "Você me chamou, minha senhora?" perguntou educadamente.

"Sim. Venha aqui e me ajude a apertar o colar", a patroa ordenou gentilmente. "Seu mestre vai estar em casa em breve, e quero estar bem arrumada."

"O mestre Naamã vai pensar que a senhora é muito bonita", a menina disse sinceramente. "A senhora alegrará o coração dele."

o orgulho leva um banho

A patroa olhou para ela por um momento, sorrindo com tristeza. "Eu gostaria que fosse tão simples como colocar um vestido novo", confessou.

"Quem é esta jovem israelita que transmite tanta confiança?", a mulher se perguntou. A garota estava com eles havia tempo suficiente para entender não apenas o funcionamento interno da casa, mas também para reconhecer a verdadeira agonia com a qual viviam. A esposa de Naamã havia ficado maravilhada muitas vezes com a atitude positiva da menina diante de suas próprias circunstâncias. Quem poderia culpá-la se ela tivesse sido mal-humorada em sua submissão? Ela era um espólio de guerra. Mas em vez de exibir amargura, era alegre e atenciosa. Era realmente uma bênção em sua privilegiada mas atormentada casa.

A pequena escrava se ajoelhou no chão ao lado dela, que estava sentada com as mãos firmemente entrelaçadas no colo. Olhando intensamente para o rosto de sua senhora, falou com ousadia.

"Eu sei como meu mestre pode ficar bom, senhora."

A mulher ficou surpresa com a declaração, e seus olhos estavam fixos no rosto da menina. O entusiasmo dela transbordava em sua declaração. "Se meu mestre falasse com o profeta que está em Samaria, ele o curaria da lepra."

A esposa do valente soldado encheu-se de esperança enquanto olhava para aquele rosto doce, brilhando com imensa fé. Será que Eliseu, o profeta do Deus dos israelitas, poderia curar Naamã? Eles não haviam tentado fazer sacrifícios diante dos deuses esculpidos no templo de Remom sem sucesso? Enquanto ela estudava o contorno do rosto que estava diante dela, respirou fundo e resolveu falar com o marido sobre o assunto o mais rápido possível.

"Naamã, meu amigo! O que o traz a minha presença esta manhã? Você tem histórias de batalhas na fronteira que vão aguçar minha vontade de expandir o reino?"

Fé apaixonada

O rei ficou contente ao vê-lo, mas, apesar da saudação alegre, sua preocupação com a condição física do seu servo aumentava. Era óbvio que a condição leprosa do homem diante dele estava ficando pior.

Naamã curvou-se diante do rei.

"Eu gostaria de conversar a sós com meu rei", disse.

Sentindo que se tratava de algo importante, o rei imediatamente emitiu ordens para que todos saíssem. Naamã então contou a história do ataque realizado algum tempo antes, que resultou em uma jovem hebreia cativa sendo acrescentada a sua comitiva pessoal de funcionários. Repetindo a afirmação da menina de que o profeta israelita Eliseu poderia curá-lo da lepra, Naamã procurou o conselho do rei.

"Certamente você deve ir!", aconselhou o rei. "No entanto, nós sabemos que, como os israelitas têm apanhado muito de você, podem ficar um pouco relutantes em vê-lo chegando! Então, meu amigo, vou escrever uma carta para você levar junto, que vai melhorar a situação." Ele bateu no peito imponentemente. "Eles não se atreveriam a mandá-lo embora!"

Ele redigiu : "Com esta carta, estou enviando meu servo Naamã a você para que possa curá-lo de sua lepra". Carimbando-a com o seu grande selo real, ele entregou a carta ao guerreiro fiel e despediu-se, desejando que ele tivesse sucesso.

E assim, Naamã e seus assistentes partiram para Samaria. Esperando recompensar o profeta Eliseu por seus serviços, ele levou consigo dez talentos de prata e 6 mil siclos de ouro — que pesavam mais de 150 libras — e 10 conjuntos de roupas finas como presentes. Ao aproximar-se do palácio de seu inimigo, com seus cavalos e carros ornamentados e comitiva de servos, Naamã tinha uma vista impressionante diante dele. E foi recebido com cerimônia adequada e esplendor, como um

o orgulho leva um banho

emissário da nação da Síria. Mas quando o inquieto rei israelita recebeu a carta com o selo do rei sírio, quase teve um colapso nervoso. Em grande aflição, ele rasgou suas vestes reais e gritou para seus assessores: "...Acaso, sou Deus com poder de tirar a vida ou dá-la para que este envie a mim um homem para eu curá-lo de sua lepra? Notai, pois, e vede que procura um pretexto para romper comigo".

Quando a notícia da aflição do rei chegou a Eliseu, profeta de Deus, ele enviou uma mensagem ao monarca, perguntando por que estava tão chateado. Em seguida, instruiu o rei a enviar Naamã a ele, para que soubesse que há um profeta em Israel.

Como Naamã ansiava pelo encontro com Eliseu! O velho era famoso por realizar milagres. Realmente, ele ouviu que o profeta os realizava geralmente para beneficiar os pobres, mas ele havia planejado uma bela recompensa para o hebreu. Conforme sua comitiva impressionante galopava em direção ao destino, ele imaginava como procederia a cura — com pompa e cerimônia, sem dúvida. Primeiramente haveria apresentações oficiais, talvez uma entrega formal dos presentes e, após a satisfação do profeta com a oferta, ele iniciaria a cerimônia de cura. Protocolo oficial era algo com o qual Naamã era muito familiarizado.

Um grito de seu olheiro indicando que seu destino estava à vista tirou Naamã de suas reflexões. Ele chegou ao topo de uma pequena colina, e com o pulso acelerado, o soldado veterano examinou a modesta propriedade diante dele. Não era o que ele esperava. Na mente de Naamã, o poder produzia riqueza, e este profeta foi reconhecido como realmente poderoso. Mas não havia evidência alguma de riqueza diante dele.

O leproso sinalizou para que seus cavalos e carros prosseguissem, até que pararam na porta da casa de Eliseu. Lá, esperaram o grande profeta aparecer.

Fé apaixonada

Quando a porta finalmente abriu, não havia nenhuma pompa ou cerimônia nem apresentações formais. Em vez do próprio Eliseu vir a sua presença, um servo simples apareceu com uma mensagem contundente para Naamã: "Vai, lava-te sete vezes no Jordão, e a tua carne será restaurada, e ficarás limpo."

"O quê?!" Naamã olhou incrédulo para o servo. Em seguida, seu espanto se transformou em irritação.

"Eu viajei uma distância considerável, com grande esforço", ele respondeu em um tom de espanto. O servo simplesmente voltou para dentro e fechou a porta.

Afastando-se da entrada, acompanhado de seus servos e tomado por raiva e frustração, Naamã disse: "Eu tinha certeza de que o profeta iria apresentar-se a mim e de que ele iria colocar a mão sobre meu corpo e me curar da lepra. Se *banhar-me* poderia curar a doença, por que eu não poderia me banhar nas belas águas claras do rios de Damasco? Esta viagem tem sido um desperdício! Montem em seus cavalos! Vamos embora daqui!", ordenou rispidamente.

Então saiu enfurecido, com sua comitiva logo atrás.

Depois de um tempo, ele sinalizou que a comitiva desse descanso e água aos cavalos. Descendo de seu carro e examinando a tropa para ver se estava tudo bem, sentou-se cansado na borda traseira do veículo e enxugou a testa com o antebraço. Ele podia ver a carne empolada e doente da sua testa e sentiu a raiva dar lugar à dor de uma amarga decepção. O que aconteceu com ele? Será que chegou tão longe na vida para acabar como um louco furioso e leproso?

"Com licença, senhor."

O comandante do exército sírio olhou para cima e encontrou seus servos em pé diante dele, com expressões cansadas, mas cheios de preocupação. Esses homens o conheciam bem — haviam visto seu superior manter a cabeça fria em batalhas, mas naquele dia testemunharam sua fúria impetuosa, nascida do orgulho ferido e do desespero. Um servo respeitosamente falou por todos eles.

"Se o profeta lhe dissesse para fazer alguma coisa grandiosa, o senhor não teria feito? Não faz sentido que, já que ele lhe deu uma tarefa simples, o senhor a cumpra?"

Por um momento, Naamã se sentou em silêncio, atordoado, enquanto a verdade daquela simples afirmação era absorvida. Que tolo ele havia sido. Seus olhos moviam-se de um rosto ansioso a outro e, após um momento de silêncio, ele assentiu. Soltando um suspiro, olhou para os céus e sentiu esperança mais uma vez.

Em pé, o valente soldado levantou uma sobrancelha e perguntou a seus servos: "Vocês estão prontos para ir até o Jordão comigo? Decidi me banhar!"

Seus servos o ajudaram a remover as belas vestes cerimoniais que ele havia colocado para o encontro com Eliseu. Após isso, eles o observaram ansiosamente enquanto entrou na água fresca do rio Jordão. Quando estava com a água na altura da cintura, parou e olhou as suas mãos, já marcadas pela batalha e doença. Então ele olhou de volta para os seus homens em terra e, dando-lhes um sorriso e acenando, gritou: "Lá vai!"

Ele tomou ar e deixou-se cair de costas no leito do rio, submergindo-se até a cabeça. Jogou a cabeça para trás, levantou as mãos para limpar a água dos olhos, e então estendeu os mesmos dedos para inspeção. Sem alteração.

Ele olhou para as testemunhas ansiosas em terra e balançou a cabeça. Bem, o profeta havia dito para lavar-se sete vezes. Levantando o dedo indicador, ele gritou, "um!"

Ele mergulhou de novo, e de novo, e de novo, e mais uma vez. Seus servos contavam em voz alta as vezes em que o leproso mergulhava, enquanto ele cuspia água que estava em sua boca. Então ele fechou os olhos, inspirou, e submergiu seu corpo pela sétima vez.

Fé apaixonada

Saindo da água, Naamã sabia antes mesmo de abrir os olhos que estava sadio. O que foi que o profeta tinha dito? *Vai, lava-te sete vezes no Jordão, e a tua carne será restaurada, e ficarás limpo.* Indescritível alegria e gratidão tomaram conta dele enquanto levantou as mãos para tirar o cabelo molhado da testa. Mas ele estava emocionado não só pela cura física, mas principalmente porque o Senhor Deus o havia purificado espiritualmente.

Dando um grito jubiloso, Naamã foi para praia em direção aos seus servos fiéis, que olhavam com alegre espanto para sua pele, que se tornara tão suave e nova como a de um jovem rapaz.

Naamã não voltou imediatamente a sua casa na Síria para mostrar a sua esposa e ao rei os resultados surpreendentes de sua missão. Em vez disso, ele e seus assistentes voltaram para a casa de Eliseu. Desta vez foi permitido que Naamã chegasse à presença dele, e o novo convertido radiante proclamou diante do profeta: "Eis que, agora, reconheço que em toda a terra não há Deus, senão em Israel; agora, pois, te peço aceites um presente do teu servo."

Eliseu coçou o queixo quando ouviu o capitão — outrora orgulhoso — testemunhar o poder de Deus e oferecer presentes. Naamã, que era acostumado a pagar por tudo que desejava, pensando que tudo e todos tinham um preço, precisava aprender que seu novo Deus não podia ser comprado — Ele se importava muito mais com o coração do homem do que com seu exterior.

"Não", disse o profeta, "tão certo como vive o Senhor... não o aceitarei!"

"Mas você deve aceitar! Aqui tem prata e ouro! Eu também trouxe roupas novas. Certamente você pode usar *algumas*!", Naamã argumentou.

Mas ainda assim, Eliseu recusou.

"Bem, se não vais aceitar meus presentes, me permite, seu servo, um favor especial? Posso levar o máximo desta terra que dois mulos podem carregar? Veja, eu nunca mais vou queimar ofertas e sacrifícios a qualquer outro deus, a não ser o Senhor. Dessa forma, terei terra sagrada no qual poderei oferecer sacrifícios a Deus."

Eliseu concedeu permissão. Os servos escavaram o solo e embalaram a terra em pacotes grandes e prendendo-os sobre dois mulos. *Isso é bom*, pensou Naamã, imaginando o lugar especial que ele prepararia para a adoração. Mas o pensamento sobre sua volta à vida em Damasco o lembrou de algo que o deixou desconfortável.

"Senhor", ele disse a Eliseu hesitantemente, "há uma coisa pela qual eu peço ao Senhor que me perdoe. Veja, parte da minha vida — meu emprego em Damasco como capitão do exército — é acompanhar o meu rei ao templo de Rimom. Ele apoia seu braço no meu para se curvar diante dele, e é necessário que eu me curve também." A aflição de Naamã sobre o dilema era óbvio: "Que o Senhor perdoe seu servo por isso".

Eliseu estudou o sincero novo convertido que estava com a cabeça curvada diante dele. Ele sabia que Deus havia escolhido aquele homem muito antes, dado vitórias militares sobre a nação israelita e permitido uma doença humilhante a fim de desesperá-lo o suficiente para buscar o verdadeiro Deus. O orgulho pode ter atrapalhado no início, mas no fim, Naamã havia humildemente se submetido à direção de Deus. Eliseu sabia que poderia dar-lhe uma longa lista do que deveria ou não fazer, e sabia que o soldado faria o seu melhor para segui-la. Mas ele preferiu não dar. Em vez disso, simplesmente disse: "Vá em paz".

Grato, Naamã despediu-se humildemente do profeta Eliseu. Então pegou seus carros mais uma vez e foi para casa. Agora, sua comitiva incluía dois mulos transportando terra santa na qual ele ofereceria sacrifícios ao único e verdadeiro Deus.

Fé apaixonada

Aprofundando

Ao ler e reler esta história no livro de 2 Reis 5, fiquei impressionada com a quantidade de lições diferentes que podem ser ensinadas a partir dessa passagem. Por exemplo, há três referências importantes a servos na história. Primeiro, havia uma menina cativa que tinha uma recomendação sábia para Naamã. Segundo, existiam servos que se aproximaram dele depois de seu ataque de raiva e deram-lhe conselhos. E, terceiro, esse próprio capitão rico refere-se a si mesmo como um servo, depois que se converteu. Antes, era um homem orgulhoso e controlador, mas foi transformado!

Para melhor compreensão da história, vamos dividi-la em partes e fazer uma pequena pesquisa.

O Capitão. Naamã era um líder brilhante com uma deficiência grave. Sua grande popularidade era devida à liderança do exército sírio na vitória sobre os israelitas. Mas note que o versículo 1 nos diz que foi o Senhor quem deu a vitória sobre o Seu povo, que se afastou dele.

O desespero de Naamã em relação à lepra pode ser visto pela vontade de seguir os conselhos de uma jovem serva. Mas como era a sua aflição? Na Bíblia, a palavra "lepra" é usada para descrever uma variedade de doenças da pele. Acredito que a lepra de Naamã era a chamada lepra branca, por causa de uma descrição da situação do servo de Eliseu, Geazi, mais tarde neste capítulo. No *Fausset's Bible Dictionary* (Dicionário Bíblico), uma descrição desse tipo de lepra nos diz quão repugnante era a doença: "A lepra, começando com pouca dor, faz seu curso lento mas certo, até que mutila o corpo, deforma as características e transforma a voz em um coaxo...A elefantíase anestésica (lepra branca) começa na testa com manchas brancas brilhantes que explodem; os ossos caem um a um; a pele fica como a de uma múmia; os lábios pendem para baixo, expondo os dentes e gengivas... o leproso era uma tumba ambulante."[1]

E o Capitão Naamã tinha essa doença. O dicionário afirma que indivíduos diagnosticados com lepra branca poderiam viver até 20 anos como seu estado de saúde piorando. Embora a doença de Naamã fosse tanto nojenta como assustadora, é óbvio que não tinha progredido a ponto de ele ser banido da sociedade síria (em Israel, no entanto, ele já teria sido segregado).

A Cativa. Era comum os grupos de soldados saírem de Aram (também conhecida como Síria) em ataques e trazerem escravos. A Bíblia registra que em um ataque de fronteiras, em Israel, os sírios trouxeram uma jovem que entrou para o grupo de servos da família de Naamã.

Eu suspeito que ela tenha sofrido medo e saudade terríveis, mas sua depressão não é registrada. O que se registrou foi a assistência a sua senhora, o conselho imediato e o testemunho entusiasta do poder de Deus manifesto pelo profeta em sua terra natal de Samaria! Achei interessante que sua declaração no verso três é precedida por ponto de exclamação em todas as traduções que li. Ela deve ter sido convincente, porque Naamã levou o conselho até o rei, e até mesmo este achou que valeria a pena viajar para o território inimigo.

É notável o fato de ela ter sugerido a cura, porque ela nunca tinha visto ou ouvido falar que Eliseu tinha curado alguém com lepra em sua terra natal, muito menos um estrangeiro. Lemos na Bíblia que: "Havia também muitos leprosos em Israel nos dias do profeta Eliseu, e nenhum deles foi purificado, senão Naamã, o siro" (Lucas 4:27).

Parece-me que a menina — apesar das circunstâncias em sua vida, que ela certamente não escolheu — foi uma testemunha incrível do tremendo poder de Deus. Questiono-me se eu, dada sua situação, teria reagido de forma tão útil.

A correspondência. O rei de Naamã não só encorajou o homem a ir procurar o profeta, mas também tentou preparar o caminho, enviando uma carta ao rei de Israel. Naamã foi com dignidade, levando consigo a carta do soberano, a companhia de servos e um tesouro enorme de ouro, prata e roupas.

O rei de Israel ficou muito agitado ao receber a carta, o que o fez rasgar as vestes reais, desolado, e pensar que aquilo era uma conspiração para provocar outra batalha. Acredito que o rei pode ter ficado perturbado por vários motivos:

1. Naamã era o mesmo capitão que liderou o exército sírio para derrotar Israel!
2. O homem tinha lepra! Em Israel, ele já teria sido banido para a colônia de leprosos, ou, no mínimo, sido obrigado a usar algum acessório de luto para cobrir o lábio superior.
3. O rei de Israel estava tão satisfeito com seus ídolos e tão sem contato com o profeta Eliseu que, ao ler a carta do rei da Síria, nunca lhe ocorreu que aquele sírio estivesse referindo-se ao profeta. O rei imaginou que eles esperavam que ele curasse Naamã, e rasgou as suas roupas, gritando: "Por acaso eu sou Deus? Posso matar e trazer de volta à vida? O que eles estão tentando fazer? Exigir o impossível de mim e assim ter uma desculpa para nos atacar novamente?"

Eliseu ouviu o que estava acontecendo e ordenou que dissessem ao rei para enviar Naamã a ele. Assim o comandante "...saberá que há um profeta em Israel" (v.8). (Talvez esse fosse tanto um lembrete para o rei de Israel como uma lição para Naamã).

Quantas vezes reagimos às situações como fez o rei? Freneticamente, tentamos descobrir uma maneira de lidar com crises,

o orgulho leva um banho

somente para percebermos que somos impotentes em nossa própria força.

O comando. Naamã tinha grandes expectativas quando chegou em frente à casa de Eliseu, que incluíam não só a cura, mas também a cerimônia e alguma espécie de protocolo. No mínimo, ele esperava ser recebido pelo profeta pessoalmente. Em vez disso, a porta se abriu e um mensageiro (provavelmente o servo de Eliseu, Geazi) colocou os pés para fora da casa e deu instruções ao sírio, objetiva e asperamente, sem qualquer palavra de saudação ou boas-vindas. Eram bem simples — simples demais, na verdade. Naamã explodiu de raiva e reclamou para seus assistentes. O versículo 11 diz: "...Pensava eu que ele sairia a ter comigo, por-se-ia de pé, invocaria o nome do Senhor seu Deus, e moveria a mão sobre o lugar da lepra, e restauraria o leproso." Parece que ele queria um pouco de magia ou cerimonial místico, não é? Você pode imaginá-lo reclamando — "Eu já viajei por dias, e ele espera que eu vá ainda mais longe ao rio Jordão? Se eu quisesse um banho, poderia ter tomado em casa".

Então ele foi em direção à estrada. As Escrituras dizem "...E voltou-se, e se foi com indignação" (v.12). Mesmo com todo o seu esforço, nada tinha sido como ele esperava, e ele estava furioso.

Os conselheiros. Em circunstâncias normais, se o chefe está furioso com alguma coisa, tenta-se manter distância até que esfrie a cabeça. Bem, os empregados de Naamã não agiram assim. Deus o havia presenteado com servos sábios e fiéis. Primeiro, a menina, e depois, os que presenciaram tanto a sua veemência em curar-se e sua birra quando nada ocorreu como esperado. A viagem já havia sido longa (aproximadamente 180 km de Damasco para Samaria), e quem poderia culpar os servos por desejarem ir para casa? Mas eles se importavam o suficiente com seu chefe para se aproximar dele respeitosamente, oferecer conselhos sensatos e fazer um questionamento. O líder de sua comitiva convenceu Naamã a mudar de ideia e voltar para o caminho que levaria a sua cura física e espiritual.

A cura. Naamã engoliu seu orgulho, voltou para Samaria e continuou adiante por mais 40 km até o rio Jordão. Chegando lá, obedeceu as instruções do profeta. Deus honrou a obediência dele e a sua pele tornou-se nova — como a de uma criança pequena, suave e sem mácula. Você pode imaginar? "Se foi! Olhe! Eu estou livre dessa coisa! Estou sadio!"

Penso que Naamã estava acostumado ao combate corpo a corpo e, sem dúvida, possuía cicatrizes devido aos anos que guerreou. Não é interessante imaginar que elas devem ter sido apagadas com a sua doença?

Sua cura exigia humildade ao invés de um ato de ostentação, e fé ao invés de um acordo entre os dois poderes. Exigia obediência, e não um pagamento por serviços prestados. O resultado final da disposição humilde de Naamã em cumprir a ordem de Deus era muito maior do que ele imaginava, porque, além de nova pele, recebeu nova vida. Ele aceitou o único e verdadeiro Deus.

A confissão de fé. Ainda mais comovente do que o milagre da cura física de Naamã foi o milagre de seu renascimento espiritual. Um gentio poderoso e adorador de ídolos foi espiritualmente transformado. Meu cunhado, Kelly Carlson, é um pastor e historiador bíblico. Ele fez esse comentário quando estávamos trocando *emails* sobre essa passagem: "A história de Naamã é um exemplo incrível de ironia, em que o tradicional inimigo do povo de Deus é obrigado a viajar por seu antigo caminho militar e humildemente pedir um novo sopro de vida. Nenhum ritual ou filiação no clube judaico era necessário, apenas conexão direta com o Deus vivo."

Seu testemunho público de fé e compromisso com o único e verdadeiro Deus era muito mais forte do que o de qualquer israelita na época, exceto do próprio profeta Eliseu. A profunda transformação espiritual de Naamã era, evidentemente, uma experiência de humildade, pois quando foi agradecer ao profeta, esse homem outrora orgulhoso referiu a si mesmo como um "servo" (vv.16-18). Que mudança!

De que maneira esta história se aplica a sua vida?

Moral da história: Naamã aceitou a Deus e tomou as medidas necessárias para aplicar a nova crença na vida dele. Resultado: foi radicalmente transformado, por dentro e por fora. Uma das grandes lições aqui é que, quando aplicamos a Palavra de Deus em nossas vidas, Ele pode nos transformar radicalmente também!

Além disso, essa passagem nos ensina que a salvação é para *todos*, não apenas para uma determinada raça ou tipo de pessoa. Impressionou-me o fato de Eliseu não ter complicado a caminhada de fé do novo convertido com uma série de regras quando este explicou que parte do trabalho dele era acompanhar o rei sírio ao templo de Rimom.

"O que, Naamã? Você não sabe que, como um seguidor do Senhor, não pode mais fumar, dançar, beber ou acompanhar o rei ao templo? E nada de tatuagens e brincos também!"

Não. Eliseu simplesmente viu o desejo sincero de Naamã de adorar a Deus e não lhe deu uma lista do que deveria ou não fazer. Em vez disso, disse: "Vai em paz" (v.19). Muitas vezes, em meus zelosos esforços evangelísticos, tenho sido rápida em determinar as ações e estilos de vida que vão fazer alguém se "parecer" com um bom cristão. Então acabo não permitindo que o Espírito Santo traga à pessoa convicção nas áreas controversas da vida. Você faz isso também?

Tantas vezes Deus usa as provações em nossas vidas para nos atrair para perto dele. Naamã era um homem poderoso que escolheu se apoiar em Deus num momento de desespero e fraqueza. Quando você se encontrar em uma situação desesperadora, escolha apoiar-se em Deus. Aceite-o como Naamã o fez. Deus o guiará nas dificuldades.

Nosso filho, Josué, nasceu com uma anomalia. Faltava-lhe uma costela nas costas e metade das articulações das vértebras. A condição dele nunca o impediu de nada — ele era ativo e surpreendentemente ágil. Era um ótimo aluno e um ávido jogador de futebol. Mas quando ele tinha 16 anos, perdeu o chão. Cresceu cinco centímetros em um ano e sua espinha torceu. Quando o ortopedista nos informou que meu filho precisava passar por uma cirurgia séria na coluna vertebral, o primeiro comentário de Josué foi: "Posso esperar até o verão?"

"Não, Josué!", foi a resposta, "Sua coluna está torcendo tão rapidamente que, se esperarmos, você será um adulto com deficiência."

Sua coluna estava em um ângulo de 55 graus.

Outro especialista compartilhou da opinião do primeiro médico que consultamos, e os próximos dez dias foram de preparação frenética. Josué passou pelas experiências de ressonância magnética, doação de sangue antes da cirurgia e visita a unidade de cuidados intensivos do hospital onde seria tratado. Ele ainda teve de se organizar com seus professores para uma longa ausência.

Estávamos aterrorizados. Odiávamos aquela situação. Temíamos o risco de paralisia que o médico tinha nos alertado. Estávamos preocupados com as aulas que Josué perderia e com a chance de ele nunca mais poder jogar futebol. Ficamos tristes porque ele nunca se qualificaria para o serviço militar. Nós tínhamos acabado de passar por alguns outros problemas. Precisávamos de descanso. Por que Deus permitiu que isso acontecesse agora? Sem termos a quem recorrer, lançamos sobre o Senhor toda nossa ansiedade e nos agarramos nele.

Nós nunca sonhamos que esta experiência difícil em nossas vidas seria uma bênção tão grande.

Assim como Naamã antes de sua lepra ser diagnosticada, garotos de 16 anos não precisam de Deus para muita coisa. Eles têm seus esportes para praticar, corpos fortes, cérebros e talvez uma namorada. Se eles aceitaram Jesus enquanto crianças, como Josué, possuem a entrada para o céu. Do que mais poderiam precisar?

Nosso filho teve um curso intensivo que nunca *teríamos* escolhido. Ele buscou tanto Jesus que isso afetou profundamente sua vida, suas maneiras, seu testemunho. Ele é um garoto diferente, e nós não o trocaríamos de volta pelo antigo, mesmo que isso significasse poder evitar o trauma daquele ano. Josué também não trocaria.

Ele enviou um *email* para seu primo vários meses depois da cirurgia:

> *Eu tenho duas hastes de titânio apoiando minha espinha agora, e a curvatura está corrigida para 38 graus. Eu não vou fingir que esse negócio todo não tem sido doloroso. Venho pensando e orando muito ultimamente, e acho que vejo a vida de uma maneira muito diferente da que eu costumava ver. Percebo que alguns dos meus amigos estão desperdiçando suas vidas em coisas que não valem o seu tempo e que eles machucam as pessoas ao seu redor, sem mesmo se importarem. Não é que eu vejo o mundo de maneira diferente ou qualquer coisa assim, mas eu tenho certeza de que sou uma pessoa melhor do que eu era!*

Fé apaixonada

Sou grato pelas lições que Deus me ensinou com tudo isso, e quero contar aos meus amigos como Ele tem sido bom para mim.

Obrigado pelas orações. Por favor, continue orando.

Seu primo, Josué D.

Interessada em um posfácio? Josué se graduou em décimo lugar da turma, jogou futebol no time do colégio em seu último ano, ganhando honra acadêmica estadual e a distinção de ser nomeado "Jogador Mais Aprimorado". Ele foi para a universidade, onde é ativo na *Cruzada Estudantil para Cristo* e lidera vários estudos bíblicos no campus. Assim como fez com Naamã, Deus trabalhou através da condição física para chamar um jovem para si. O Senhor fez muito mais do que pedimos na vida de nosso filho Josué, e por meio de tudo isso, nos ensinou a confiarmos nele.

Oração apaixonada

Querido Pai celestial, muitas vezes sou exatamente como Naamã. Acabo por querer que o Senhor trabalhe na minha vida para resolver meus problemas, sem estar disposta a me humilhar ou ser obediente a sua direção na minha vida.

Por favor, perdoa-me... mostra-me... ensina-me... e ajuda-me a estar pronta a pôr de lado o meu orgulho e as coisas que me enchem de autossuficiência. Senhor, ajuda-me a servir-te com um coração disposto e humilde nos dias que virão, não importando as circunstâncias. Ajuda-me a servir aos outros de tal maneira que as minhas palavras e ações os atraiam a ti.

No precioso nome de Jesus. Amém.

o orgulho leva um banho

Leitura das Escrituras: 2 Reis 5:1-19

Naamã, comandante do exército do rei da Síria, era grande homem diante do seu senhor e de muito conceito, porque por ele o Senhor dera vitória à Síria; era ele herói da guerra, porém leproso.

Saíram tropas da Síria, e da terra de Israel levaram cativa uma menina, que ficou ao serviço da mulher de Naamã. Disse ela à sua senhora: Tomara o meu senhor estivesse diante do profeta que está em Samaria; ele o restauraria da sua lepra.

Então, foi Naamã e disse ao seu senhor: Assim e assim falou a jovem que é da terra de Israel. Respondeu o rei da Síria: Vai, anda, e enviarei uma carta ao rei de Israel. Ele partiu e levou consigo dez talentos de prata, seis mil siclos de ouro e dez vestes festivais. Levou também ao rei de Israel a carta, que dizia: Logo, em chegando a ti esta carta, saberás que eu te enviei Naamã, meu servo, para que o cures da sua lepra.

Tendo lido o rei de Israel a carta, rasgou as suas vestes e disse: Acaso, sou Deus com poder de tirar a vida ou dá-la, para que este envie a mim um homem para eu curá-lo de sua lepra? Notai, pois, e vede que procura um pretexto para romper comigo.

Ouvindo, porém, Eliseu, homem de Deus, que o rei de Israel rasgara as suas vestes, mandou dizer ao rei: Por que rasgaste as tuas vestes? Deixa-o vir a mim, e saberá que há profeta em Israel. Veio, pois, Naamã com os seus cavalos e os seus carros e parou à porta da casa de Eliseu. Então, Eliseu lhe mandou um mensageiro, dizendo: Vai, lava-te sete vezes no Jordão, e a tua carne será restaurada, e ficarás limpo.

Naamã, porém, muito se indignou e se foi, dizendo: Pensava eu que ele sairia a ter comigo, pôr-se-ia de pé, invocaria o nome do Senhor, seu Deus, moveria a mão sobre o lugar da lepra e restauraria o leproso. Não são, porventura, Abana e Farfar, rios de Damasco, melhores do que todas as águas de Israel? Não poderia eu lavar-me neles e ficar limpo? E voltou-se e se foi com indignação.

Então, se chegaram a ele os seus oficiais e lhe disseram: Meu pai, se te houvesse dito o profeta alguma coisa difícil, acaso, não a farias? Quanto mais, já que apenas te disse: Lava-te e ficarás limpo. Então, desceu e mergulhou no Jordão sete vezes, consoante a palavra do homem de Deus; e a sua carne se tornou como a carne de uma criança, e ficou limpo.

Voltou ao homem de Deus, ele e toda a sua comitiva; veio, pôs-se diante dele e disse: Eis que, agora, reconheço que em toda a terra não há Deus, senão em Israel; agora, pois, te peço aceites um presente do teu servo.

Porém ele disse: Tão certo como vive o SENHOR, em cuja presença estou, não o aceitarei. Instou com ele para que o aceitasse, mas ele recusou.

Disse Naamã: Se não queres, peço-te que ao teu servo seja dado levar uma carga de terra de dois mulos; porque nunca mais oferecerá este teu servo holocausto nem sacrifício a outros deuses, senão ao SENHOR. Nisto perdoe o SENHOR a teu servo; quando o meu senhor entra na casa de Rimom para ali adorar, e ele se encosta na minha mão, e eu também me tenha de encurvar na casa de Rimom, quando assim me prostrar na casa de Rimom, nisto perdoe o SENHOR a teu servo.

Eliseu lhe disse: Vai em paz.

Nota final: A história de Naamã, capitão do exército do rei da Síria, registrada no livro de 2 Reis 5. Provavelmente, foi escrita antes do ano 586 a.C. [2] Este texto relata duas tragédias nacionais: a queda de Israel, o reino do norte, e a queda de Judá. Traz também um poderoso registro do longo ministério de Eliseu pouco antes do final de sua vida.

notas

5
querida Abigail

Uma história de vida santa num relacionamento difícil

Heidi é uma das mulheres mais maravilhosas que eu já conheci. Nós nos conhecemos cerca de 15 anos atrás, em um retiro de mulheres onde eu era preletora. Ela tinha um semblante alegre e uma risada contagiante, além de ser líder nata. Era óbvio que as pessoas ao seu redor a amavam e respeitavam. Conversamos por telefone várias vezes antes daquele fim de semana, mas quando nos encontramos pessoalmente, uma preciosa amizade nasceu.

Como o passar dos anos, Heidi e eu nos tornamos como irmãs, muitas vezes compartilhando nossas alegrias e tristezas uma com a outra. Dada a sua personalidade alegre, fiquei chocada e triste ao saber que anos antes, enquanto crescia em um lar cristão, ela havia sido molestada sexualmente por um irmão mais velho. Mais tarde, quando jovem, ela se apaixonou e se casou com Kevin, um belo rapaz que a amava muito, mas que tinha uma tendência a ser muito controlador e dolorosamente inconsistente. Eles tinham dois filhos, uma bela casa e bons empregos. As coisas, porém, estavam longe de serem perfeitas.

Por volta dos 40 anos, Heidi começou a ter lembranças da infância abusiva que a aterrorizava. A princípio, Kevin tentou ser solidário, mas logo veio a ressentir-se por causa do processo pelo qual ela precisava passar para curar-se e tentou controlá-la ainda mais. A relação deles se deteriorou e quase acabou, mas no desespero, Heidi entrou em ação. Pediu a várias amigas (inclusive eu) para orarmos. Ela encontrou um psicólogo cristão que a ajudou a confiar em Deus para restaurar seu casamento. Ele também a orientou a iniciar os passos necessários para enfrentar o passado, perdoar mesmo que parecesse imerecido. Ela e Kevin, a conselho do profissional, se separaram por seis meses, enquanto os dois passaram por aconselhamento e começaram a "namorar" novamente. Kevin aprendeu que na verdade era divertido gastar dinheiro para levar Heidi para jantar, e ela aprendeu a deixar de concentrar-se no passado e abraçar o futuro que Deus tinha para ela, como indivíduo e como parte de um casal. Kevin e Heidi aprenderam a perdoar um ao outro, e Deus restaurou não só o casamento e os ministérios deles, mas a paixão também.

Sou tão grata por conhecer Heidi e Kevin, e me sinto alegre em ver como Deus usa-os para incentivar outras pessoas que lutam com algo do passado ou no casamento. No livro de 1 Samuel 25, há uma história sobre uma mulher sábia e bela que vivia em um casamento muito difícil. Seu nome era Abigail, e ela também se recusou a viver como vítima. A história dela, como a de Heidi, deve dar esperança a cada uma de nós.

A história de Abigail

Voltando para casa das tendas barulhentas onde reuniam-se as ovelhas para tosquiar, Abigail parou para olhar a imensidão do império de seu marido. Aquele havia sido um ano muito lucrativo para Nabal, e seu gado havia aumentado para o número espantoso de três mil ovelhas e mil cabras. Sentindo que a conclusão da enorme tarefa de tosquia estava à vista, servos e ajudantes adicionais contratados estavam exaustos, mas de bom humor. Logo seria hora de celebrar.

Em seguida, os olhos de Abigail concentraram-se na área montanhosa, logo depois da propriedade dela no Carmelo, e procuraram por evidências dos seus protetores no horizonte escarpado. Ela havia visto os homens de Davi nas semanas anteriores. Os pastores de seu marido contaram a ela que seus rebanhos rentáveis eram, em parte, resultado da proteção que Davi e seus homens haviam oferecido contra os ladrões e bandidos.

Também da tribo de Judá, Davi era seu parente, e, embora o velho profeta Samuel o houvesse ungido como o futuro rei, Davi estava naquele momento exilado nas montanhas perto de Carmelo. Falava-se que ele tinha escapado do assassino rei Saul em diversas ocasiões, e que Davi e seu exército estavam acampados perto daquela região.

Enquanto Abigail voltava para casa, uma voz muito familiar xingando à distância interrompeu rudemente o devaneio dela.

"Saia da minha frente, seu inútil preguiçoso!" Nabal gritou enquanto um servo infeliz corria para longe. Uma série de palavrões se seguiu, e depois ele gritou: "Onde está a minha mulher? Onde está o meu vinho?"

Abigail se encolheu ao ouvir o tom de voz do marido, e, depois, se recompôs e respirou fundo para cumprimentá-lo.

Mais tarde naquela noite, bem desperta depois de atender às demandas de Nabal por comida, vinho e prazer sexual, Abigail levantou de sua cama. Ela desviou os olhos de sua nudez obesa, que dava clara evidência de seu estilo de vida indulgente, e apagou a pequena lâmpada de óleo que ainda tremulava em cima da mesa de cabeceira. Silenciosamente, foi até a janela e olhou para o contorno das montanhas ao luar. Tristeza tomou conta dela por um momento devido às circunstâncias, mas apenas por um momento.

Seu casamento havia sido arranjado, e seu pai, que realmente se importava com ela, pensou que o rico Nabal fosse um grande partido para a filha. Quando a notícia do noivado circulou por toda a aldeia, algumas tiveram inveja da jovem bela e capaz. Outros, que haviam trabalhado para Nabal ou feito negócios com ele, tiveram pena da futura noiva. Mas sua felicidade não estava em questão. O negócio foi feito.

A casa de Nabal era grande, e a jovem noiva logo encontrou seu lugar. Por causa da vã irresponsabilidade de Nabal e da sua fraqueza por vinho, algumas decisões sobre seu patrimônio caíram sobre Abigail, e os seus servos vinham a ela pedir orientações. Apesar da vergonha causada pelo comportamento desprezível de seu marido e seu abuso verbal, Abigail prosperou em suas responsabilidades e aprendeu a perdoar. Gestora capaz, ela era inteligente e esperta, e lidando com um marido difícil e uma casa grande, ela tinha de usar todos os recursos disponíveis para ela. Para ficar com um homem que era cruel e tolo, ela perdoava diariamente, confiando que Deus lhe daria força, sabedoria e esperteza para enfrentar cada novo dia. Ela era uma mulher de fé e sabia que Deus tinha um plano para sua vida.

"Dona Abigail! Preciso falar com você!"

O tom de urgência do servo de Nabal não passou despercebido pela esposa do tirano. Deixando de instruir outros servos que estavam preparando comida para a celebração, ela correu até o homem.

"Davi enviou mensageiros do deserto para saudar o nosso mestre, mas ele proferiu insultos e os atacou. Estes homens foram muito bons para nós ⊠ eles não nos maltratam, e quando estávamos nos campos perto deles nada sumia. Eles eram um muro ao nosso redor em todo o tempo que estávamos pastoreando o nosso rebanho. Quando pediram alimentos, uma vez que é o nosso tempo de celebração, Nabal recusou! Ele não só recusou qualquer bondade, mas insultou a eles e a seu mestre, Davi. Eles saíram zangados, e eu temo pelas vidas de todos nós! Nabal é um homem mau, e não conseguimos fazê-lo entender! Por favor, pense no que pode fazer ou certamente todos nós estamos perdidos!"

Abigail gemeu em voz alta por causa da estupidez egoísta do marido, visualizando as possibilidades. Sua mente disparou. Não havia tempo a perder lamentando a insensatez de Nabal. Ela entrou em ação, torcendo para que pudesse salvar a sua casa e a pele de seu marido também.

Ela olhou diretamente nos olhos do servo de Nabal e emitiu várias ordens.

"Ouça-me com atenção e se apresse. Tome cinco ovelhas que foram abatidas para os tosquiadores e carregue a carne no lombo dos jumentos. Vou precisar de outros animais de carga para transportar uma grande quantidade de alimentos e de servos para levá-los. Também vou precisar de um jumento para mim. Certifique-se de que fiquem prontos. Agora, vá depressa!"

Grata pela abundância de alimentos que havia sido preparada com antecedência para o tempo de festa, Abigail virou-se para os seus servos. "Temos de nos apressar!" ela gritou. "Embalem 200 pães e dois odres de vinho. Contem 100 bolos de passas e 200 bolos de figos prensados. Meçam um alqueire de grão torrado e arrumem tudo sobre os jumentos. Quero que vocês corram com esses presentes à frente de mim, e não tenham medo. Vou me arrumar e segui-los. Eu mesma vou falar com Davi, e que Deus possa ir a nossa frente. Agora se apressem!"

Davi ficou furioso.

"Nabal disse o *quê*? Que ingrato e egoísta! Ele sabe que o temos ajudado por muitas semanas! Foi inútil. Todo meu cuidado com sua propriedade para que nada fosse roubado. Coloquem suas espadas! Eu quero 400 homens para ir comigo até a propriedade de Nabal e 200 para ficarem aqui com os suprimentos. Juro que pela manhã nenhum homem pertencente à casa de Nabal vai permanecer vivo!"

Davi partiu com os homens do seu acampamento na montanha, com raiva, mas também desencorajado. Ser um exilado político em fuga e ter um exército de 600 homens para alimentar não era pouca responsabilidade, ainda mais se esquivando das repetidas tentativas de assassinato pelo rei Saul. Ele também estava sofrendo profundamente a morte do profeta Samuel, que o tinha ungido rei. Lidar com estes desafios sem seu sábio conselheiro o fez achar mais fácil duvidar de sua vocação divina. "Pelo menos, tomando vingança contra Nabal, meus homens se alimentarão", ele pensou.

"Olhe, senhor! Alguém se aproxima!"

Depois de dar ordens para que a caravana carregada de alimentos partisse, Abigail se apressou em arrumar-se para encontrar Davi. "Oh, Deus, coloque as palavras certas na minha boca e faça Davi me ouvir!", orou. Em seguida montou em seu jumento e incitou o animal a correr até que ela ultrapassou aqueles que haviam saído antes, com cargas pesadas. "Continuem vindo!", ela mandou. "Eu vou adiante de vocês para falar com Davi."

Enquanto guiava seu jumento num despenhadeiro na montanha, sua respiração ficou presa na garganta ao avistar Davi e seu exército descendo em direção a ela. Com o coração trovejando no peito, ela rapidamente desmontou do animal e aproximou-se dele, curvando-se com o rosto ao chão. Sem preâmbulos e sem olhar para cima, palavras humildes saíram de seus lábios.

Fé apaixonada

"Meu senhor, que a culpa seja só minha. Por favor, deixe sua serva falar, e ouça o que ela tem a dizer. Que o meu senhor não dê atenção àquele homem mal, Nabal. Ele é como seu nome, que significa tolo, e a loucura o acompanha. Mas, quanto a mim, tua serva, não vi os homens que enviaste."

Permanecendo no chão, ela ousou levantar a cabeça e olhar para Davi. Ele era bonito, tinha pele bronzeada do sol e seu cabelo soprava no vento. Mais importante, ele não tinha tirado sua espada e estava olhando para ela atentamente. Engolindo em seco, ela continuou o discurso que Deus colocou em seu coração para Davi.

Decidido em sua missão, Davi não estava com disposição para ver uma mulher se aproximar dele, vindo da propriedade de Nabal. Ela era, obviamente, uma mulher rica, a julgar por suas roupas e ousadia. No entanto, para sua surpresa, ela caiu a seus pés em sinal de humildade, implorando por atenção e indicando que era a esposa do velho! Quando ela levantou o rosto para olhá-lo, ele foi tomado por muito mais do que a sua grande beleza. Olhos inteligentes estavam fixos nos dele, e as palavras que ela falou tocaram seu coração.

A mulher apontou para os animais de carga que estava sendo trazidos. "Por favor, aceite estes presentes que entrego a seus homens para sustento, e perdoe a grave ofensa de sua serva", ela implorou. Depois, Abigail surpreendeu-o com suas palavras intensas de profecia e sabedoria.

"...o SENHOR te fará casa firme, porque pelejas as batalhas do SENHOR, e não se ache mal em ti por todos os teus dias. Se algum homem se levantar para te perseguir e buscar a tua vida, então, a tua vida será atada no feixe dos que vivem com o SENHOR, teu Deus; porém a vida de teus inimigos, este a arrojará como se a atirasse da cavidade de uma funda. E há de ser que, usando o SENHOR contigo segundo todo o bem que tem dito a teu respeito e te houver estabelecido príncipe sobre Israel, então, meu senhor, não te será por tropeço, nem por pesar ao coração o sangue que, sem causa, vieres a derramar e o te haveres vingado com as tuas próprias mãos..." (1 Samuel 25:28-31)

Abigail terminou seu discurso acalorado e baixou os olhos por um momento antes de dizer calmamente: "E quando chegar o dia que o Senhor conceder sucesso a ti, lembre-se de mim, sua serva." Ela podia sentir seu rosto queimar, mas isso não importava. Se Davi aceitasse seu pedido de desculpas, a vida de Nabal e dos homens de sua família seria poupada. Ela apertou suas mãos trêmulas enquanto esperava por resposta.

Davi olhou com espanto para aquela mulher prostrada. Ele havia sido cegado pela raiva, mas ela o lembrou de seu nobre chamado de Deus e o fez perceber o grave pecado que ele quase havia cometido. Com clareza repentina, ele percebeu que a mulher foi enviada por Deus para detê-lo, e compreendendo isso, foi tomado por gratidão. Penteando o cabelo para trás com os dedos, ele fechou os olhos com alívio pelo desastre evitado.

"...Bendito o Senhor, Deus de Israel, que, hoje, te enviou ao meu encontro. Abigail se recompôs, arregalou os olhos com pura admiração.

"Bendita seja a tua prudência, e bendita sejas tu mesma, que me tolheste de derramar sangue e de que por minha própria mão me vingaste. Porque tão certo como vive o Senhor, Deus de Israel, que me impediu de que te fizeste mal, se tu não te apressaras e me não vieras ao encontro, não teria ficado a Nabal, até ao amanhecer, nem um sequer do sexo masculino" (vv.33-34).

Sentindo ondas de alívio sobre ela, Abigail soltou a respiração que ela estava segurando, e um sorriso trêmulo iluminou seu belo rosto. Depois de uma pausa, ela soltou: "Seus homens estão com fome, meu senhor? Há pão e frutas frescas e carne de carneiro para assar."

Fé apaixonada

Davi abriu um sorriso em resposta a sua pergunta. "Com fome, senhora? Eles estão *famintos*!"

Então, sóbrio novamente, fitou-a. "Eu aceito este presente de suas mãos com um coração agradecido. Volte para sua casa em paz."

Abigail, com seus olhos brilhando, balançou a cabeça em sinal afirmativo e virou-se para dar ordens a seus servos para que descarregassem os jumentos. Ela virou-se novamente para acenar a Davi, montou no jumento e partiu.

Os olhos de Davi acompanharam Abigail enquanto ela se distanciava. Que mulher notável. Graças a Deus ela veio! Deus o havia chamado para coisas muito maiores do que acertar contas com gente insensata como Nabal.

Durante toda a descida da montanha, a ousada senhora ensaiou em sua mente o relatório que daria ao marido. Será que ele compreenderia quão perto chegou de perder sua vida e a de tantos outros?

Música e risos vinham de sua casa quando chegou. Ela encontrou Nabal bêbado, dando uma festa verdadeiramente digna de um rei. Abigail ficou ali em silêncio, observando seus excessos por alguns momentos, e então saiu, grata por ele não ter notado que ela havia chegado. Agora não era hora de conversar com ele. A manhã seguinte logo viria, e com ela, a sobriedade.

Era final da manhã quando Abigail se aproximou de Nabal. Com os olhos turvos de tanto abusar na noite anterior, sua aparência era lamentável.

"Nabal, eu gostaria de ter uma palavra com você."

Levantar as sobrancelhas parecia um esforço, mas ele conseguiu. "Então você está aí, minha bela esposa que desaparece." Ele agarrou o punho da esposa e a puxou perto o suficiente dele para ela sentir o mau hálito do homem. "Que gracioso de sua parte procurar minha companhia nesta manhã depois de negligenciar os deveres de esposa em meu banquete na noite passada."

Sem se acovardar ou mostrar repulsa, Abigail falou com a dignidade e o respeito que ele não merecia. "Eu estava em uma missão de extrema importância, Nabal, uma missão que salvou sua vida."

Ele a empurrou e pegou um pequeno pão escuro na mesa ao lado dele. Mordendo um pedaço, ele olhou para ela desconfiado enquanto mastigava.

"Fui informada de que você rejeitou os homens de Davi com insultos."

Nabal bufou. "Aquele bando de pedintes esperavam compensação por guardarem meus rebanhos. Eu os contratei? De jeito nenhum! Eu os mandei embora!"

"Nabal," Abigail persistiu calmamente, "você está ciente de que porque você o ofendeu, sua festa extravagante na noite passada quase foi interrompida por Davi e 400 de seus homens determinados a matar você e todos os homens da casa?"

Nabal congelou enquanto dava a mordida, segurando o pão no ar. "Quatrocentos homens? Certamente você está enganada."

Olhos sombrios olharam de volta para ele. "Não, Nabal. Seu servo me avisou que ele temia por sua vida e pelos outros. Então eu embalei alimentos e encontrei Davi e seu exército. Eu implorei por perdão. Deus colocou as palavras certas nos meus lábios e fez Davi me ouvir, apesar da raiva dele contra você. Ele estava a caminho para matá-lo, Nabal. Deus poupou-o da mão de Davi."

O peso de suas palavras atingiu o coração de Nabal como uma rocha, e ele provou do medo em vez de pão em sua língua. Suando frio, ele levantou para aproximar-se de Abigail em busca de apoio, e de repente, colocou as mãos no peito. "Meu coração! Meu coração! Não está bem!"

Fé apaixonada

Abigail gritou por socorro enquanto o viu cair no chão. Ela freneticamente tirou a túnica dele para colocar seu ouvido contra o peito de seu senhor. A batida fraca e a respiração superficial vindas da boca a tranquilizaram um pouco, mas ele não dizia uma palavra. Era como uma pedra.

Após 10 dias, Nabal morreu.

"Senhor! Seu olheiro se aproxima vindo do Carmelo!"

Davi olhou para cima, forçando a vista enquanto se concentrava na passagem que leva ao acampamento, e depois acenou com boas-vindas. "Que novidades você tem, meu amigo? Alguma notícia recente do acampamento de Saul?"

"Sobre isso não há novidades, mas tenho uma notícia que deve interessar ao senhor. Nabal está morto."

O coração dele pulou. "Como pode ser isso?" Quando seu servo retransmitiu os detalhes que sabia, Davi sentou-se em silêncio, atordoado por alguns instantes e, em seguida, perguntou: "Quando foi? Foi um dia depois da ocasião em que eu iria tomar a vida dele?"

Davi se levantou e caminhou alguns metros. Em seguida, disse ao olheiro, balançando a cabeça em admiração: "A vingança era do Senhor, não minha. Como eu louvo o Senhor Deus, que me poupou desse pecado!"

Mais tarde naquela noite, Davi não conseguia dormir pensando em Abigail. Ela era uma mulher e tanto ⬚ bonita, corajosa e incrível embaixadora. Ele sorriu, lembrando a beleza e o rubor do rosto de Abigail, e a intensidade do discurso que fez. E a comida! Davi sentiu a água encher sua boca ao lembrar-se da refeição.

Nabal provavelmente nunca valorizou a joia que tinha nas mãos, ele se encontrou pensando. *Como seria revigorante ter uma conversa inteligente com uma mulher assim.* Ele suspirou profundamente, de repente se sentindo muito solitário.

Olhando para a escuridão, ponderou sobre Abigail ainda mais. Apesar de ser casada com um idiota renomado, ela era fiel e o protegia. Ela se colocou na linha de fogo pelo caipira inútil. Ela compreendeu a importância do perdão e viveu isso em seu casamento repleto de dificuldades.

Então, subitamente, um pensamento entrou em sua mente como um estrondo de trovão: Abigail estava solteira.

O coração de Davi batia forte enquanto pensava sobre a possibilidade de se casar com ela. Em seguida, vieram as dúvidas. *Eu sou um foragido. Porque uma rica, bela e jovem viúva se tornaria minha esposa? Que tipo de vida eu poderia oferecer a ela?*

No entanto, ele se lembrou da compreensão de Abigail sobre o plano de Deus para o seu futuro, e isso lhe trouxe esperança. Uma das últimas coisas que ela havia dito foi: "Quando chegar o dia que o Senhor conceder sucesso ao senhor, lembre-se de mim, sua serva."

Ele sorriu na escuridão.

"Minha senhora! Há um mensageiro aqui para vê-la!"

Abigail, que estava resolvendo questões da casa, seguiu o empregado até a porta. Desde a morte de Nabal, muitas coisas haviam exigido a sua atenção. A visita era provavelmente mais um vizinho oferecendo condolências.

À porta estava um jovem segurando um pergaminho enrolado, que ele estendeu em frente dela. "Esta mensagem é do meu mestre, Davi", informou ele, ligeiramente corado. "Ele lamenta não poder falar com a senhora pessoalmente sobre o assunto, mas não seria seguro para ele entrar em Carmelo neste momento. Por favor, considere seu pedido." Curvando-se um pouco sem jeito, ele saiu.

Confusa, Abigail abriu o pergaminho. As mãos dela tremiam e a respiração ficou presa na garganta. Davi queria que ela se tornasse sua esposa.

Fé apaixonada

O primeiro marido de Abigail havia sido escolhido para ela. Desta vez, a escolha era sua. Abigail refletiu sobre sua vida e futuro. Ela sabia que recusar a proposta de Davi a deixaria uma viúva rica, sem filhos, com uma renda confortável e afazeres para dar conta. Aceitar seria um passo de fé em um grande desconhecido para viver com um foragido, ainda que com um coração voltado para Deus e destinado a ser rei.

A memória da forte beleza de Davi estava gravada para sempre em sua mente, mas o que a atraiu muito mais era que ele gostava dela. E o melhor de tudo era o seu coração genuinamente voltado para Deus. Decidida a fazer uma escolha corajosa, Abigail se preparou para a aventura da sua vida.

Quando os servos de Davi chegaram a Carmelo para levá-la a ele, ela estava pronta. Chamou suas cinco criadas que viajariam com ela e, sem perder tempo, subiu no jumento e foi para o acampamento na montanha. Lá, ela se tornaria a noiva do rei Davi.

Aprofundando

A história de Abigail, encontrada no livro de 1 Samuel 25, tem todos os elementos necessários para ser interessante. Há um vilão, um herói bonito, uma heroína jovem e inteligente (que por acaso é muito bonita), a ameaça de assassinato, um esconderijo na montanha, e romance. O bandido até morre no final. Ela tem algumas lições importantes para as mulheres de hoje também. Dê uma olhada comigo nos elementos-chave da história.

O casamento de Abigail era infeliz. Nabal e Abigail não formavam um bom par naquele casamento arranjado. Eles tinham jugo desigual com relação à inteligência, graça, piedade e sabedoria.

O nome Nabal significa "tolo", e ele fez jus ao seu nome com suas palavras e atos. Um homem rico, provavelmente mais velho do que a esposa. Tinha uma boca suja e problema com bebida. Era conhecido como "mau" por seus servos. Atribuiu grande importância a sua riqueza, mas não valorizou a bênção de ter Abigail como esposa. Tratou estranhos que haviam sido gentis com desprezo brutal. Odeio pensar sobre como ele tratava sua esposa por trás de portas fechadas.

O nome de Abigail significa "meu pai se alegra." Em contraste com o marido, era respeitada pelos empregados, e trouxe alegria e senso de ordem à casa. Ela também era uma mulher tolerante. Para viver com Nabal, teria que exercer o perdão todos os dias. As Escrituras dizem que Abigail era uma mulher de entendimento, e utilizou essa sabedoria para viver com alguém de personalidade muito difícil, em um momento da história em que as mulheres muitas vezes eram consideradas como bens de seus maridos.

Abigail, que era bela e capaz, não se entregava à amargura e à autocomiseração. Apesar do caráter mau do marido, tomou medidas que salvaram a vida dele. Susan Hunt, em seu livro *A graça que vem do lar*, Editora Cultura Cristã, explica que "o espírito de Abigail não estava preso a sua situação e ela não estava emocionalmente paralisada. Ela tinha liberdade para se relacionar com os outros e agir com precisão e rapidez em uma crise."[1]

Eles eram a Bela e a Fera. Não há menção de crianças entre eles.

A ingratidão de Nabal foi a gota d'água.

Tendo sido pastor quando menino, Davi entendia sobre pastoreio. Proteger os vastos rebanhos de Nabal com seu exército por muitas semanas era de fato um grande serviço. Nabal deveria ter acolhido e recompensado os homens de Davi no momento da tosquia, ao invés de mandá-los embora com desdém.

Abigail, uma mulher temente a Deus, teve entendimento espiritual sobre a unção de Davi para ser rei. Já Nabal não compreendia isso, e falou sobre Davi com desprezo, referindo-se a ele como um escravo em revolta contra seu mestre.

Quando Davi soube do crime, desencadeou seu plano de vingança contra Nabal e todos os homens de sua família.

Abigail agiu de forma independente.
Uma coisa era levar a embriaguez de Nabal e seu mau humor pelo lado pessoal, mas quando sua forma bruta e egoísta ameaçava a segurança dele e de toda a família, Abigail impôs limites e intercedeu.

Ela poderia ter entrado em pânico, organizado os servos para lutarem ou discutido com Nabal sobre o que ele deveria ter feito; poderia ter permitido a vingança de Davi para livrá-la de Nabal e libertá-la das amarras de seu casamento. Em vez disso, Abigail usou a sabedoria que Deus lhe deu e mudou o curso da história. Ela tornou-se uma pacificadora.

Agindo rapidamente e sem a permissão de Nabal, ela levou cinco das ovelhas que ele havia negado a Davi anteriormente, embalou suprimentos suficientes para alimentar um exército e colocou uma caravana a caminho da montanha em tempo recorde. Cheia de fé e do temor do Senhor, ela enfrentou um belo guerreiro refugiado que estava decidido a assassinar. (Sua boa aparência é descrita em 1 Samuel 16:12). Em um dos discursos mais longos feitos por uma mulher registrados nas Escrituras, ela encorajou Davi a focar-se novamente no plano soberano de Deus para sua vida. Abigail o impediu de cometer uma atrocidade da qual se arrependeria mais tarde e também causou uma impressão duradoura sobre o futuro rei.

Sai o marido nº1.
Na manhã seguinte, quando Abigail contou a Nabal que ele ficou muito perto de perder a vida e o que ela havia feito para evitar o ataque, ele ficou gravemente doente. A passagem registra que "...se amorteceu nele o coração, e ficou ele

como pedra" (v.37). É provável que tenha sido um derrame. Dez dias depois, ele morreu. As Escrituras não deixam dúvidas sobre a causa da morte de Nabal quando diz " feriu o SENHOR a Nabal, e este morreu" (v.38).

A notícia reafirmou a Davi que a vingança pertence ao Senhor, e ele foi novamente grato por Deus ter levado Abigail para impedi-lo de derramar o sangue de Nabal. Ele também percebeu que desejava Abigail como esposa, se ela aceitasse.

Davi propõe casamento a Abigail. Foi por procuração. Não foi muito romântico, mas foi genuíno. O versículo 39 nos diz: "...mandou Davi falar a Abigail que desejava tomá-la por mulher." Era comum um representante do noivo negociar em seu nome com a família da noiva em relação ao dote que pagaria. Esta situação era um pouco diferente, porque Abigail e Davi já haviam sido casados anteriormente. (Ele era casado com a filha de Saul, Mical, que foi tomada de Davi pelo pai dela e dada a outro homem). Além disso, Davi era financeiramente carente, enquanto Abigail era rica.

Como escritor de tantos belos salmos, Davi tinha jeito com as palavras, e por isso espero que tenha, pelo menos, mandado uma carta particular a Abigail com a proposta. Bem, isso nós nunca vamos saber.

Estou deduzindo que pelo menos um curto período de tempo passou entre os versículos 39 e 40, em que os servos de Davi foram buscar Abigail para o casamento. Isso porque não só ela estava pronta para partir quando eles apareceram, mas cinco outras mulheres também estavam!

Entra o marido nº 2. Foi nas montanhas. Abigail arriscou sua segurança para se juntar a Davi no exílio. O que você acha que ela trouxe para Davi em casamento? Minha pesquisa apontou que ela teria dado a ele um espólio rico e uma nova posição social, mas a Bíblia não faz qualquer menção a sua riqueza. Em vez disso, realça sua sabedoria. Abigail trouxe para o casamento fé notável, beleza, conselhos sábios e um histórico de agir rapidamente (um bem e tanto um para um homem em fuga!). Ela acreditava no chamado de Deus à vida de Davi e encorajou-o a fazer as escolhas certas.

A vida de Abigail durante os primeiros dias com o marido rebelde foi realmente cheia de aventura ⊠ inclusive ser sequestrada por um exército inimigo e depois ser resgatada por seu marido (muito bem, Davi!). Enquanto ainda no exílio, em Hebron, ela lhe deu um filho, Daniel, a quem criou para ser um homem temente a Deus. Ela viveu em tempos polígamos e tinha que compartilhar o carinho de Davi com as outras esposas, mas entrou para a história como a mulher de sabedoria e de beleza que foi casada com o maior rei de Israel.

De que maneira esta história se aplica a sua vida?

(1) Escolha o seu companheiro com cuidado e oração. Abigail não teve escolha na primeira vez, mas você tem! (2) Quando passar por situações difíceis, confie que é possível vivê-las com dignidade e sabedoria ao invés de ficar emocionalmente paralisada e cativa das circunstâncias. (3) Sábias palavras e ações podem promover a paz e proteger aqueles que amamos. (4) O perdão nos permite viver sem sentir raiva. (5) Deus honra aqueles que o honram. (6) Por último, uma pitada de humor: da próxima vez que você quiser fazer um apelo importante para seu pai, namorado, cônjuge, ou mesmo avô, considere o exemplo de Abigail. Inclua tanto a conversa inteligente como o gosto de comida boa. O coração não é tão longe do estômago! (Eu acho que algumas coisas nunca mudam).

querida Abigail

É impossível ler a história de Abigail e fazer pouco caso dela, que teve um marido abusivo. Algumas leitoras deste livro vão se identificar com Abigail, porque estão em situação similar.

Algumas de vocês sofrem pelo passado, e isso está afetando suas vidas e relacionamentos no presente. Talvez você tenha sofrido abuso físico ou sexual, rejeição, aborto espontâneo, abuso verbal, divórcio ou a perda de um filho. Você está tão ferida e consumida pelo passado que não é mais emocional ou espiritualmente completa.

Permita que Deus use a história de Abigail para reacender a esperança em sua vida! Aja! Primeiro, vá a Deus e peça perdão por tirar os olhos dele e permitir que o problema a consuma. Na sequência, ore por sabedoria — Ele promete nos dar sabedoria no livro de Tiago 1:5. Em seguida, avalie a situação e promova uma mudança! Isso poderia significar estender o perdão, tornar-se uma pacificadora ou mudar de atitude. Talvez você precise impor um limite saudável entre você e alguém ou algum lugar. Ou ainda precise procurar um conselheiro cristão ou fazer algo para proteger seus filhos. Mas faça alguma coisa! Só se certifique de que o seu coração está bem com Deus enquanto você faz isso. Coragem, amiga querida. Olhe para frente!

Em um momento no meu casamento, lidei com profunda raiva e decepção. (Eu não vou detalhar, porque não quero que você comece a medir se a sua dor é maior do que a minha foi, mas vou salientar que o meu marido não foi infiel a mim ou fisicamente abusivo). O que me chateou mais foi que ele não achava que o que tinha feito era grande coisa, e para mim era enorme! Enquanto eu lutava para "me controlar" emocionalmente, abri um pequeno livro devocional e fiquei impressionada com a mensagem. Em essência, a meditação admitia que, para nós, é impossível perdoarmos por conta própria. Mas porque somos filhas de Deus, temos acesso ao Seu perdão, o que faz toda a diferença. A meditação assinalou que quando nós estendermos o perdão sincero ao infrator, Deus não nos dará um caso de "amnésia santa", mas ele vai ajudar a lidar com a dor da ferida.[2] Lembro-me de esconder meu rosto naquele livro, e em lágrimas pedir a Deus para me capacitar a perdoar e a drenar a dor.

Deus respondeu à oração. Isso não aconteceu de imediato, mas experimentei paz no lugar da tempestade emocional. Com o passar dos dias, o relacionamento com meu marido se consertou, e ele ficou tão tocado por minha nova atitude que me surpreendeu com um ato de sacrifício que eu nunca vou esquecer. Deus honrou a minha ação e a minha fé, e curou completamente nosso relacionamento.

Oração apaixonada

Querido Pai celestial, obrigada por me encorajar com a história de Abigail. Por favor, perdoa-me pelo tempo em que me concentrei nas circunstâncias em vez de manter meus olhos em ti e seguir Tua direção. Por favor, encha-me com a Tua sabedoria, e que ela seja aparente no meu discurso e em minhas ações. Ajuda-me a honrar-te e a ser obediente a Tua liderança.

Pai, eu luto com velhas mágoas. Preciso que o Senhor me capacite a perdoar, porque eu simplesmente não consigo em minha própria força. E Pai, por favor, ajuda-me a lidar com a dor das velhas feridas e me cura de dentro para fora! Ajuda-me a me concentrar no futuro que tens para mim em vez de olhar para o passado. Obrigada por me amar e pelo plano que tens para mim.

No precioso nome de Jesus, amém.

querida Abigail

Leitura Bíblica: 1 Samuel 25:1-42

Faleceu Samuel; todos os filhos de Israel se ajuntaram, e o prantearam, e o sepultaram na sua casa, em Ramá. Davi se levantou e desceu ao deserto de Parã.

Havia um homem, em Maom, que tinha as suas possessões no Carmelo; homem abastado, tinha três mil ovelhas e mil cabras e estava tosquiando as suas ovelhas no Carmelo. Nabal era o nome deste homem, e Abigail, o de sua mulher; esta era sensata e formosa, porém o homem era duro e maligno em todo o seu trato. Era ele da casa de Calebe.

Ouvindo Davi, no deserto, que Nabal tosquiava as suas ovelhas, enviou dez moços e lhes disse: Subi ao Carmelo, ide a Nabal, perguntai-lhe, em meu nome, como está. Direis àquele próspero: Paz seja contigo, e tenha paz a tua casa, e tudo o que possuis tenha paz!

Tenho ouvido que tens tosquiadores. Os teus pastores estiveram conosco; nenhum agravo lhes fizemos, e de nenhuma coisa sentiram falta todos os dias que estiveram no Carmelo. Pergunta aos teus moços, e eles to dirão; achem mercê, pois, os meus moços na tua presença, porque viemos em boa hora; dá, pois, a teus servos e a Davi, teu filho, qualquer coisa que tiveres à mão.

Chegando, pois, os moços de Davi e tendo falado a Nabal todas essas palavras em nome de Davi, aguardaram.

Respondeu Nabal aos moços de Davi e disse: Quem é Davi, e quem é o filho de Jessé? Muitos são, hoje em dia, os servos que fogem ao seu senhor. Tomaria eu, pois, o meu pão, e a minha água, e a carne das minhas reses que degolei para os meus tosquiadores e o daria a homens que eu não sei donde vêm?

Então, os moços de Davi puseram-se a caminho, voltaram e, tendo chegado, lhe contaram tudo, segundo todas estas palavras. Pelo que disse Davi aos seus homens: Cada um cinja a sua espada. E cada um cingiu a sua espada, e também Davi, a sua; subiram após Davi uns quatrocentos homens, e duzentos ficaram com a bagagem.

Nesse meio tempo, um dentre os moços de Nabal o anunciou a Abigail, mulher deste, dizendo: Davi enviou do deserto mensageiros a saudar a nosso senhor; porém este disparatou com eles. Aqueles homens, porém, nos têm sido muito bons, e nunca fomos agravados por eles e de nenhuma coisa sentimos falta em todos os dias de nosso trato com eles, quando estávamos no campo. De muro em redor nos serviram, tanto de dia como de noite, todos os dias que estivemos com eles apascentando as ovelhas. Agora, pois, considera e vê o que hás de fazer, porque já o mal está, de fato, determinado contra o nosso senhor e contra toda a sua casa; e ele é filho de Belial, e não há quem lhe possa falar.

Então, Abigail tomou, a toda pressa, duzentos pães, dois odres de vinho, cinco ovelhas preparadas, cinco medidas de trigo tostado, cem cachos de passas e duzentas pastas de figos, e os pôs sobre jumentos, e disse aos seus moços: Ide adiante de mim, pois vos seguirei de perto. Porém nada disse ela a seu marido Nabal.

Enquanto ela, cavalgando um jumento, descia, encoberta pelo monte, Davi e seus homens também desciam, e ela se encontrou com eles. Ora, Davi dissera: Com efeito, de nada me serviu ter guardado tudo quanto este possui no deserto, e de nada sentiu falta de tudo quanto lhe pertence; ele me pagou mal por bem. Faça Deus o que lhe aprouver aos inimigos de Davi, se eu deixar, ao amanhecer, um só do sexo masculino dentre os seus.

Vendo, pois, Abigail a Davi, apressou-se, desceu do jumento e prostrou-se sobre o rosto diante de Davi, inclinando-se até à terra. Lançou-se lhe aos pés e disse: Ah! Senhor meu, caia a culpa sobre mim; permite falar a tua serva contigo e ouve as

querida Abigail

palavras da tua serva. Não se importe o meu senhor com este homem de Belial, a saber, com Nabal; porque o que significa o seu nome ele é. Nabal é o seu nome, e a loucura está com ele; eu, porém, tua serva, não vi os moços de meu senhor, que enviaste.

Agora, pois, meu senhor, tão certo como vive o Senhor e a tua alma, foste pelo Senhor impedido de derramar sangue e de vingar-te por tuas próprias mãos. Como Nabal, sejam os teus inimigos e os que procuram fazer mal ao meu senhor. Este é o presente que trouxe a tua serva a meu senhor; seja ele dado aos moços que seguem ao meu senhor. Perdoa a transgressão da tua serva; pois, de fato, o Senhor te fará casa firme, porque pelejas as batalhas do Senhor, e não se ache mal em ti por todos os teus dias. Se algum homem se levantar para te perseguir e buscar a tua vida, então, a tua vida será atada no feixe dos que vivem com o Senhor, teu Deus; porém a vida de teus inimigos, este a arrojará como se a atirasse da cavidade de uma funda. E há de ser que, usando o Senhor contigo segundo todo o bem que tem dito a teu respeito e te houver estabelecido príncipe sobre Israel, então, meu senhor, não te será por tropeço, nem por pesar ao coração o sangue que, sem causa, vieres a derramar e o te haveres vingado com as tuas próprias mãos; quando o Senhor te houver feito o bem, lembrar-te-ás da tua serva.

Então, Davi disse a Abigail: Bendito o Senhor, Deus de Israel, que, hoje, te enviou ao meu encontro. Bendita seja a tua prudência. Então, Davi disse a Abigail: Bendito o Senhor, Deus de Israel, que, hoje, te enviou ao meu encontro. Bendita seja a tua prudência, e bendita sejas tu mesma, que hoje me tolheste de derramar sangue e de que por minha própria mão me vingasse. Porque, tão certo como vive o Senhor, Deus de Israel, que me impediu de que te fizesse mal, se tu não te apressaras e me não vieras ao encontro, não teria ficado a Nabal, até ao amanhecer, nem um sequer do sexo masculino.

Então, Davi recebeu da mão de Abigail o que esta lhe havia trazido e lhe disse: Sobe em paz à tua casa; bem vês que ouvi a tua petição e a ela atendi.

Voltou Abigail a Nabal. Eis que ele fazia em casa um banquete, como banquete de rei; o seu coração estava alegre, e ele, já mui embriagado, pelo que não lhe referiu ela coisa alguma, nem pouco nem muito, até ao amanhecer. Pela manhã, estando Nabal já livre do vinho, sua mulher lhe deu a entender aquelas coisas; e se amorteceu nele o coração, e ficou ele como pedra. Passados uns dez dias, feriu o Senhor a Nabal, e este morreu.

Ouvindo Davi que Nabal morrera, disse: Bendito seja o Senhor, que pleiteou a causa da afronta que recebi de Nabal e me deteve de fazer o mal, fazendo o Senhor cair o mal de Nabal sobre a sua cabeça. Mandou Davi falar a Abigail que desejava tomá-la por mulher.

Tendo ido os servos de Davi a Abigail, no Carmelo, lhe disseram: Davi nos mandou a ti, para te levar por sua mulher.

Então, ela se levantou, e se inclinou com o rosto em terra, e disse: Eis que a tua serva é criada para lavar os pés aos criados de meu senhor. Abigail se apressou e, dispondo-se, cavalgou um jumento com as cinco moças que a assistiam; e ela seguiu os mensageiros de Davi, que a recebeu por mulher.

Nota final: A história de Abigail foi escrita em algum momento durante o século 10 a.C. Ela ocorreu pouco após a morte do profeta Samuel, que encerrou o período dos juízes. A nação de Israel tinha se tornado uma monarquia, com Saul sendo o primeiro rei, e Davi, o segundo.

notas

6

buscando a face de Deus na correria da vida

Uma história de alguém que busca

Um dia enquanto olhava minha caixa de entrada de *emails*, uma história encaminhada me chamou a atenção. Quando minha filha estava no segundo ano da faculdade, este *email* era particularmente chamativo. Parece que uma jovem universitária tinha vários problemas, e ela sabia que seus pais teriam dificuldades em aceitá-los. Depois de pensar muito em como conseguiria comunicar aqueles dilemas a eles, decidiu escrever uma carta, que era mais ou menos assim:

Queridos pais,
  Queria contar um pouco sobre o que tem acontecido na minha vida. Estou apaixonada! Conheci o Rudy num bar aqui perto do campus, onde muitos estudantes frequentam. Ele é o garçom. Desistiu do Ensino Médio no segundo ano e casou, mas

ele e a esposa se divorciaram um ano depois que o bebê nasceu, e o Rudy está recompondo a vida.

Somos um casal há quase dois meses e esperamos casar neste verão. Você já deve saber que deixei a faculdade e planejo me mudar para o apartamento do Rudy (acho que estou grávida). Sei que nada disso é o que vocês planejaram para a minha vida, mas eu espero que de alguma forma possam compreender.

Ela continuou sua carta na outra página.

Eu certamente amo vocês, mãe e pai — e nenhuma palavra que escrevi na primeira página desta carta é verdadeira! Mas é verdade que eu tirei nota C na aula de alemão e eu reprovei em Estatística. Ando muito ocupada e estou trabalhando muito, mas a outra má notícia é que estou sem dinheiro e vou precisar de mais para pagar a mensalidade do segundo semestre.[1]

Espertinha! Ela fez as más notícias parecerem boas. Eu resolvi não encaminhar a mensagem para os meus filhos, mas fiquei imaginando porque a garota agiu assim. Ela estava com medo que a verdade resultasse em rejeição por parte de seus pais ou talvez uma repreensão severa? Seja qual tenha sido o motivo, ela certamente queria mudar a perspectiva deles!

Acredito que a maioria de nós já nos viu distorcendo quem realmente somos. Desejamos ser bem sucedidos em nossos relacionamentos. Escondemos nossas dores, hábitos e limitações atrás de uma boa imagem, e até pessoas bem próximas podem estar inconscientes de nossas batalhas internas.

John Powell escreveu um pequeno livro chamado *Por que tenho medo de lhe dizer quem sou?* (Editora Crescer). A resposta a essa pergunta é encontrada um pouco mais adiante no livro:

"porque você pode não gostar de quem sou, e isso é tudo o que tenho."[2]

Isso não é verdade?

Há uma história fascinante nas Escrituras sobre um homem preso na correria da vida. Na realidade, muitas pessoas acharam que ele era o motivo de tanta correria. Ele era um judeu que trabalhava para o império romano, e frequentemente distorcia sua identidade — por benefício próprio. A história dele é narrada em Lucas 19:1-10. Seu nome era Zaqueu.

A história de Zaqueu

Zaqueu contou as últimas moedas que o judeu bem vestido o entregara do outro lado da mesa. O homem estava furioso, mas pagou, e Zaqueu pouco se importou em deixar escapar uma risadinha. Certamente teve prazer em tributar os fariseus; eram tão hipócritas. Por um momento, sentiu-se tentado a devolver um denário de prata só para ver o sujeito se esquivar de tocar numa moeda depois que Zaqueu a tivesse tocado! Não, ele pensou, bufando. *Eu não gostaria de contaminar o pobre coitado. Simplesmente vou ficar com o dinheiro dele!*

O homem descontente se foi, e Zaqueu colocou as moedas no bolso. Levantando, desamassou sua roupa fina e admirou o pesado medalhão de ouro, pendurado por uma corrente ao redor do pescoço. *A vida está boa agora que sou rico,* falou consigo, caminhando em direção à porta. Ou estava boa? Nenhuma das pessoas da cidade jamais o convidou para uma refeição. Ninguém nunca o visitou em sua casa.

Zaqueu percebeu que várias pessoas passavam ligeiramente pelo seu estabelecimento e se aglomeram na descida da rua. Elas pareciam vir de todas as direções para se juntar a multidão. Indo até lá, ele esbarrou com um jovem que estava correndo a toda velocidade.

Zaqueu se recompôs suficientemente rápido para ir atrás do rapaz antes que ele pudesse correr para longe.

"Espere aí, garoto," ele disse. "O que está acontecendo na esquina, ali embaixo?"

O rapaz, que ficou quase frente a frente com o homem pequeno, parou tempo suficiente para dizer, "é Jesus! Ele está passando em Jericó!" Então, arrancou sua manga da mão de Zaqueu e voltou a correr.

Jesus! O cobrador de impostos parou por um momento, absorvendo a informação. Um anseio despertou dentro dele, quase fazendo seu peito doer. Zaqueu ouvira sobre Jesus. Ele havia curado enfermos e alimentado famintos, além de ter confrontado os fariseus e os líderes religiosos. Jesus havia feito amizade com pecadores e comido com publicanos. Zaqueu parou por mais um tempo antes de impulsivamente se misturar à multidão que crescia. Ele tinha que ver aquele homem.

Jericó era uma cidade agitada e próspera. Com suprimento de água nascente, era uma exuberante comunidade verde emergindo do insípido deserto que havia próximo dali. No centro dos negócios e comércio, Zaqueu era um homem poderoso. Ele gostava quando homens ricos do mercado de negócios acenavam para ele com a cabeça e o davam passagem. Ele não se deixava enganar acreditando que eles estavam sendo amigáveis; sabia que o desprezavam e temiam. Ele se convencia de que era o suficiente se o tratassem com respeito e enchessem seu bolso com ouro.

As pessoas nem sempre temeram Zaqueu. Sua infância foi uma luta. Para seu desgosto, ele não cresceu muito em estatura à medida que ficava mais velho. Diminuído pelos colegas, ele era o mais zombado e o último escolhido nos jogos. A dor daquelas memórias da infância foi profunda, e o tempo nunca a apagou.

Fé apaixonada

Mas embora Zaqueu fosse pequeno, ele era esperto. À medida que crescia, descobriu uma forma que não o daria notoriedade nem amigos, mas faria os esnobes e preconceituosos estarem a sua mercê, e ele se tornaria rico.

Jericó estava debaixo do controle de Roma e sujeita a altos impostos. Os judeus em Jericó se opuseram àquelas taxas porque financiavam um governo que adorava ídolos. Apesar de suas objeções, porém, os judeus ainda eram forçados a pagar. De maneira peculiar, os irritava que os romanos contratassem homens judeus para recolher aqueles impostos. Considerados traidores por seus companheiros judeus, os publicanos não só coletavam impostos suficientes para satisfazer as exigências de Roma, mas também um imposto adicional para fornecer uma renda generosa para eles mesmos.

Era o emprego perfeito para Zaqueu. O que ele não tinha de estatura, compensava em destreza e manipulação. Era tão bom no seu trabalho que rapidamente ascendeu ao topo de sua área de atuação. Ele tornou-se chefe dos publicanos e tinha homens adultos que o serviam. Fez uma vida abastada para si mesmo. Era rico e poderoso, mas ao mesmo tempo também era um homem não realizado e solitário.

"Abram caminho! Com licença! Afaste-se, senhor! Dá licença? Você está pisando na minha capa!"

Irritado, Zaqueu abriu caminho na multidão. No tumulto, ninguém deu passagem para Zaqueu. Pelo contrário, o pressionavam e empurravam. Desgrenhado e frustrado, murmurou para si mesmo: "Eu esperava que me demonstrassem algum respeito."

Seu coração pecaminoso batia forte enquanto tentava passar entre a multidão. Foi em vão. Ele não enxergava por cima das pessoas. Naquele ritmo, ele nunca seria capaz de contemplar Jesus.

Mas Zaqueu não desistiu. Ele parou para pensar sobre a rota que Jesus tomaria dentro da cidade e então começou a se afastar da multidão. Foi difícil — era como nadar contra uma forte correnteza. Ele achou que se pelo menos conseguisse chegar à frente das pessoas, poderia assegurar seu lugar à margem.

Chegando à outra rua, ele examinou a área, avistando o lugar perfeito para se posicionar, e teve uma brilhante ideia! Na beira da estrada, havia uma árvore de sicômoro crescendo. E se ele subisse na árvore? Ele teria a melhor vista!

Zaqueu ergueu suas vestes finas, agarrou um galho e procurou uma base de apoio. Com um grunhido, subiu para o primeiro galho, alcançando o próximo. Suas sandálias não possuíam muita proteção, e a casca da árvore ralou seus dedos do pé. Mas na emoção de ver Jesus, ele mal se dera conta do desconforto.

Ele então se deu conta de que subir na árvore era indigno para um chefe dos publicanos, mas quem iria notar ele lá em cima mesmo? Todos estariam olhando para Jesus.

A multidão se aproximava. Zaqueu usou sua mão para proteger os olhos do sol do meio-dia enquanto procurava Jesus na multidão que estava chegando. Então o viu enquanto as pessoas abriam caminho para Sua passagem na rua. Conforme elas estendiam a mão para tocar Jesus, Zaqueu foi tocado de maneira surpreendente pela Sua bondade no meio de tanta confusão. Então Jesus parou.

O Mestre mirou para cima e fixou o olhar em Zaqueu, que sentiu ser impossível desviar os olhos dele. Zaqueu nunca o tinha visto, mas era como se Jesus o reconhecesse e conseguisse ver tudo desde sua infância dolorosa até seu perverso, ganancioso e pecaminoso coração adulto. A multidão observava Jesus à medida que Ele caminhava em direção à arvore de sicômoro.

Ele chamou Zaqueu pelo nome. Pelo *nome*. Zaqueu estava atônito.

"Zaqueu, desça depressa, pois vou ficar em sua casa hoje."

Fé apaixonada

Com o pulso acelerado, Zaqueu desceu atrapalhado da árvore e guiou Jesus até sua casa. Bem, quando as pessoas viram aquilo, começaram a resmungar entre si. "Ele foi para casa de um pecador! Por que Jesus procuraria alguém como Zaqueu? Por que Ele investiria tempo com aquele baixinho?" Reunidos do lado de fora da casa de Zaqueu, eles esperaram Jesus aparecer.

Dentro da casa, um homem estava abrindo seu coração ao Filho de Deus. O fato de Jesus desejar uma amizade com ele, apesar de seu pecado e de sua péssima reputação, rompeu suas barreiras. Na presença do santo Jesus Cristo, Zaqueu estava confrontado com sua própria vida e profundamente arrependido de suas obras más. A salvação e o perdão que recebeu naquele dia o tocaram tão profundamente que ele ofereceu uma prova magnífica de sua conversão para as pessoas do lado de fora.

"Lá estão eles!"

Quando a porta se abriu e Jesus e Zaqueu saíram, eles pareciam estar numa conversa profunda. Zaqueu olhou para Jesus, o Salvador de sua alma pecadora e a razão de sua mudança de vida. Depois voltou os olhos para os rostos das pessoas que haviam se reunido ali. Como eles poderiam entender o que o Filho de Deus tinha realizado em seu coração naquele dia? Ele então pegou sua bolsa de dinheiro, presa no seu cinto de couro. Virando-se para Jesus, ele a estendeu.

"Veja, Senhor! Neste instante dou metade de meus bens para os pobres, e se eu trapaceei alguém em algum aspecto, pagarei de volta quatro vezes o valor."

"O que ele falou?" O murmúrio das pessoas aumentou vários decibéis. "Você consegue acreditar nisso? As maravilhas nunca acabam!"

Jesus sorriu com a sinceridade daquele novo seguidor precioso. "Hoje houve salvação nesta casa, pois vim buscar e salvar o que estava perdido".

Zaqueu se determinou a buscar a face de Jesus naquele dia. Mal percebeu que o Filho de Deus o estava buscando.

Aprofundando

Pergunto-me quais palavras sinceras foram faladas na casa de Zaqueu aquele dia. Foi gentil da parte de Jesus ter dado atenção a Zaqueu em particular, ao invés de fazê-lo na frente da multidão. Zaqueu deve ter visto sua vida pelo que realmente era e deve ter sido tomado por perdão e nova vida que Jesus ofereceu. Mas não importa as reais palavras proferidas. Aquela visita de Jesus mudou sua vida radicalmente.

Zaqueu era realmente muito mau? Provavelmente muito mau. Pesquisei um pouco sobre impostos durante este período histórico. Em *O Novo Manual dos Usos e Costumes dos Tempos Bíblicos (*Editora CPAD), aprendi que "Os oficiais romanos vendiam o direito de cobrar taxas numa determinada área a quem pagasse melhor. O cobrador-chefe de impostos (chefe dos publicanos) teria então de entregar certa quantidade de dinheiro. Ele empregava pessoas do local como cobradores (publicanos) e tanto o chefe como os cobradores coletavam em excesso. Assim, tiravam bom lucro embora entregassem o que era requerido pelo governo. Zaqueu, como cobrador-chefe, admitiu sua fraude devolvendo quatro vezes o que recebera."[3] Ele era o chefão e um excelente corretor. Outra fonte me contou que "Judeus no tempo de Jesus estavam pagando por volta de 30 a 40% de suas rendas em impostos e encargos religiosos. Não é à toa que coletores de impostos eram desprezados pelos seus concidadãos, que os viam como mercenários trabalhando para os romanos."[4]

Então Zaqueu era mau mesmo? Mau. A questão era que Jesus o amava. Não importa quão bons ou maus, altos ou baixos, inteligentes ou elementares, lindos ou simples sejamos. Jesus nos ama, morreu para pagar o preço de nosso pecado, e deseja nos dar uma nova vida nele.

O que as pessoas viram na árvore? Um homem de baixa estatura em vestes finas, em cima de um galho. Elas o reconheceram como o tão odiado publicano.

O que Jesus viu? Zaqueu. Alguém muito perdido e necessitado de um salvador. Enquanto o povo o viu com sua pequena estatura, roupas finas e pose estranha, Jesus reconheceu sua necessidade espiritual e iniciou uma amizade transformadora com ele.

Quando Deus olha para você e para mim, Ele não vê apenas a nossa aparência estranha, com o sorriso que estampamos no rosto. Ele vê o nosso coração. Você já abriu o seu coração e sua vida a Ele?

De que maneira esta história se aplica a sua vida?

Zaqueu tomou três atitudes que mudariam radicalmente sua vida naquele dia. Estas mesmas ações podem mudar radicalmente a sua.

Ele saiu da sua rotina para ver Jesus. Quando seu plano foi frustrado pela multidão, Zaqueu não desistiu. Ele foi criativo.

Quantas vezes você foi interrompida no seu tempo com Deus por causa de um telefone ou campainha tocando, de seu filho, ou mesmo da correria do dia a dia?

Seja criativa!

Programe antecipadamente a rádio do seu carro para que você possa facilmente selecionar a programação da rádio cristã enquanto dirige. Tenha um CD ou outro pequeno dispositivo eletrônico de música no veículo. Use esse tempo para escutar as Escrituras, pregações inspiradoras ou louvores.

Faça parte de um grupo de estudo bíblico semanal num horário que seja conveniente — com pessoas que a ponham a encorajem. Você pode encontrar estudos aprofundados da Palavra, estudos bíblicos em casais e até para mulheres que queiram perder peso juntas.

E quando o tempo a sós com Deus for um desafio, disponha-se a sair de sua rota para estar com Ele. Isso pode parecer tão simples quanto desligar a televisão ou ir para o seu quarto para passar tempo em oração ou em Sua palavra. Talvez seja usar o horário de almoço no parque da cidade com a Bíblia e o coração aberto para aquilo que Ele tem a falar. Enquanto digito esse capítulo no meu *laptop*, estou sozinha no parque de Michigan, longe da minha família, *email* e telefone, com o único propósito de passar tempo a sós com Deus. Tenho sentido Sua presença aqui comigo de uma forma preciosa e evidente, mas foi necessário planejamento e desistência de outros compromissos para estar aqui.

Uma amiga minha me contou que se comunica melhor com Deus enquanto está na banheira. Ela disse: "não posso fingir ser algo que não sou, e não há nada que eu possa esconder!" (Acredito que o coração de Zaqueu se sentia assim diante de Jesus naquele dia).

Quando passar tempo a sós com Deus é um desafio, seja criativa.

Ele respondeu imediatamente quando Jesus chamou seu nome. Zaqueu esqueceu a multidão, desceu da árvore e alegremente recebeu Jesus em casa. O Mestre só precisou chamá-lo uma única vez.

Você se lembra de chamar seu filho repetidamente para descer as escadas, para então receber a resposta "só um minuto!" ou nenhuma resposta — até que você eleve a voz para chamar a atenção dele?

Fé apaixonada

Numa noite de quarta-feira, meu filho Josué estava um tanto irritante e indiferente. Além de agir de forma imatura, ele não tirou o lixo até que eu o lembrasse três vezes.

Falei (com um suspiro) que eu esperava sobreviver sua adolescência. Muito ofendido, Josué reagiu agressivamente, afirmando que depois de seu aniversário de 15 anos no sábado seguinte, ele não seria mais adolescente.

"Há!", respondi.

"É verdade", ele insistiu. "Vou acabar com todo esse sistema até sábado — vou ser maduro. Você vai ver."

Então, depois de pensar por um instante, ele acrescentou com um sorriso, "claro, mãe, você pode passar por uns momentos difíceis na quinta e na sexta-feira!".

Você consegue imaginar como Deus deve se sentir alguns dias quando está tentando chamar nossa atenção? Receio que dei a Ele alguns dias difíceis.

Ele permitiu que seu relacionamento com Jesus afetasse seu relacionamento com os outros. "Veja Senhor! Neste instante, dou metade de meus bens para os pobres, e se eu trapaceei alguém em alguma coisa, pagarei de volta quatro vezes o valor."

Pesquisei um pouco e descobri que Zaqueu fez *mais* do que era necessário. As leis judaicas estabeleciam que deveria ser restituído de um roubo comum o dobro do valor (Êxodo 22:4). Se o ladrão voluntariamente confessasse, deveria pagar o valor roubado mais um quinto! (Levítico 6:5; Números 5:7).

O compromisso de Zaqueu com Cristo provavelmente significou sua ruína financeira. Ele havia construído sua autoestima a partir do poder e do dinheiro, e naquele momento encontrou plenitude em Cristo.

Seu relacionamento com Jesus faz os outros reconhecerem você como cristã e como parte da família de Deus? Você está buscando a face de Deus, Sua amizade e Sua presença na correria do dia a dia?

Sucesso contínuo e realização não têm nada a ver com quão altas ou baixas, ricas ou pobres, simples ou deslumbrantes, más ou boas, ingênuas ou espertas sejamos. Trata-se de aceitar a Cristo como Salvador e assim experimentar Seu perdão e servi-lo com um coração puro.

Você o conhece como seu Salvador?

Bem, Ele está chamando o seu nome, quer ir para casa com você e fazer parte de sua vida. Assim como Ele parou tudo para mirar Zaqueu em cima da árvore, Ele quer um relacionamento com você. Ele sabe quem você é e quer completar a obra que iniciou na sua vida. Sim, Ele está chamando o seu nome.

Quando comecei a fazer as minhas unhas num salão de beleza local, recomendaram a mim uma jovem manicure chamada Sandra. A primeira vez que a conheci, minha impressão foi que ela era indelicada para retirar as cutículas. Minha segunda impressão foi de que ela era a moça mais meiga que eu já conhecera. Sandra não percebia que era uma "pessoa que buscava", mas era.

Ir à manicure é um processo um tanto pessoal. Você senta numa cadeira estreita em frente à profissional, com suas mãos estendidas, e este ambiente de proximidade gera confiança. À medida que ia fazer as unhas periodicamente, eu perguntava a Sandra sobre a vida dela, e a história que ela contou era séria e complicada. A moça estava num relacionamento fora do casamento com um jovem que tinha saído da prisão recentemente. Ele não tinha mais carteira de motorista, e dependia de Sandra para levá-lo e buscá-lo no trabalho como lavador de pratos e ir a qualquer outro lugar. Era normal drogar-se ou ficar bêbado à noite e nos fins de semana.

Fé apaixonada

Apesar de Sandra genuinamente se importar com ele, ela se via num relacionamento sem futuro. Sua necessidade de Cristo era bem evidente.

Conforme as semanas e meses se passavam, eu orava por Sandra e vim a amá-la genuinamente como amiga. Eu geralmente agendava o meu horário antes das minhas palestras, e ela regularmente perguntava: "bem, dona Jennie, para onde você vai viajar neste fim de semana?". Eu lhe contava o lugar e ela perguntava: e qual vai ser o assunto da palestra essa semana?

Lá, numa mesa de salão de beleza movimentado, eu tive a oportunidade de compartilhar um pouco da história de como eu conheci Jesus Cristo e das mudanças que Ele tinha feito na minha vida. Os olhos de Sandra se enchiam de lágrimas, e ela falava coisas como "eu queria conhecer Deus assim, mas Ele não saberia o que fazer comigo! Sou tão pecadora".

"Sandra, todas nós somos pecadoras".

"Você não entende, Jennie. Eu tenho sido promíscua. Teve uma vez que eu até tinha medo que estivesse com AIDS. Fiz algumas escolhas ruins na minha vida. Não sou bem do tipo que Deus procura".

"Você está errada, Sandra. Você é exatamente a razão pela qual Ele mandou Jesus ao mundo, e Ele te ama do jeito que você é. Estou orando por você, minha amiga".

Ela me abraçou e disse, "Bom. Eu realmente preciso dessas orações".

Finalmente, Sandra terminou com seu namorado. Depois de um tempo, ela conheceu outra pessoa, e depois de vários meses, eles passaram a morar juntos. Raul era bonito e trabalhador. Ele era divorciado e pai de duas garotinhas. Sandra me confidenciou que adorava quando as meninas os visitavam. "Não creio que eu possa ter meu próprio bebê, Jennie. Não uso contraceptivo há anos. Darei todo o amor que posso àquelas duas meninas".

Vários meses depois, entrei no salão de beleza e a encontrei extremamente estressada. Quando nos sentamos à mesa, ela agarrou as minhas mãos e começou a chorar. "Jennie, estou grávida!" ela sussurrou. "Ninguém sabe, nem o Raul nem minha mãe. Não posso ter esse bebê, Jennie. Tenho medo que o Raul fique furioso e me deixe. Tenho que abortar. Não tenho outra escolha."

Agarrei as mãos dela. "Por favor, não faça isso, Sandra. Você me disse uma vez que jamais pensou que poderia ter um bebê. Sei que não foi dessa forma que você planejou, mas Deus lhe deu esse presente precioso. Você talvez não tenha essa oportunidade novamente, Sandra".

Deus desocupou o ambiente onde estávamos naquele movimentado salão de beleza, e pela primeira vez, tivemos um pouco de privacidade. Antes de eu ir embora, coloquei minhas mãos ao redor da Sandra e orei para que Deus a ajudasse a fazer a coisa correta.

Ela visitou a clínica de aborto, mas decidiu não abortar. O bebê nasceria quer o Raul ficasse ou não com ela. E ele ficou.

Conforme sua gravidez progredia, a família dela fez um chá de bebê, e coloquei uma pequena Bíblia devocional com o meu presente.

Então, quando ela chegou aos últimos meses de gravidez, Sandra pediu para fazer minhas unhas na casa dela. "Não quero perder contato com você, Jennie", ela disse. E eu também não queria perder contato com ela.

Chegou o verão, e com ele uma conferência de dez dias no Canadá, em que eu seria a palestrante. Eu estava muito atarefada, preparando tudo o que precisava, pois ficaria fora por muito tempo. Uma das últimas coisas da minha lista era fazer minhas unhas com a Sandra. Ela teria o bebê enquanto eu estaria fora.

Quando cheguei, ela estava aos prantos. "Raul não me ama mais, Jennie. Ele apenas ficou por perto por causa da gravidez, e eu sei que ele vai embora quando o bebê nascer. Nunca vamos ser uma família de verdade". Ela cobriu o rosto e chorou.

Nunca encontrei alguém que precisasse tanto de Cristo. No entanto, tenho vergonha em dizer que eu estava tão presa na correria da rotina diária e ministério que perdi a oportunidade que Deus havia me dado. Lembro-me de citar alguns versículos bíblicos confortantes a Sandra e de pôr meu braço ao seu redor e orar por ela antes de ir embora. Eu, porém, *nunca realmente perguntei se ela queria abrir seu coração a Jesus*, o único que poderia verdadeiramente curar seu coração partido.

Chegando em casa, fui confrontada por minha consciência. Eu tinha bagagens para carregar e um avião para tomar. Mesmo assim, abaixei minha cabeça e orei: "Falhei na oportunidade de introduzir alguém ao Senhor, Pai. Por favor, dê-me outra chance. Se o Senhor me der, prometo que não a jogarei fora".

Cheguei em casa 11 dias depois e telefonei na casa de Sandra para saber se ela tinha ganhado um menino ou uma menina. "Nenhum!" ela riu do outro lado da linha. "Essa criança está bem feliz onde está!"

Perguntei se eu poderia ir lá.

"Claro", ela disse. "Você pode vir agora mesmo".

Quando cheguei, Sandra estava feliz e otimista. Sua mesa de manicure estava posta e enquanto trabalhava, conversamos sobre minha viagem. Finalmente, não conseguia mais adiar meu propósito de estar lá.

"Sandra, me arrependo de algo que não fiz da última vez que estive aqui."

"Não consigo imaginar o que seja", ela respondeu.

Eu suspirei. "Você estava tão necessitada emocional e espiritualmente quando eu estava aqui, Sandra".

Suas mãos pararam. Levantando a cabeça, seus olhos cheios de lágrimas. "Eu sei Jennie, ainda estou".

"Você precisa de Jesus, Sandra. Ele é o único que pode preencher o vazio do seu coração".

Ela concordou, balançou com a cabeça.

"Vá e pegue a Bíblia que dei a você, ok?" Ela se levantou e trouxe o livro. Tive que rir quando ela disse: "comecei a lê-lo, mas espero que você não me questione sobre nada"

"Não, Sandra. Vou contar a história de Jesus e mostrar algumas coisas do evangelho de João. É uma carta de amor de Deus para você. Olhe aqui. Diz no verso 3:16 que Deus amou o mundo de tal maneira que estava disposto a mandar seu único Filho para pagar o preço pelo nosso pecado e nos dar vida eterna. A única condição é que acreditemos de nossa livre e espontânea vontade nele. O próximo versículo diz que Ele não veio para condenar o mundo, mas ao invés disso, por meio dele e Sua provisão para nós, podemos ser salvas. Você quer um relacionamento pessoal com Deus, Sandra?"

Ela fez sinal afirmativo com a cabeça, com o rosto cheio de esperança. "Preciso conhecê-lo, Jennie. Se Ele me aceitar, quero conhecê-lo".

Oramos juntas, e Sandra abriu seu coração para Deus. Pela fé, aceitou que Jesus havia morrido pelos seus pecados e que Ele ressuscitou para morar em seu coração e em sua vida. Ela humildemente confessou seu pecado, e sua oração foi tão preciosa que eu chorei diante de Deus com ela.

Eu me despedi, abraçando-a, e fui para casa com a mente mais leve. Naquela tarde, Deus deu um presente precioso a Sandra. Ela me ligou um pouco mais tarde, com entusiasmo em sua voz.

Fé apaixonada

"Jennie! Preciso contar duas coisas. Depois que oramos e que você partiu, fiquei inundada de paz e tranquilidade. Então o Raul chegou em casa. Ele me trouxe uma flor e disse que me amava. Ele nunca tinha feito isso, Jennie. Ele diz que me ama!"

"Eu acredito que Deus sussurrou no ouvido dele que você precisava ouvir isso agora mesmo, Sandra".

No outro dia, sua linda filha nasceu. Sandra ligou do hospital para ver se eu poderia aparecer lá. Eu e o Graydon fomos ao hospital juntos. O bebê era belíssimo. Sandra parecia exausta, mas radiante. Raul parecia cansado também e um pouco desconfiado. Antes de sairmos, Graydon perguntou se poderia orar pela pequena família. Sandra aceitou com seus olhos brilhantes, e nos reunimos ao redor da cama.

"Querido Pai, obrigado por esta família e pelo nascimento deste precioso bebê. Peço que ela venha a te conhecer como seu Senhor e Salvador o quanto antes. Por favor, una essa família, e atraia-os para o Senhor. No precioso nome de Jesus, amém".

Não há tempo para contar tudo que tem acontecido na vida de Sandra, mas quero contar algo mais. Ela e Raul se casaram naquele mês de setembro no jardim do nosso quintal, numa linda cerimônia. Eu segurei o bebê e Graydon fez a cerimônia. Sandra e eu organizamos posteriormente um grupo de estudo de livros cristãos, que se reunia na minha casa, e ela convidou suas amigas. Duas das mulheres que vieram não eram cristãs, e absorveram cada palavra proferida na reunião.

Desde então, Sandra deu a luz a outro bebê, desta vez um garoto. A vida não tem sido perfeita, mas ela ainda está amadurecendo e ansiando aprender o que a Bíblia tem a ensinar a ela pessoalmente. Quando eu a visito duas vezes ao mês, geralmente trago histórias bíblicas ou uma cópia do capítulo que estou trabalhando no momento para este livro. O tempo é precioso para nós duas. Eu a amo muito, mas Jesus a ama mais do que eu.

Oração apaixonada

Querido Pai celestial, não quero me satisfazer com apenas um vislumbre do Senhor, de vez em quando. Eu desesperadamente preciso de um relacionamento contigo. Confesso que sou pecadora e peço pelo Teu perdão. Por favor, entra na minha vida e faz-me nova. Eu te recebo na minha casa e nas minhas circunstâncias, bem como em meu coração. Obrigada por me amar do jeito que sou. Obrigada pelo dom da salvação! Ajuda-me a crescer para te conhecer melhor.

No nome de Jesus, amém.

Leitura das Escrituras: Lucas 19:1-10

Entrando em Jericó, atravessava Jesus a cidade. Eis que um homem, chamado Zaqueu, maioral dos publicanos e rico, procurava ver quem era Jesus, mas não podia, por causa da multidão, por ser ele de pequena estatura. Então, correndo adiante, subiu a um sicômoro a fim de vê-lo, porque por ali havia de passar.

Quando Jesus chegou àquele lugar, olhando para cima, disse-lhe: Zaqueu, desce depressa, pois me convém ficar hoje em tua casa. Ele desceu a toda a pressa e o recebeu com alegria.

Todos os que viram isto murmuravam, dizendo que ele se hospedara com homem pecador.

Entrementes, Zaqueu se levantou e disse ao Senhor: Senhor, resolvo dar aos pobres a metade dos meus bens; e, se nalguma coisa tenho defraudado alguém, restituo quatro vezes mais.

Fé apaixonada

Então, Jesus lhe disse: Hoje, houve salvação nesta casa, pois que também este é filho de Abraão. Porque o Filho do Homem veio buscar e salvar o perdido.

Nota final: Jesus encontrou Zaqueu no final de Sua jornada da Galileia para Jerusalém, onde seria crucificado. A história foi registrada em aproximadamente 60 d.C. por Lucas, médico e seguidor de Jesus Cristo.

notas

7
fé e amizade se encontram

Uma história sobre amizade persistente

Quando minha filha, Amber, estava no jardim de infância, morávamos num casa antiga, que se situava num terreno duplo na pequena cidade de Fremont, Michigan. Todas as primaveras, meu marido tinha prazer em cultivar flores e vegetais. Deve ter acontecido uma liquidação especial de tomates naquele fim de semana do feriado de Finados, porque ele veio para casa com uma cesta contendo 36 sementes de tomates e, não querendo desperdiçar nenhuma, plantou todas.

Aquele verão foi bem atarefado para nós. Meu marido estava concorrendo a uma posição de juiz que abrangia dois municípios. Tínhamos um bebê que ainda usava fraldas e uma criança de cinco anos. Todos os finais de semana, nós estávamos em desfiles, comparecendo a compromissos políticos e em campanha, até acharmos que iríamos desmaiar. O mês de agosto chegou, e com ele a colheita dos vegetais no nosso quintal (você tem ideia de quantos tomates 36 sementes podem produzir?). Estávamos com o jardim tomado pela fruta.

fé e amizade se encontram

Numa tarde quente e úmida, os Bivinses nos visitaram. Jenny Bivins era a melhor amiga de Amber, e as meninas foram brincar no andar de cima. Char Bivins e eu sentamos na varanda da frente, e nossos bebês brincavam no chão, ao nosso lado.

"Eu queria conhecer mais alguém que precisasse de tomates", suspirei. "Dei para todos que consegui pensar. Eu não tenho tempo para enlatar nem congelar tudo neste verão, e o pátio está cheio de tomates apodrecendo!"

"Vou enlatar para você", Char respondeu.

"Você deve estar brincando", repliquei. Char estava no fim da gestação do seu terceiro filho. Além disso, o tempo estava terrivelmente quente e úmido.

"Estou falando sério", ela disse. "Não é difícil."

"Espere um minuto, Char. Se você quiser aqueles tomates para *você*, pode ficar com todos eles. Vou colher para você, colocar no carro e emprestar meus potes de conserva por um ano inteiro. Não vou usá-los de maneira nenhuma este ano."

Então colhi várias caixas de tomates e carreguei no carro dela. Também utilizei quatro caixas com potes de conserva que estavam no porão.

Várias semanas se passaram. Um dia, depois de uma palestra, entrei na minha garagem. Uma caixa desgastada de aspecto familiar estava na espaçosa escada em frente à porta. *Parece que ela não precisava de todos aqueles potes*, pensei, e com um grau de culpa acrescentei, *ou talvez ela enlatou alguns daqueles tomates para mim.*

Eu trouxe aquela caixa pesada para dentro de casa, para então descobrir que não estava cheio de tomates. Havia alguns recipientes com tomates, mas também uma infinidade de produtos enlatados, potes de pêssegos, peras, ervilhas, picles, e até um de pimenta! Contudo, o que os tornou mais especiais foram as anotações de

Char. Bilhetes de papel de diversos tamanhos estavam coladas em cada pote, com versos bíblicos escritos à mão, partes de poesias e pequenas notas de encorajamento.

Eu liguei para ela.

"Obrigada, Char. Você fez um presente prático tão especial. Eu te amo por tudo isso".

Apenas algumas semanas depois, recebemos a notícia de que os Bivinses estavam sendo transferidos para outra cidade. Nunca vou me esquecer da primeira noite depois que fiquei sabendo da notícia e coloquei a Amber na cama. Cruzando suas mãos firmemente, Amber orou: "Querido Deus, por favor, esteja com a minha amiga Jenny quando ela for para sua nova turma da pré-escola e eu não estiver lá. Por favor, ajude a Jenny a não ficar sozinha nem com medo. E, por favor, Senhor, esteja comigo quando eu for para a minha escolinha e a Jenny não estiver lá. Só sei que vou chorar muito — eu acho... começarei... agoraaaaaa!".

E juntas choramos porque nossos amigos, os Bivinses, que estavam indo embora.

Char, aquela jovem mãe, nunca soube de cada um dos dias que ministrou na minha vida quando eu pegava um vidro qualquer de compota de frutas ou legumes para melhorar uma refeição e pensava em sua oferta de amor que eu colocava diante da minha família. Dias corridos. Dias frustrantes. Dias comuns. Suas palavras simples de encorajamento naqueles potes levantavam meu astral e tocavam meu coração.

Amizade. Uma definição justa de intimidade entre indivíduos que se apoiam mutuamente em respeito, bondade e ajuda. Amizade cristã tem outra dimensão, que a torna ainda mais significativa. É a intimidade que se apoia em respeito, bondade e ajuda mútua, embasada no exemplo de Jesus. Essa amizade é alicerçada pela Sua presença e enriquecida pela Sua essência.

Há uma história extraordinária sobre amizade vividamente registrada no livro de Marcos 2:1-12. Você me acompanha nas páginas dessa história?

A história do homem paralítico

O homem estava deitado de barriga para cima, olhando para o teto. Ele conhecia cada linha e irregularidade nas vigas acima dele, porque aquele era seu lugar na casa. E como o odiava.

Uma mosca sobrevoava sua cabeça, pousando por um momento na viga diretamente acima dele. Andou vários centímetros, e então voou, só para voltar e pousar na sobrancelha do homem. Irritado, ele suspirou e, estendendo seu lábio inferior, tentou soprar o ar para cima, para se livrar da praga. O inseto persistente aventurou-se para perto de seu olho. O homem fechou suas pálpebras com força e soprou novamente, esforçando-se para fazer a mosca ir embora. Ela voou novamente, circulando o quarto como se o estivesse provocando.

Veio então o sentimento de raiva, e ele riu amargamente. De repente, aquele aleijado se via furioso com uma mosca. *Não*, ele pensou. *Não é uma mosca, é a vida.* Era a frustração com sua aparente insignificância existencial, com a incapacidade de fazer algo simples para si mesmo. E onde estava sua enfermeira, afinal de contas? No jantar, ela o encostava num apoio, alimentava-o da mesma maneira que alimentaria um bebê, convencia-o a comer mais um pouco, e o limpava depois. Quanto mais ele dependia daquela assistência, mais detestava necessitá-la.

Sou um paralítico. Sou bom em quê? Como batente de porta? Como um mendigo? Claro, só me deixem mendigar, ele pensou sarcasticamente. Sua triste imaginação foi interrompida por uma batida na porta, e dentro de segundos, quatro homens correram para dentro do aposento onde ele estava descansando. Eles eram amigos de longa data, e seu semblante, que parecia carrancudo, animou-se consideravelmente. As boas-vindas que o homem deu aos amigos eram uma ínfima parte de seu sarcasmo anterior.

"E aí, caras! Todos vocês aqui de uma só vez e sem fôlego? Onde está o fogo?"

O amigo mais perto dele pegou duas varas encostadas no canto da parede.

"Jesus veio! Ele está ensinando numa casa perto de Cafarnaum", anunciou num tom de urgência. Ele entregou uma das varas para o outro companheiro e então se ajoelhou para empurrar a vara que segurava pela abertura de um dos lados do leito do amigo aleijado.

"Ele fez cegos verem e um coxo andar novamente!", exclamou o outro homem, fazendo o mesmo com a outra vara do outro lado do leito.

O primeiro companheiro falou outra vez: "Ok, pessoal, todos pegaram um canto? Um, dois, três, ergam! Estamos levando-o para Jesus, companheiro, porque acreditamos que Jesus pode curá-lo. Ele faz milagres e transforma vidas. Ele pode mudar a sua". O homem parou, e então os quatro ficaram esperando silenciosamente, com seu amigo suspenso na maca. "Você está preparado?"

O paralítico olhou de um rosto ansioso para o outro, e um sentimento que não tinha há muito tempo floresceu dentro dele. Esperança! A intensidade da fé daquelas pessoas de que Jesus poderia curá-lo era contagiante, e seu semblante mudou, com um sorriso ansioso.

"Se vocês estão prontos, eu também estou!"

Uma vez que os amigos o carregaram para fora da porta, foram o mais rápido que sua carga permitia. Com o coração batendo rapidamente em seu corpo frágil, o paralítico impelido inconscientemente agarrou-se nos galhos de árvore que pendiam para a rua. Ele manteve seus olhos semiabertos contra os raios de sol que atravessavam por entre as folhas frondosas. Seu coração acelerou mais do que os pés dos que o carregavam. Ele já tinha ouvido falar de Jesus — das vidas que havia transformado. Seria possível que Cristo prestasse atenção nele?

"Estamos quase lá, amigo. É virando a próxima esquina. Você vai ficar bom novamente!"

Virando a esquina, o pequeno grupo fez uma parada.

"Inacreditável! Olhe para todas aquelas pessoas!", disse um deles.

"O lugar está tão lotado que as pessoas estão de pé na porta e nas janelas", completou o outro.

Eles ficaram imóveis por um momento, segurando o leito. Então, o paralítico disse, conformado: "Chegamos tarde demais, pessoal. Depois de todo o esforço de vocês em me trazer até aqui, chegamos tarde demais. Desculpem-me por tê-los feito perder tempo."

"Espere!" disse um dos quatro. "Certamente as pessoas vão nos deixar entrar. Vamos tentar."

Eles carregaram o homem até a porta. "Com licença senhores. É este o local onde Jesus está ensinando? Com licença!"

Um homem acenou com a cabeça impacientemente e logo voltou sua atenção para dentro. Outro mal os olhou, e ninguém se mexeu um centímetro para deixá-los passar. Mas ao invés de voltarem, colocaram seu amigo no chão e sentaram por um instante, tanto para descansar como para pensar no que fazer a seguir.

"Não podemos desistir", um deles insistiu.

"Podemos descobrir em que lugar da casa Jesus está?" indagou outro.

O mais alto do grupo ficou na ponta dos pés. "Deixe-me ver". Ele se dirigiu para uma janela aberta onde as pessoas estavam se empurrando contra a soleira do lado de fora. Em pé, atrás deles, olhou para o interior escuro, tentando enxergar por entre as cabeças da multidão. Enfim, localizou o lugar onde Jesus estava.

"Eu o avistei!"

"Bom", disse o líder do grupo, com um sorriso. Seus olhos brilharam. "Estão vendo aquela escada externa? Vocês acham que conseguimos subi-la com o nosso amigo até o telhado?"

Todos voltaram a atenção para a escada estreita que levava do térreo até o telhado plano, e calcularam visualmente a distância. Então, com sorrisos estampados em seus rostos, eles assentiram.

"Ok. Aquele que ficar na frente vai ter de caminhar à frente do leito e segurá-lo por trás. Mantenha-o o mais baixo possível. Os mais altos devem ficar embaixo, atrás do leito, levantando-o suficientemente para tentar mantê-lo no nível. Prontos? Um, dois, três, ergam!"

Se o paralítico pensava que o passeio até aquela altura tinha sido uma aventura, ele não havia experimentado nada ainda. Segurou sua respiração conforme seu corpo deslizava no leito e o ângulo ficava mais acentuado. Sim, a situação era precária, mas ele não conseguiu deixar de sorrir vendo seus amigos fortes e impulsivos, desajeitadamente, carregando-o pela escada estreita.

Uma vez que estavam no topo, deitaram o paralítico no telhado plano, próximo a alguns jarros de barro.

"Ok. Onde você acredita ter visto Jesus?"

O integrante mais alto do grupo estudou a área e caminhou num ponto não muito distante de onde eles permaneciam em pé. "Mais ou menos aqui, eu diria."

"Tudo bem. Há largura suficiente entre as vigas. Vamos remover as telhas entre estes dois primeiro e, em seguida, fazer uma abertura grande o suficiente. Vamos!"

Quando Jesus retornou a Cafarnaum, a notícia de que ele estava na cidade se espalhou rapidamente. As pessoas, que vieram de perto e de longe, se concentraram na casa onde o Mestre estava falando. O público para o qual Jesus estava ensinando naquele dia era formidável, com fariseus e mestres da lei, que vinham de todas as partes da Galileia, Judeia e Jerusalém.

fé e amizade se encontram

Estava quente na sala com tantas pessoas aglomeradas daquela forma, e a ventilação estava limitada porque elas bloqueavam as entradas e janelas. Mas apesar do abafo, a multidão escutava atentamente o que Jesus dizia. Era um pouco irritante para alguns quando parecia ter desordem lá fora; mas, por incrível que pareça, até quando uma agitação começou bem acima de suas cabeças, ninguém se moveu para averiguar o que estava acontecendo. Nem o proprietário. Jesus continuava a ensinar.

Primeiro ouviu-se o barulho de telhas sendo raspadas. Em seguida, o som de alguém arranhando e cavando. Pouco tempo depois, um pequeno buraco apareceu no teto, e partículas de sujeira e poeira caíram nos hóspedes conforme o forro do teto ia sendo destruído. Muitos começaram a tossir à medida que inalavam a poeira. Outros cobriram seus olhos enquanto tentavam descobrir o motivo da agitação.

Jesus parou de falar e olhou para a multidão. A maioria dos olhares estavam fixos no caso bizarro que acontecia logo acima de suas cabeças. Poucos estavam olhando para Jesus — especulando como Ele lidaria com a interrupção grosseira.

A abertura no teto agora estava grande. O brilho do sol iluminou a sala, mostrando partículas de poeira que ainda pairavam no ar. Por alguns instantes, a claridade foi bloqueada pelo leito de alguém sendo abaixado pela abertura. A maca estava suspensa pelos quatro cantos, e as pessoas na sala abaixo estenderam seus braços para fazê-lo descer com mais estabilidade. Assim que o paralítico foi rebaixado até o chão, a mesma plateia que antes não se movia para deixar mais ninguém entrar abriu espaço para o desamparado ocupante do leito, que foi levado aos pés de Jesus.

Enquanto todos, boquiabertos, observavam o paralítico, Jesus olhou para os quatro amigos que seguravam a borda da abertura bruta com dedos sujos e esfolados em carne viva. Suas cabeças estavam contornadas pela luz do sol atrás deles. Cabelos despenteados estavam colados nas suas testas, e seus rostos brilhavam com o suor. Mas Jesus viu muito mais do que indícios externos de sua determinação e cansaço. Seus olhos estavam fitados nele, e aqueles mesmo rostos sujos irradiavam uma ansiosa expectativa — sua fé profunda.

Aos pés de Jesus estava outro homem. Indiferente aos que ocupavam a sala e o fitavam com curiosidade mórbida ou pena de seus músculos atrofiados e impotência física, o paralítico se concentrava em Jesus. E quando Jesus olhou para ele, viu muito mais do que a deficiência física. Ele viu a amargura e a grande carência do coração do paralítico. E o amou do jeito que ele era.

"Filho", disse Jesus carinhosamente, como se fossem parentes, "seus pecados estão perdoados."

Em toda a emoção inesperada do dia, havia partes que foram um tanto intimidantes para um paralítico. Tinha sido uma aventura e até divertido ser transportado em alta velocidade pelas ruas até Jesus por seus amigos impulsivos, mesmo que um pouco precário, para os quatro homens manejarem a maca das escadas para o telhado. Ele mal podia crer quando começaram a arrancar a superfície, e quando finalmente o abaixaram pela abertura. Seu coração estava disparando. Conseguia ouvir a reação de espanto das pessoas na sala e foi tentado por um momento a usar a velha atitude defensiva que sempre usava quando sabia que as pessoas estavam encarando ou sussurrando a seu respeito. Mas então viu Jesus. E ninguém mais importava.

Quando o Filho de Deus olhou para ele, o homem sentiu que Jesus conseguia enxergar sua alma. Vergonha tomou conta dele por um momento conforme se desfazia de sua autocomiseração e via seu coração pecaminoso com surpreendente nitidez. Mas ao mesmo tempo, havia tanta esperança nesse mesmo coração em conhecer aquele homem, Jesus, que de algum modo já parecia conhecê-lo.

O Mestre olhou-o nos olhos e disse: "filho, teus pecados estão perdoados".

Perdoados! O homem sentiu uma alegria preenchendo-o com paz e felicidade que nunca tinha experimentado. Plenitude. Ele se sentia pleno, e não tinha nada a ver com sua condição física. Estava tão emocionado com o que havia acontecido que demorou um tempo para notar o estranho silêncio que invadiu a sala.

Jesus olhou para o precioso cristão que tinha acabado de ser curado espiritualmente. Os fariseus e mestres da lei estavam em silêncio, mas suas mentes estavam repletas de flagrantes críticas. *Ele está blasfemando! Quem consegue perdoar pecados, senão Deus?*

Sabendo exatamente o que estavam pensando, Jesus os surpreendeu, colocando em palavras os pensamentos deles e perguntando: "... Por que arrazoais sobre estas coisas em vosso coração? Qual é mais fácil? Dizer ao paralítico: estão perdoados os teus pecados, ou dizer: levanta-te, toma teu leito e anda? Ora, para que saibais que o Filho do Homem tem sobre a terra autoridade para perdoar pecados..."

Jesus virou-se para o paralítico e deu uma instrução de nove simples palavras.

"Levanta-te, toma o teu leito e vai para tua casa".

O choque sacudiu o homem, mas ele não hesitou, e imediatamente pôs-se em pé num salto. Ninguém o ajudou. Nenhum terapeuta foi necessário para reabilitar seus músculos fracos. Ele não estava apenas bem, estava mais forte; não apenas em pé, mas ágil. Com a enorme multidão embasbacada, olhando fixamente para ele em assombro, abaixou-se, enrolou seu colchão, ergueu-o nos ombros, lançou um sorriso brilhante para Jesus e correu para fora da porta, gritando: "louvado seja Deus! Louvem o Senhor Deus! Ele me *restaurou*!"

Os mestres da lei e os fariseus que estavam dentro da casa ficaram impressionados, e eles mesmos começaram a louvar a Deus, declarando: "nunca vimos coisa semelhante!"

E lá fora? Quatro amigos no telhado estavam festejando e abraçando uns aos outros, com lágrimas de alegria escorrendo nos rostos sujos. Em seguida, correram escada abaixo em alta velocidade para abraçar o amigo.

Aprofundando

Conforme eu estudava esta história fascinante, percebi que há vários elementos importantes.

Fé e determinação produzem efeitos. Os amigos do paralítico realmente tinham fé de que Jesus poderia curar seu amigo, e estavam determinados a levá-lo até Cristo. A própria deficiência do paralítico poderia ter sido uma grande barreira para impedi-los, no entanto, apesar disso eles trabalharam juntos para trazê-lo até Jesus.

Questionava-se se eram jovens, e não consigo deixar de imaginar que não o fossem. Eram tão impulsivos! Quando chegaram à casa e ninguém lhes deu o espaço que precisavam (e com certeza não havia uma vaga de estacionamento disponível para deficientes), não deveriam ter esperado até que a reunião acabasse e encontrado Jesus na saída? Mas em vez de esperarem pacientemente, discutiram sobre o que fazer e tiveram a ideia de transportar o amigo para o telhado. Estudei sobre a cultura nos tempos bíblicos e aprendi que muitas casas tinham telhados planos com escadas ao longo da parte externa, geralmente estreitas e algumas vezes bem inclinadas.

Bem, se foi trabalhoso tentar fazê-lo chegar até o telhado, imagine como foi extraordinária a ação seguinte deles. Eles começaram por destruir uma propriedade privada! O relato de Lucas sobre essa história revela que tiveram de remover telhas antes que pudessem começar a cavar para abrir um buraco (Lucas 5:19). Não é impressionante o fato de ninguém tê-los impedido? Quando pequenos pedaços de pedra começaram a cair nas pessoas embaixo, por que o proprietário não correu para fora e berrou "parem com isto ou chamarei a polícia!" Ao menos poderia ter berrado "parem de quebrar o lugar e vamos deixá-lo entrar!" Por que aquela atitude ultrajante de vandalismo foi permitida?

Jesus estava no controle da situação. Nas duas versões da história, encontradas nos livros de Marcos e Lucas, está registrado que Jesus conhecia o pensamento dos céticos que estavam naquela sala. O relato de Lucas descreve o público como educadores notáveis (mestres da lei) e fariseus que tinham vindo de todas as vilas da Galileia e de lugares tão distantes quanto a Judeia e Jerusalém.

Por que alguém não parou os vândalos no telhado? Porque Jesus sabia exatamente o que estava acontecendo. Ele manteve o público em seu lugar enquanto a grande abertura estava sendo feita logo acima de suas cabeças (o que deve ter levado algum tempo). Jesus tinha uma lição memorável para ensinar a todos os presentes, desde o paralítico até seus amigos e os incrédulos na multidão.

O tempo de Jesus era inesperado e enfatizava Suas prioridades. Ele não curou imediatamente o homem paralítico. A multidão deve ter segurado a respiração para ver o que aconteceria depois que o homem fosse posto no chão, imaginando o quanto ficaria bom o "show". Claro que não sabemos qual a extensão da paralisia do homem. As Escrituras não informam, mas porque ele ficou deitado e de costas até o fim da história, e por causa da admiração do povo quando Jesus finalmente o curou, presumo que ele era visivelmente deficiente. Jesus tinha feito outros milagres, mas os que estavam lá afirmaram que tinham se surpreendido por nunca terem visto nada igual.

De que maneira esta história se aplica a sua vida?

Não desista de seus amigos. O paralítico tinha uma enorme bênção em sua vida: quatro amigos que se importavam verdadeiramente com ele, e mais do que isso, *acreditavam*. A Bíblia diz que Jesus viu a fé deles (Marcos 2:5). Que exemplo incrível para aqueles dentre nós que sentimos que estamos diante de um grande muro de pedra em nossos esforços em apresentar um amigo ou parente a Jesus. Precisamos *crer* que Deus mudará suas vidas, e devemos estar dispostas a nos mobilizar para apresentar estas pessoas ao Salvador.

Jesus reconhece nossas necessidades. Jesus curou o paralítico espiritualmente. Quando Ele olhou para o homem aos Seus pés, não viu apenas a incapacidade exterior, que era bastante evidente para a multidão. Ele viu a necessidade dele por plenitude espiritual, como algo mais importante do que as necessidades por cura física. Se Jesus podia ler a mente dos céticos naquela sala, imagino que Ele podia entender o grito da alma do paralítico (e o nosso!), também.

No livro de 1 Samuel 16:7 podemos ler: "...O homem vê o exterior, porém o Senhor, o coração".

Jesus mostra o Seu poder em nossas vidas. Jesus finalizou dramaticamente a Sua lição para o dia ao curar o homem fisicamente. Sem abracadabra. Nenhum teatro. A Bíblia nem mesmo diz que Jesus o tocou. Cristo simplesmente o instruiu a pegar seu leito e ir para casa. E o homem, que foi feito completo, milagrosamente, tanto espiritual quanto fisicamente, saiu caminhando e louvando a Deus. Assim, deixou as pessoas chocadas, como testemunhas do poder de Jesus, o Filho de Deus. O Senhor pode demonstrar esse poder na sua vida e na vida de seus amigos também.

A fé e a determinação dos quatro amigos fizeram toda a diferença ao apresentar o paralítico a Jesus Cristo. Você apresentou alguém a Ele recentemente? Você está disposta a superar os obstáculos para apresentar alguma amiga ou amigo a Jesus?

Eu gostava muito da minha vizinha Sara. Ela era tudo o que uma boa vizinha poderia ser. Trouxe biscoitos quando nos mudamos para o outro lado da rua; se ofereceu para cuidar da minha filhinha, e me ajudou a montar um jantar comunitário à moda americana para que os outros se sentissem bem-vindos ao nosso bairro. Sara era uma pessoa legal, parte de uma família maravilhosa, e ia à igreja todos os domingos. Entretanto, à medida que eu a conhecia, não tinha certeza se ela conhecia o Senhor Jesus, pessoalmente.

Então comecei a orar pela minha amiga todos os dias, e a convidei para ir comigo ao clube de mulheres cristãs, sabendo que ela apreciaria o almoço e o palestrante. Eu esperava que ela viesse a compreender que era possível ter um relacionamento pessoal com Deus se convidasse o Seu Filho, Jesus Cristo, para ser Senhor de sua vida. Ela recusou. Eu a convidei inúmeras vezes. Por 13 meses consecutivos, ela disse "não, obrigada".

Então minha amiga Débora me telefonou e disse: "Jennie, acho que deveríamos ter um grupo de estudo bíblico para mães jovens, e em sua casa. Você ensina e eu convido as pessoas."

Eu ri, e a respondi dizendo: "parece mais trabalho para mim do que seria para você, mas digo uma coisa. Tenho orado pela minha vizinha há um ano. Vou chamá-la, e se ela disser que sim, vou fazer."

Aproximei-me da Sara sem confiança alguma. Afinal de contas, ela era veterana em recusar os meus convites. "Sara, você se interessaria em vir até minha casa para um grupo de estudo bíblico para mães jovens?"

Para minha surpresa, ela disse que gostaria muito de ir.

Combinamos de usar o berçário de uma igreja que ficava na descida da rua da minha casa, e contratamos uma babá para cuidar de nossas crianças. As mulheres vieram, e nosso tempo juntas estudando a Palavra de Deus foi maravilhoso. Sara parecia estar gostando muito, mas quando qualquer pessoa compartilhava sua história de como aceitou a Jesus Cristo, ela silenciava.

Certa tarde, enquanto eu orava ajoelhada, com meus cotovelos no banco do sofá da sala de estar, e a casa em silêncio, me ocorreu que era chegada a hora de falar sobre Cristo a minha vizinha.

Mas, eu estava com receio, pois tínhamos uma amizade tão legal e confortável. E se eu a ofendesse? Orei por coragem e sabedoria para saber o que lhe dizer, em seguida levantei-me e atravessei a rua.

Ela me convidou para entrar, mas eu estava tão nervosa que perdi 20 minutos falando sobre banalidades. Finalmente, falei, atrapalhada. "Sara, eu gosto muito de você como vizinha."

Ela sorriu e respondeu: "Bem, eu também gosto de você, Jennie."

Eu suspirei e assenti. "Sara, preciso fazer uma pergunta pessoal. Você se ofenderia?"

Ela levantou ambas as mãos no ar de palma para cima e sorriu novamente. "Pergunte-me o que você quiser!"

Lá vou eu, pensei.

"Sara, você tem vindo ao nosso estudo bíblico por mais de seis semanas já, e você parece gostar muito. Correto?"

Ela concordou.

"Bem, algumas de nós compartilhamos nossa história de como abrimos o coração e a vida para Jesus Cristo, mas você nunca disse nada. Você o conhece? Você já o convidou para entrar em sua vida?"

Eu pensei que a Sara diria que sim. Eu quero dizer, ela era uma pessoa tão adorável e fiel frequentadora de igreja. Mas ela lentamente balançou sua cabeça, e lágrimas começaram a correr em seu rosto.

"Tenho ido à igreja a minha vida inteira, Jennie, e eu nunca entendi o por quê. Quando meus filhos nasceram, simplesmente pensei que seria bom, um ambiente saudável para eles. Então continuei a ir. Nunca convidei Deus para entrar em minha vida."

Meu coração estava explodindo, mas eu estava tão comovida com sua confissão e evidente necessidade que as palavras simplesmente vieram. "Sara, Ele te ama tanto. Deus mandou Seu Filho, Jesus, ao mundo para nascer. Ele viveu uma vida sem pecado, mas escolheu morrer na cruz para pagar pelos meus pecados e pelos seus. Ele ressuscitou dos mortos e ascendeu para o céu. Ele está lá, preparando um lugar para nós passarmos a eternidade juntos, mas Ele quer fazer muito mais."

Respirando fundo, continuei: "É simples, Sara. Se nós, pela fé, acreditarmos e o convidarmos para entrar em nossas vidas, Seu Espírito vem e habita em de nós. Não estaremos com Ele somente na eternidade, mas, neste momento, temos acesso ao Seu descanso, alegria, sabedoria e consolo diário. Podemos ter um relacionamento pessoal com Deus porque Ele se torna nosso Pai celestial. É um presente incrível e precioso, Sara. Você gostaria de convidá-lo para entrar em sua vida e conhecê-lo pessoalmente também?"

Seus olhos cheios de lágrimas procuraram os meus por um momento, e ela balançou a cabeça afirmativamente.

Meu coração parecia estar explodindo. "Sara, você pode apenas falar com Deus e dizer-lhe que necessita de Sua presença. Só é preciso que você lhe confesse que é pecadora, que creia em seu coração que Jesus morreu para pagar por esses seus pecados, e que o convide para entrar em sua vida. Se você quiser, posso orar primeiro. Você gostaria que eu fizesse isso?"

Fé apaixonada

Ela assentiu novamente, limpando com suas mãos uma lágrima em seu rosto. Dessa maneira, duas jovens mães numa sala de estar curvaram seus corações diante de Deus. Eu fiz uma oração simples, e Sara repetiu cada frase depois de mim.

"Querido Deus, eu preciso de ti. Confesso que sou pecadora. Tenho feito coisas erradas, mas acredito que o Senhor me ama e enviou o Teu Filho, Jesus, para pagar por meus pecados. Por favor, perdoa-me pelo meu passado e faz-me nova por dentro. Obrigada por este milagre que o Senhor está iniciando em minha vida. Ajuda-me a conhecer-te melhor a cada dia."

Assim que terminei a oração e Sara repetiu a última frase, pensei que ela também tivesse terminado. Mas não; ela acrescentou mais uma linha a oração, falando duas vezes. "Oh Deus, eu precisava de ti há tanto tempo. Eu precisava de ti há tanto tempo."

Oração apaixonada

Querido Pai celestial, obrigada por se importar mais com a condição do meu coração do que com a minha aparência exterior. Obrigada pela paz e alegria que sinto mediante a fé no Seu Filho, Jesus Cristo.

Tenho pensado sobre as pessoas que me apresentaram a Jesus. Obrigada pela persistência e testemunho fiel delas sobre o que é um relacionamento contigo. Elas não desistiram quando dei desculpas ou fingi estar desinteressada. Obrigada por usá-las para me atrair a Tua presença.

Ajuda-me a reconhecer as necessidades espirituais dos meus próprios amigos. Quero apresentá-los a ti também. Por favor, dá-me a coragem e determinação necessárias para conduzi-los a um relacionamento transformador com o Senhor.
No nome precioso de Jesus. Amém.

fé e amizade se encontram

Leitura das Escrituras: Marcos 2:1-12.

Dias depois, entrou Jesus de novo em Cafarnaum, e logo correu que ele estava em casa. Muitos afluíram para ali, tantos que nem mesmo junto à porta eles achavam lugar; e anunciava-lhes a palavra. Alguns foram ter com ele, conduzindo um paralítico, levado por quatro homens. E, não podendo aproximar-se dele, por causa da multidão, descobriram o eirado no ponto correspondente ao em que ele estava e, fazendo uma abertura, baixaram o leito em que jazia o doente. Vendo-lhes a fé, Jesus disse ao paralítico: Filho, os teus pecados estão perdoados.

Mas alguns dos escribas estavam assentados ali e arrazoavam em seu coração: Por que fala ele deste modo? Isto é blasfêmia! Quem pode perdoar pecados, senão um, que é Deus?

E Jesus, percebendo logo por seu espírito que eles assim arrazoavam, disse-lhes: Por que arrazoais sobre estas coisas em vosso coração? Qual é mais fácil? Dizer ao paralítico: Estão perdoados os teus pecados, ou dizer: Levanta-te, toma o teu leito e anda? Ora, para que saibais que o Filho do Homem tem sobre a terra autoridade para perdoar pecados — disse ao paralítico: Eu te mando: Levanta-te, toma o teu leito e vai para tua casa. Então, ele se levantou e, no mesmo instante, tomando o leito, retirou-se à vista de todos, a ponto de se admirarem todos e darem glória a Deus, dizendo: Jamais vimos coisa assim!

Nota final: A história do paralítico foi registrada por Marcos, num período entre 57 e 63 d.C., assim como por Mateus e Lucas. O relato de Mateus é encontrado no livro de Mateus 9:1-8, e o de Lucas, no livro de Lucas 5:17-26. Leia todas as três passagens para maior conhecimento. Esta cura miraculosa ocorreu no início do ministério público de Jesus, pouco depois que Ele escolheu Seus 12 apóstolos.

8

adivinhe quem vem para o jantar

Uma história sobre escolhas

Era um lindo dia de verão, e o novo pastor de uma pequena igreja no centro-oeste estava ligando para os idosos de sua congregação. Dentre eles, muitos eram viúvos, e era comovente o prazer ver o prazer que sentiam ao receberem a visita do novo pastor. Depois de fazer várias ligações, o pastor descobriu no lista de contatos dos membros da igreja que havia mais uma senhora que vivia naquela região, a qual ele poderia contatar. O recém-chegado telefonou antes para marcar encontros com todos, mas sentiu que não teria problema, só daquela vez, ir a uma casa sem avisar.

À medida que se aproximava da casa da idosa, notou que a cortina da janela da frente se mexeu um pouco e concluiu que a dona notou sua chegada. Entretanto, quando tocou a campainha, ninguém atendeu. Tocou-a mais uma vez e bateu na porta, tudo em vão. Por isso, tirando do bolso seu novo cartão de visita, escreveu no verso: "Eis que estou à porta e bato. Se alguém ouvir a minha voz e abrir a porta, entrarei e cearei com ele, e ele, comigo" (Apocalipse 3:20).

Ele colocou o cartão no vão da porta, voltou para o seu carro e foi para casa.

No domingo seguinte, o pastor estava na parte de trás da igreja, cumprimentando os fiéis após o culto. Muitos dos idosos aos quais havia ligado na semana anterior pararam para expressar sua gratidão pela visita. Uma senhora idosa com pele enrugada, cabelo branco como a neve e um brilho no olhar se dirigiu a ele com a ajuda de uma bengala de marfim. O rosto da senhora não era familiar.

"Olá pastor. Sou Myrtle Samuelson."

Apoiando seu peso sobre a bengala com a mão esquerda, ela estendeu sua mão direita de veias azuis e entregou a ele um pequeno cartão. "Obrigada por aparecer lá", ela disse e seguiu em frente.

Sua atenção foi logo exigida pela próxima pessoa na fila, então ele colocou o cartão no bolso. Quando chegou em casa, pegou o papel e viu apenas uma referência: Gênesis 3:10. Quando procurou o versículo, ele riu ao ler: "...Ouvi a tua voz no jardim, e, porque estava nu, tive medo, e me escondi."[1]

Você já desejou estar mais preparado para recepcionar uma visita inesperada? Eu já, e encontrei uma história intrigante sobre alguém que deve ter sentido o mesmo.

Há uma história na Bíblia sobre uma mulher chamada Marta, que abriu seu lar para Jesus. Sua casa em Betânia era um lugar onde os cristãos geralmente se reuniam, e ela vivia com sua irmã Maria e seu irmão Lázaro. Jesus, com seus 30 e poucos anos e no ministério, era um amigo próximo da família.

No livro de Lucas 10:38-42, há um história registrada sobre uma das visitas de Jesus até esta casa. É o retrato de um momento intenso e emocionante na vida de Marta, amiga de Jesus e anfitriã.

Fé apaixonada

A história de Marta

Aquele dia havia começado como outro qualquer. Levantando no alvorecer, Marta tinha preparado uma refeição simples de coalhada e pão para ela e a família. Depois de limpar a mesa, Marta e Maria colocaram nos ombros grandes jarras de barro e foram para o poço da vila pegar água. Elas foram calorosamente cumprimentadas por grande parte das outras mulheres no poço. Maria permaneceu um pouco mais para aproveitar a conversa, enquanto Marta acenou um adeus simpático e dirigiu-se para casa.

A vila de Betânia havia sido construída na encosta sudoeste do Monte das Oliveiras, pouco mais de 3 km do leste de Jerusalém, e a casa de Marta era uma das mais proeminentes[2]. À medida que ela se aproximava de seu lar, apreciava-o. Ela era grata por ser abençoada com uma casa própria e condição financeira suficiente para ser generosa, apesar da vida nem sempre ter sido fácil.

Uma vez dentro da casa, recolheu a farinha de trigo, moída no dia anterior na mó, instruindo um servo a auxiliá-la, pegando ramos e capim para acender os fornos e fazendo o pão diário da família. Ela misturou água com farinha e então pegou um pouco da massa com fermento do dia anterior, amassando todos os ingredientes. Conforme trabalhava com a massa, parando de vez em quando para raspar o conteúdo pegajoso dentre os dedos, seus pensamentos estavam em Jesus.

Falava-se que houve uma recente tentativa de matá-lo. Marta suspirou e socou a massa. Ela não conseguia entender porque os líderes religiosos o odiavam tanto. Ele alimentou os famintos e curou os enfermos. Multidões o seguiam em todos os lugares. Ele só havia feito o bem, mostrando compaixão a todos e até mesmo ensinando a amar os inimigos. Talvez o mais comovente de tudo, para ela, era o fato de Ele ser um rabino tanto para mulheres e homens. Ele tratava as mulheres com respeito, e isso quebrava a tradição. Homens judeus eram ensinados a nem sequer falar com uma mulher em público. Jesus, porém, não só falou com mulheres como também as curou e se tornou amigo delas. Ele transformou suas vidas.

Cobrindo a massa com um pano e deixando de lado para que crescesse, Marta lavou as mãos, ainda pensando em Jesus. Desde que Ele curou Simão, o leproso de Betânia, Sua popularidade entre as pessoas da vila havia expandido. Ela se agradava pelo fato de as pessoas da comunidade saberem que Ele e seus discípulos foram à casa dela para descanso e refrigério quando estavam na região. A amizade dele era preciosa para Marta, que se sentia honrada em ser uma pequena parte de Seu ministério de forma prática. Ela riu por um momento, admitindo para si mesma que não era *pouco* ter a visita de Jesus e de sua comitiva! Treze homens famintos e 26 pés a mais para lavar não era um trabalho simples, mas ela sabia que, sem sombra de dúvida, Jesus valorizava seu esforço, e ela havia se tornado conhecida como anfitriã.

Conforme o tempo passava, o dia de Marta era preenchido com atividades produtivas. Enquanto Maria trabalhava num tecido fino, Marta sovava a massa de pão em grandes discos achatados para assar nos fornos. Ela foi cuidadosa quando separou parte da massa crua para fermentar no dia seguinte. Então, mandou seu servo varrer a calçada de pedra no pátio, moer cevada para o pão do dia seguinte e cuidar do pão que estava assando enquanto ela ia ao mercado.

Marta comprou uma pequena lamparina de um vendedor e seguiu para comprar mel e figos de outro. Quase terminando suas compras, ela parou para olhar uma cesta de romãs maduras, escolhendo três para levar consigo. Nesse momento, ela notou um pequeno grupo de fariseus de pé, ao lado da estrada, numa calorosa discussão. Marta se perguntou se não estavam apontando para ela. Uma sensação de desconforto tomou conta daquela serva de Cristo, mas ela ergueu a cabeça e se foi. Não era crime ser amiga de Jesus, e ela iria satisfazê-los se mostrasse estar amedrontada. Contudo, apressou-se em ir embora para casa.

Mais tarde naquele dia, com suas tarefas feitas, Marta trabalhou com Maria no remendo do tecido. Maria, a mais quieta das duas, ouvia Marta contar sobre o incidente no mercado.

"Eu queria que Jesus não tivesse que sofrer", respondeu Maria, suavemente. Olhando a irmã, continuou. "Isso é inevitável, você sabe".

Não entendendo o que Maria queria dizer, Marta continuou, "aqueles homens me deixaram tão incomodada! Não sei no que este mundo vai dar."

Os discípulos de Jesus eram muitos. Havia dois pares de irmãos: Pedro e André, que eram pescadores da Galileia; Tiago e João, filhos de Zebedeu, vindos de Cafarnaum; Tomé e Tiago, filhos de Alfeu; Felipe, de Betsaida; e Bartolomeu, de Caná da Galileia. Mateus fora publicano em Cafarnaum antes de se juntar ao grupo. Simão, o cananeu, fora um revolucionário judeu que se opunha a Roma. Havia Judas Iscariotes, que era um tesoureiro do grupo. E por fim, o bondoso Tadeu. Viajar com Jesus de cidade em cidade enquanto Ele ensinava as multidões e curava os doentes foi um chamado inesperado que eles tinham apaixonadamente correspondido. Não era uma vocação fácil seguir Jesus Cristo. Os discípulos deixaram seus empregos, casa e famílias para atender a esse chamado.

E o tempo era cada vez mais hostil com os líderes religiosos reprimindo-os. O rei Herodes sentenciou João à morte, o que entristeceu a todos. Mas a fama de Jesus estava se expandindo rapidamente. Pouco tempo antes, Ele impressionara tanto Seus discípulos quanto a multidão de pessoas com fome que ouviam Seu ensino. Havia cinco mil homens, além de mulheres e crianças, que estavam reunidos em um só lugar. Jesus tinha alimentado a todos, usando apenas o lanche de um menino. Foi admirável! Além deste milagre, foi dado poder aos discípulos para curar doentes e expelir demônios dos atormentados! Quem teria imaginado que Deus demonstraria poder por meio de homens simples? Não, não era fácil seguir Jesus, mas eles eram discípulos comprometidos.

Após um longo dia auxiliando Jesus com as pessoas e ajudando a controlar a multidão, os discípulos estavam na estrada, e esperavam chegar ao vilarejo de Betânia antes de anoitecer. Quando pensavam sobre a recepção que os aguardava, seus olhos brilhavam e seus estômagos roncavam.

André inspirou o ar teatralmente: "Acho que sinto o cheiro do pão sírio da Marta daqui!"

"E da sopa de galinha!", acrescentou Pedro.

Risos irromperam entre eles, e Mateus respondeu: "Desde que não seja peixe! Tudo que vocês dois nos preparam é peixe!".

Enquanto caminhava com os discípulos, Jesus ria com as brincadeiras. No entanto, Seu coração pesava por causa de tudo o que eles precisavam aprender antes de Ele ser crucificado. Havia muitas questões que eles ainda não compreendiam, e o tempo era curto.

Mas o pensamento de se sentir à vontade na casa de Marta e de ver Maria e Lázaro eram reconfortantes para Ele também. Desde que entrara no ministério público há mais de dois anos, Jesus estava na estrada constantemente, praticamente sem residência fixa. O acolhimento que sempre recebia em Betânia e a presença de queridos amigos que viviam lá eram especiais.

A comoção no pátio anunciou a chegada deles antes de baterem. Quando Marta abriu a porta, seu rosto expressava surpresa e alegria em recebê-los.

"Jesus! Amigos! Entrem. Entrem!". Virando-se por um instante, chamou "Maria! Lázaro! Temos visitas!"

Fé apaixonada

A entrada logo estava cheia de 26 sandálias a mais conforme os homens tiravam seus calçados e cumprimentavam os anfitriões. Enquanto seguiam Lázaro até a sala principal, Maria pegou uma bacia com água e panos limpos para começar a habitual lavagem dos pés.

Marta desapareceu na cozinha, com sua mente a mil. *Eu queria que Jesus tivesse mandado um mensageiro para me avisar com um pouco de antecedência de sua vinda*, pensava ela enquanto arrumava uma bandeja com copos e derramava uma mistura de vinho com mel em cada um. Olhando a luz do dia desaparecendo pela porta aberta da cozinha, ela teve outro desejo. *Se o mercado ainda estivesse aberto!*

Aquela dedicada mulher esperava que a chegada das visitas não despertasse a atenção de muitos na comunidade. Ela geralmente se orgulhava de ter Jesus em casa, mas com toda a turbulência política que acontecia naquele momento, sabia que tinham aqueles que gostariam de fazer algum mal ao seu Mestre. Ela esperava que não houvesse prisões em sua porta naquela noite!

Ela carregou a bandeja pesada até o cômodo onde os homens estavam reunidos, percebendo que Maria ainda estava lavando pés. Ela derramava água em cada um deles, esfregava-os com as mãos e secava-os com uma toalha. Acostumados com aquela prática, os homens se acomodaram, e Jesus começou a ensiná-los. Às vezes, alguém perguntava algo e uma discussão se iniciava, e Jesus geralmente ilustrava Suas lições contando histórias ou parábolas. Mesmo desejando ter tempo para sentar e escutar, Marta voltou para a cozinha.

Analisando rapidamente o que tinha disponível de comida para uma refeição digna, ela se sentia frustrada por não ter uma fornada de pães naquela manhã. Havia ovos e carneiro defumado na despensa, junto com as romãs que havia comprado naquele dia. Mas geralmente uma refeição para visitas incluiria três pratos dispostos em bandejas e terminaria com frutas e uma sobremesa. Ela colocou uma enorme chaleira com água no fogo para ferver e começou a fatiar a carne de carneiro para a sopa. Talvez o vizinho tivesse pão e queijo sobrando.

Maria não fora na cozinha ainda, então Marta deu um pulo na casa do vizinho. Era costume contar com os vizinhos para contribuir na refeição quando se tinha visitas, mas a ideia de ter de pedir favor a irritava um pouco. Sua missão rendeu dois pães e um pedaço de queijo, enrolado em um pano fino.

A cozinha estava mais aquecida agora, e as bochechas de Marta iam ficando coradas enquanto cozinhava. Seus olhos ardiam ao picar cebola e alho para acrescentar à refeição, e ela ficou ressentida. Onde estava Maria? Ela deveria estar ajudando na cozinha. Secando as mãos na toalha, Marta foi para a sala, procurando sua irmã. Era só o que faltava! Ela estava sentada aos pés de Jesus, sem fazer nada, só escutando! O que ela achava que estava fazendo? Nem mesmo era apropriado uma mulher sentar com homens durante uma refeição! Algo dentro de Marta explodiu.

Jesus questionava os ouvintes à medida que ensinava. Olhando além do exterior, Ele conseguia ver a expectativa, confiança e esperança das pessoas que estavam ali. Ele também enxergava, porém, que seus discípulos ainda não compreendiam que Ele não viera estabelecer um reinado terreno durante suas vidas. Ele havia vindo para dar Sua vida pelos pecados do mundo, oferecer nova vida para todos os que crerem e estabelecer um reino eterno no céu, onde um dia Seus seguidores reinariam com Ele.

Jesus mirou para a jovem mulher aos Seus pés. Maria era a única exceção na sala — a única que compreendia porque Ele viera e que teria de sofrer. Eles se entreolharam. Os olhos dela exprimiam amor e tristeza. Os dele, encorajamento.

Um inesperado tumulto surgiu abruptamente na sala, vindo de Marta. "Perturbada" era uma boa descrição para uma mulher normalmente graciosa. Sem esperar Jesus terminar Sua lição, mas só Sua frase, ela interrompeu a visita de honra, jogando a culpa nele pela sua situação.

"Senhor, não te importas de que minha irmã tenha deixado que eu fique a servir sozinha? Ordena-lhe, pois, que venha ajudar-me" (Lucas 10:40).

Silêncio sobreveio à sala. Maria então começou a responder à irmã furiosa, e seu rosto ficou vermelho. Os homens observaram Marta boquiabertos por um momento, e em seguida desviaram o olhar.

Jesus, o Filho de Deus, olhou para Marta, Sua amiga desesperada, e viu além das bochechas vermelhas, suor nos lábios superiores e olhos lacrimejantes. Tremendo de revolta, ela permanecia questionando-o se Ele se importava ou não com o quanto ela havia trabalhado para servi-lo, mesmo sabendo que ambos se importavam.

Jesus estendeu o braço para segurar sua mão delicadamente, e em voz baixa chamou seu nome. Quando ela não respondeu imediatamente, Ele pegou suas duas mãos e chamou seu nome novamente "Marta?"

Quando finalmente olhou para Jesus, Marta esqueceu sua irmã e os homens chocados. Ela refletiu por um momento como nunca antes.

"Você está preocupada e chateada com tantas coisas", disse o Senhor.

Jesus conseguia enxergar sua alma. Enquanto todos observavam sua agitação exterior, Ele compreendia sua frustração e nervosismo. Sua falta de equilíbrio e autocontrole não eram apenas devido ao jantar. Marta se sentia despida diante de seu Senhor, com seu orgulho, perfeccionismo, medo e amor genuíno por Ele.

"Qualquer coisa serve para o jantar, Marta", Ele disse, gentilmente. "Veja, há apenas uma coisa que é realmente importante para as pessoas desta casa, que é compreender o motivo crucial pelo qual eu vim. Meu tempo é curto, Marta. Maria entende isso, e ela fez a escolha certa. Não vou pedir a ela que saia."

Como é possível se sentir amada e repreendida ao mesmo tempo? Marta se perguntava. Pela primeira vez, ela se deu conta de que, para Maria, aquela noite deveria ser gasta com Jesus, enquanto ela, Marta, escolhera mudar o foco da noite inteira para si mesma. Ela poderia ter dado bronca em Maria discretamente, sem interromper o ensino. Ela não fez isso porque queria que Jesus e todos os outros soubessem o quanto ela estava trabalhando. Nenhum homem teria reclamado se ela simplesmente servisse pão e queijo. Então ela poderia ter sentado e escutado Jesus. Em vez disso, Marta precisava provar que ninguém trabalhava mais que ela. E para se exaltar ainda mais, tentou envergonhar Maria e a fazer parecer preguiçosa diante dos presentes. Certamente, ela os tinha impressionado. Eles nunca se esqueceriam de sua língua afiada.

Por mais que este encontro com Jesus tivesse sido constrangedor, a lição que Marta aprendera tinha sido algo que mudaria sua vida.

Aprofundando

Enquanto pesquisava sobre esta mulher de outra época e cultura, eu me vi fascinada pelas pequenas informações que extraí de eruditos que a estudaram antes de mim. Referências de alimentos, costumes sociais e religiosos da época, clima político e compreensão dos constantes companheiros de viagem de Jesus acrescentaram cor e emoção a esta história única.

Enquanto conto a você a história de Marta, eu gostaria de explicar o panorama do dia típico de uma mulher judia vivendo o que aquele período deve ter sido. Também gostaria de dar um vislumbre da descriminação política e religiosa que existia. Assim você vai compreender melhor a tensão que os discípulos e os demais cristãos da época viviam diariamente.

Antes de olhar para algumas lições importantes que podemos aprender com a história de Marta, eu gostaria de compartilhar algumas respostas às perguntas que vieram a minha mente enquanto estudava.

Por que Marta e Maria eram solteiras? Enquanto alguns estudiosos especulavam que Marta talvez fosse viúva, um escritor sugeriu que essas duas irmãs tinham idade próxima de Jesus. Ele salientou que o rei Herodes havia matado todos os bebês de sexo masculino naquela região depois do nascimento dele, então "devem ter existido muitas mulheres solteiras"[3]. Este conhecimento me fez pesquisar num mapa a distância entre Betânia e Belém, onde Jesus tinha nascido. Descobri que é de aproximadamente 9 km. Interessante. Seja qual fosse o motivo para que Marta e Maria permanecessem solteiras, era confortante ver que Jesus, solteiro e trabalhando no ministério, se alegrava em passar tempo na casa de suas amigas solteiras.

O que geralmente se esperava quando havia visitas? Hospitalidade na época de Marta era muito mais complexo do que é atualmente. Servos tiravam as sandálias das visitas, e uma vez que elas estavam sentadas ou reclinadas, a tradicional lavagem dos pés começava. Era porque as pessoas geralmente viajavam a pé por onde quer que fossem, e seus pés ficavam sujos devido às estradas de terra. Muitos lares tinham tapetes tecidos à mão sobre os assoalhos, e a lavagem dos pés era uma maneira de proteger os tapetes.

O almoço, muitas vezes, consistia numa fatia de pão recheada com queijo ou azeitonas. O jantar era um grande desafio. "Numa refeição formal havia a 'entrada', com vinho diluído em mel para beber. O prato principal... eram três pratos dispostos em bandejas e geralmente bem decorados. As visitas comiam com as mãos, exceto quando a refeição incluísse sopa, ovos, ou marisco. Neste caso, usava-se colheres... Finalmente, havia uma sobremesa e frutas".[4]

Frequentemente, por causa dos longos caminhos que as pessoas percorriam para alcançar seu destino, uma visita exigia pernoite. Está claro que, se Marta queria impressionar suas visitas, seu desafio era grande.

Por que mulheres amavam, seguiam e apoiavam Jesus em Seu ministério? Marta e Maria não eram as únicas mulheres que amavam Jesus. Mateus, Marcos e Lucas destacam que muitas outras o seguiram (Mateus 27:55; Marcos 15:41; Lucas 8:3; 24:1). Algumas são identificadas pelo nome, enquanto outras não. Lucas mencionou que elas proviam a Jesus e Seus discípulos de seu próprio sustento. Por quê?

> A tradição judaica desaprovava que mulheres estudassem com rabinos. Alguns deles, na verdade, consideravam pecaminoso ensinar a Lei a elas. Era permitido que as mulheres fossem às sinagogas, mas a tradição requeria que sentassem separadamente dos homens. A menstruação as tornava impuras a cada mês, de acordo com a Lei (Levítico 15:19). Eram geralmente vistas como a causa dos pecados sexuais dos homens. Para prevenir qualquer tentação, os judeus eram instruídos a não conversar com uma mulher em público — nem mesmo se fosse esposa de algum conhecido. E eles nunca deveriam tocar nelas em público.
>
> Mas não somente Jesus falou com mulheres em público (João 4:27) como também ousou pegá-las pela

mão (Marcos 5:41) ...Cristo tentava ajudar as pessoas a entenderem o reino de Deus, usando ilustrações que tanto mulheres quanto homens pudessem se identificar.⁵

Apesar de judeus se ofenderem por Jesus aceitar as mulheres, não é à toa que elas seguiam Jesus. Ele era o Filho de Deus, que curava os doentes, alimentava os famintos e oferecia salvação e vida eterna a todos que cressem. Além disso, Ele amava e dava valor a elas e às crianças.

De que maneira esta história se aplica a sua vida?

Exercite seus melhores dons para a glória de Deus. Sem sombra de dúvida, Marta era abençoada com o dom da hospitalidade, e ela o usou para honrar ao Senhor em muitas ocasiões.

Você já identificou seus dons? Você os está usando regularmente? Você os utiliza para glorificar a Deus?

Você já considerou abrir sua casa por amor a Jesus? Isso talvez signifique convidar um solitário colega de trabalho para jantar ou mostrar hospitalidade a seus vizinhos e demonstrar sua fé. Talvez seja oferecer sua casa ou chalé como um lugar de refrigério para seu pastor e a família ou abri-la para um estudo bíblico. O grupo de jovens tem sido convidado para usufruir do seu quintal? Mais importante, você já falou sobre Cristo com algum visitante?

Lembro-me de olhar pela porta dos fundos da minha casa quando eu era uma jovem mãe ocupada e ficar ressentida por nosso quintal estar sempre cheio de crianças. Por que eu tinha de tomar conta de todas? Por que eu tinha de comprar todos os curativos e preparar todos os refrescos? Eu trabalhava em casa e era tão ocupada, mas havia um constante número de crianças indo para o meu banheiro. Eram crianças por toda parte: na casa da árvore, no balanço, pulando na piscina. Havia meninas vestindo bonecas e meninos correndo um atrás do outro com armas de brinquedo. Eu estava cansada daquilo.

E então um dia o telefone tocou. Era Miguel, uma voz do passado. Miguel fora um menino do Ensino Fundamental do nosso grupo de adolescentes, onde Graydon havia sido militar dez anos antes. Nós apresentamos Jesus para ele, e o amávamos. Mas para ser honesta, Miguel ficava tanto tempo na nossa casa que muitas vezes desejávamos que ele ficasse na casa dele com mais frequência. Sua ligação, entretanto, foi preciosa para mim. Ele havia crescido e era um jovem oficial do exército por seu próprio mérito, na capital do país. Sua mensagem era simples e sincera.

"Eu gostaria de agradecer a você e ao Graydon por abrir espaço para mim em suas vidas enquanto todos nós estávamos naquele grupo de jovens. Eu nunca contei que meus pais se separaram no último ano em que vocês estavam naquela base. Minha casa era um inferno na terra, mas eu pegava a minha bicicleta e ia para sua casa e tudo ficava bem. Vocês não tem ideia do quanto eu precisava de seu amor e da lembrança de que Deus me amava também."

Eu tinha lágrimas nos olhos quando desliguei o telefone. Olhei a porta dos fundos com outra visão, percebendo que Deus havia me dado um campo missionário, e era no meu próprio quintal. O melhor presente que eu poderia dar a Deus era abrir o meu coração para os pequeninos que vinham brincar e apresentá-los a Ele.

Não negligencie tempo aos pés de Jesus. Jesus nunca repreendeu Marta por ser trabalhadora, mas Ele salientou que Maria fizera uma escolha melhor. Ele disse: "você está chateada e preocupada com muitas coisas...".

Estou tão feliz por Jesus não ter dito, "Você está preocupada e chateada por causa do *jantar*!" Minhas pesquisas sugerem que talvez

Marta estivesse frustrada por não estar ouvindo Jesus também, sabendo que deveria estar lá. Randy Alcorn, num artigo intitulado, *"Can't you see I'm busy?"* (Não vê que estou ocupado?) comenta sobre as escolhas que foram feitas naquela noite. "Jesus enfatiza a questão da escolha de Maria. Porém Marta também tinha uma escolha, apesar de ela provavelmente pensar que suas mãos estavam atadas. 'Preciso fazer este trabalho', ela racionalizou. 'Não é uma questão de preferência, mas de necessidade'. Quantas vezes nós usamos a mesma desculpa para negligenciar tempo com Deus?"[6]

A palavra "preocupação" vem do grego "pedaços" e "mente". Marta estava com a mente dividida. Ela estava distraída.

Não consigo contar quantas vezes fiquei tão ocupada com imprevistos ou necessidades urgentes ao meu redor que negligenciei o que realmente importava e tinha intenção de realizar. Tantas vezes deixei de lado a carta de amor de Deus para mim, a Bíblia, para atender a um telefonema ou ir a uma consulta. Tenho sido facilmente distraída, e consequentemente não gasto tempo aos Seus pés.

Eu também me perguntei se, por um momento, Marta esqueceu que estava recebendo o Filho de Deus. Jesus a tratou com tanto amor e familiaridade e viajou com tantos homens comuns que talvez ela tenha perdido de vista o fato de sua visita ser o Cristo.

Aprenda com os erros. Não é interessante o fato de Marta estar tão distraída com sua reclamação que Jesus precisou chamar seu nome duas vezes antes de realmente obter a atenção dela? Somente outra vez durante Seu ministério terreno Jesus chamou alguém pelo nome duas vezes (Simão, no livro de Lucas 22:31).

Contudo, uma vez que se concentrou em Jesus, ela percebeu que a reclamação era, na verdade, um apelo por atenção. "Senhor, eu não me sinto importante o suficiente neste momento. Por favor, diga algo para que todos na sala saibam que sou importante."

Sua hospitalidade naquela noite focou nela mesma em vez de honrar Jesus. Muitos estudiosos compartilhavam a opinião de que a casa de Marta era abastada. Era bem conhecida na vila, e grande o suficiente para acomodar muitas visitas. O presente caro que Maria deu a Jesus no livro de João 11 é uma evidência a mais de sua riqueza. Se este era o caso, Marta tinha um ou vários servos para auxiliá-la na cozinha, e sua reclamação era menor do que poderíamos concluir à primeira vista.

Seja qual for o caso, Jesus sabia suas intenções. Ele disse: "você se preocupa e se chateia com *tantas* coisas".

O estudioso Matthew Henry sugere que Marta era uma mulher corajosa e leal porque convidou Jesus para ficar em sua casa apesar de "naquele momento estar ficando perigoso recebê-lo, especialmente perto de Jerusalém"[7] Acredito que uma série de questionamentos estava passando pela mente de Marta e que a refeição era apenas a gota d'água!

Jesus geralmente falava por meio de parábolas e figuras de linguagem. Quando Ele disse "somente uma coisa é necessária", alguns sugerem que Ele queria dizer que apenas um tipo de comida era necessário. Talvez seja verdade, mas acredito que Ele se referia a "uma coisa" como a necessidade de os presentes compreenderem Seu propósito na terra. Maria, que um tempo depois o ungiu com um perfume caro usado normalmente para enterro, compreendeu Sua missão. E Jesus não pediria para ela se retirar.

A boa notícia era que a repreensão gentil de Jesus ensinou Marta uma importante lição sobre colocar prioridades e reconhecer quem Jesus realmente era. No livro de João 11:17-27, ela teve uma rara sessão de aconselhamento face a face com Jesus, que terminou com uma declaração apaixonada de fé: "Sim, Senhor, eu tenho crido que Tu és o Cristo, o Filho de Deus que devia vir ao mundo". Foi uma das mais belas confissões de fé registradas nas Escrituras.

apaixonada Fé

Antes, Marta estava mais preocupada em causar boa impressão. Finalmente, reconheceu o valor do relacionamento com Deus que Jesus estava oferecendo a ela e aos outros em sua casa.

Você já pensou em abrir sua casa de um jeito que honraria Deus e permitiria apresentá-lo a outros? O importante não é se sua casa é luxuosa ou se as refeições que você serve são chiques. Ao invés disso, impressione suas visitas com uma amizade genuína, interesse sincero no bem estar deles e atitude que reflete seu relacionamento com Deus. Um dia talvez você tenha a oportunidade de apresentá-los ao Salvador.

Olhando em retrospectiva, percebo que eu tinha muito em comum com Marta e também algumas lições importantes a aprender sobre orgulho. Eu precisava entender que era mais importante apresentar o meu Salvador do que impressionar outros com o quem sou ou com o lugar onde moro.

Estávamos procurando uma casa em outra cidade. Depois de quase quatro anos no exército, meu marido e eu estávamos prontos para ir para o "nosso lar", em Michigan, fazer parte da comunidade e montar o escritório de advocacia de Graydon.

Minha irmã Carol estava muito feliz por estarmos considerando uma linda e pequena cidade onde ela e o marido moravam como uma possibilidade. Sabendo que amávamos antiguidades, ela nos mandou uma foto de uma antiga casa vitoriana localizada na rua *Maple*, que estava à venda. Eu me apaixonei pela casa olhando a foto e passei a sonhar que seria minha. E comecei também a negociar... com Deus.

"Querido Deus", orei, "se o Senhor quiser me dar aquela casa na rua *Maple*, farei dela uma casa aberta para o Senhor. Vou receber missionários e o pastor e sua família. O grupo de jovens vai poder ir lá em casa e grupos missionários de mulheres vão se encontrar lá também." Para ter mais vantagem, eu citei as Escrituras erroneamente.

"Senhor, no Salmo 37, o Senhor disse que me daria tudo o que meu coração desejasse, e aquela casa na rua *Maple* é exatamente o que desejo".

Também tornei a vida do meu marido miserável. Era o sonho dele fundar o próprio escritório de advocacia, mas eu não queria. Era muito arriscado! Nós nos sacrificamos muito durante a faculdade de Direito. Eu queria segurança e uma renda fixa.

Então, para me apaziguar, ele escreveu para três advogados, escolhidos aleatoriamente da lista telefônica de Fremont. Eu digitei aquelas cartas, e elas não me agradaram muito. Basicamente falavam:

Prezado senhor:
Você tem uma vaga em seu escritório? Se não tem, pretendo conhecê-lo quando eu chegar a Fremont.
Atenciosamente,
Graydon W. Dimkoff.

Bem, as cartas eram um pouco mais eloquentes do que isso, mas era basicamente o que diziam. Não parecia que ele queria um emprego! Dois dos advogados responderam, dizendo que eles não estavam pensando em expandir seus escritórios. O terceiro, o Sr. Harry Reber, não respondeu.

Durante minhas férias de primavera, fizemos uma rápida viagem a Fremont para encontrar uma casa e um escritório de advocacia para Graydon. A primeira parada foi na antiga casa na rua *Maple*. Eu amei! Meu coração bateu forte à medida que pisávamos na enorme varanda fechada e caminhávamos pelos cômodos amplos. Eu sabia que a casa era para ser minha.

Então começamos a procurar por um escritório para alugar. Não havia nenhum.

Fé apaixonada

Sem saber o que fazer, caminhamos pela zona comercial até chegar num prédio abandonado. Estava em condições precárias, mas a localização era perfeita. Limpando um pouco da sujeira da janela da frente rachada com um lenço, espiamos o interior.

"Isso seria ótimo!", exclamou Graydon, entusiasmado. "Talvez o proprietário reformasse apenas a fachada para o meu escritório".

Nós perguntamos a respeito do prédio e nos falaram para contatar um advogado chamado Harry Reber. O nome era *muito* familiar. O Sr. Reber era o advogado que não respondera!

Recordo-me de entrar no escritório de Harry; cheirava a couro e livros velhos, que caracterizava um escritório mais antigo. Eu me perguntava quanto tempo levaria até que o escritório do meu marido cheirasse daquela forma. Harry Reber pegou um documento de sua mesa e examinou-o por um momento.

"Aquele prédio não está para locar, mas à venda", ele respondeu. "Está nas mãos de um curador desde a morte do dono, três anos atrás, e é a última parte da propriedade a ser vendida. Se o senhor tem interesse em comprar, posso auxiliá-los. Se não, não posso ajudar. Aliás, ele acrescentou, "vocês sabem que há um enorme apartamento no segundo andar do prédio?"

Minha mente estava a mil. Não estávamos interessados em comprar todo o prédio. Queríamos *comprar* a casa na rua *Maple* e *alugar* um escritório. Olhei para o meu marido, e para a minha tristeza percebi que seus pensamentos eram completamente diferentes dos meus. Ele assentiu para o advogado, perguntando: "Podemos dar uma olhada?" Eu sabia o que ele estava pensando: *que conveniente! Poderíamos morar em cima e trabalhar embaixo!*

Minha mente, contudo, estava confusa. *Ah não, Graydon. Sou a esposa do novo advogado da cidade, e não vou morar num apartamento de fachada velha e suja! Eu me sacrifiquei com você numa faculdade de Direito e lecionei para que pudéssemos economizar cada* centavo e comprar uma casa. Nem ouse me pedir para morar num apartamento de frente para a rua!

Deus operou milagres no coração orgulhoso de uma jovem mulher à medida que atravessávamos a rua e colocávamos a chave na fechadura enferrujada.

Subimos 32 degraus empoeirados e eu nem notei a caldeira de calefação perto da porta da frente e a inexistência de tomadas ou saídas de aquecimento suficientes. Ou que o gesso tinha caído do teto em quatro cômodos, e que a cor das paredes era horrível. Eu adorei o lugar! Vi os assoalhos de carvalho, as lâmpadas altas e as claraboias. Tinha um pé direito alto, uma grande cozinha e uma sala de jantar. Havia três banheiros e uma banheira antiga. Com um pouco de trabalho ficaria *perfeito*.

Compramos o prédio e nos mudamos naquele verão. Cada centavo que tínhamos economizado foi para reformar o primeiro andar e transformá-lo em um escritório. Nós alugamos duas salas para ajudar a pagar a hipoteca. Também colocamos gesso e pintamos o andar de cima, apelidando o apartamento de "a cobertura". No momento em que o caminhão de mudanças foi embora, ficamos na bela e antiga sala de jantar e oramos.

"Senhor, na Tua sabedoria o Senhor permitiu que comprássemos este prédio. Nós vamos receber missionários e a família do pastor. O grupo de jovens pode vir e qualquer mulher do círculo missionário que consiga ir até o andar de cima é bem-vinda. Estamos te devolvendo. Confiamos no Senhor quanto aos clientes que vão entrar pela porta no andar de baixo e quanto aos relacionamentos que vamos construir com as pessoas nesta cidade. Ajude-nos a representar bem o Senhor neste local."

Três anos depois, eu estava sentada sozinha no *hall* do escritório. Graydon estava no tribunal. Analisando aquela sala espaçosa, vi a evidência da bênção de Deus. Depois de nove anos de casamento, estávamos esperando alegremente a vinda do nosso primeiro filho. Emocionada com a bondade de Deus com as nossas vidas, eu me inclinei para trás na minha cadeira, fechei meus olhos e orei.

"Pai, você é tão bom e tão sábio. Obrigada por este maravilhoso prédio velho, pelo apartamento e por abençoar o escritório de Graydon. Obrigada por não se submeter a minha vontade quando eu estava ditando meus desejos ao Senhor. Amamos este lugar e somos muito gratos por ele".

Quando eu abri meus olhos, estava surpresa ao ver a dona da casa na rua *Maple* entrando pela porta. Eu não vira a senhora Longnecker por um bom tempo, mas soube que seu marido havia morrido e que a casa não estava mais à venda.

"Jennie", ela me chamou, "eu estava pensando em colocar a minha casa à venda novamente, e conforme eu descia a rua, lembrei-me do quanto vocês gostaram do lugar quando o visitaram três anos atrás. Se ainda tiverem interesse, não o cadastrarei com um corretor de imóveis, e Graydon pode resolver a parte jurídica. Então o preço será menor do que antes. Por que vocês não discutem a ideia e me deixam saber o que decidirem?"

Como uma brisa ela se foi, e sentei-me em silêncio, atônita. O verso mal citado ao Senhor três anos antes veio claramente à minha mente: "Agrada-te do Senhor, e Ele satisfará os desejos do teu coração (Salmo 37:4). Percebi no exato instante em que sinceramente me agradei com o que o Senhor tinha feito, que Deus realizou o desejo do meu coração.

Algumas semanas depois, o grupo de jovens da igreja nos ajudou com a mudança. Foi trabalhoso considerando tudo, desde areia para gatos até carregar um piano de meia cauda por 36 degraus abaixo e até a rua principal! E não foi sem um pouco de tristeza que saímos da "cobertura" para morar na casa que nossa família se estabeleceria.

Naquela noite, ficamos na varanda da frente da nossa casa nova, em meio aos montões de caixas e bens da casa, e oramos.

"Oh, Pai, obrigada por nos dar este lugar no Seu tempo perfeito e não no nosso. Agora mesmo, nós a devolvemos a ti. O grupo de jovens já veio aqui, mas o Senhor pode ter certeza de que vão voltar. Vamos ter os missionários, o pastor e o grupo de mulheres também. Mas Senhor, queremos usá-la para muito mais do que isso. Queremos ser um farol na vizinhança. Escolhemos convidar o Senhor para morar aqui conosco e compartilhá-lo com aqueles que passarem tempo aqui".

Oração apaixonada

Querido Pai celestial, sinto desconforto com a história de Marta, porque me faz lembrar de mim mesma. Obrigada pelo exemplo dela de ter um coração aberto e sua casa aberta. E agradeço porque o Senhor a tratou com amor quando ela tinha suas prioridades equivocadas.

Pai, ajuda-me a escutar. Faça-me sensível ao Seu sussurrar em meu coração conforme eu leio a Tua Palavra. Não quero perder o que tens para mim por estar distraída com outras coisas.

Senhor, quero dar meu melhor a ti. Não para me exibir nem para ganhar pontos ou ter fama, mas porque te amo. O Senhor vai me incentivar a fazer isso quando os afazeres do dia-a-dia me chamarem e me tentarem a sair do caminho? Desejo usar minha casa como um local onde outros vão enxergar Jesus. Faça-me atenta às oportunidades para alcançar aqueles ao meu redor em amor.

No nome precioso de Jesus, amém.

Fé apaixonada

Leitura das Escrituras: Lucas 10:38-42

Indo eles de caminho, entrou Jesus num povoado. E certa mulher, chamada Marta, hospedou-o na sua casa. Tinha ela uma irmã, chamada Maria, e esta quedava-se assentada aos pés do Senhor a ouvir-lhe os ensinamentos. Marta agitava-se de um lado para outro, ocupada em muitos serviços. Então, se aproximou de Jesus e disse: Senhor, não te importas de que minha irmã tenha deixado que eu fique a servir sozinha? Ordena-lhe, pois, que venha ajudar-me.

Respondeu-lhe o Senhor: Marta! Marta! Andas inquieta e te preocupas com muitas coisas. Entretanto, pouco é necessário ou mesmo uma só coisa; Maria, pois, escolheu a boa parte, e esta não lhe será tirada.

Nota final: Esta história foi registrado por Lucas, um gentio culto e educado, em aproximadamente 70 d.C. Lucas era médico por profissão, e mais tarde se tornou um evangelista, historiador e autor de um quarto do Novo Testamento. Ele é o autor de dois livros, o evangelho de Lucas, no qual registra tudo o que Jesus "começou a fazer e a ensinar" (Atos 1:1), e do livro de Atos, na qual detalha a história da igreja primitiva.

notas

9

"Deus, o Senhor está atrasado! onde estavas quando precisei de ti?"

Uma história sobre o tempo de Deus

Com 86 anos, o pastor William Carmichael estava morrendo. A ligação veio do escritório da igreja. Com corações pesados, minha filha e eu fomos até o hospital para uma última visita. Quando entramos no quarto, sua esposa nos abraçou e avisou que talvez ele nem soubesse que estávamos lá. Enquanto Amber ficou para conversar com a Lillian, eu me virei para a cama. Minha garganta apertou ao ver seu corpo frágil lutando para respirar. Segurando uma das suas mãos frágeis e com veias azuis, inclinei-me para dizer: "é a Jennie, pastor Carmichael. Eu amo o senhor. Obrigada pelo exemplo que o senhor foi para mim e para a minha família, e para tantas outras pessoas. Percebo que o senhor verá Jesus antes que eu, e isso me deixa com um pouco de ciúmes."

"Deus, o Senhor está atrasado! onde estavas quando precisei de ti?"

Seus dedos apertaram os meus por um instante, e eu soube que ele tinha me escutado. Mais tarde naquela noite, o pastor Carmichael fechou seus olhos terrenos e abriu-os no céu para ver Jesus.

William Carmichael era da Escócia, e sua esposa, Lillian, da Inglaterra. Eles se conheceram e casaram em Muskegon, Michigan, onde William trabalhava numa oficina de fundição. Suas vidas mudaram radicalmente no dia em que aceitaram o convite de um colega de trabalho para jantar e ir num culto. Naquela noite, eles ouviram sobre o evangelho de Jesus Cristo pela primeira vez, e ambos aceitaram-no como Salvador. Bill, como o chamávamos, matriculou-se num curso de graduação em Teologia, e o compromisso deles com Cristo os levou para Gana, oeste da África, onde eles trabalharam abnegadamente por 24 anos, levando muitos a Jesus Cristo.

Na aposentadoria, eles se mudaram para Fremont, Michigan, EUA, e incansavelmente continuaram a servir ao Senhor. Eles eram uma parte muito amada de nossa família da igreja, mas seu ministério principal era visitar as pessoas enfermas em hospitais ou asilos. Ambos, pastor Carmichael e Lillian, eram de estatura baixa, porém grandes em energia espiritual. Eles não dirigiam, mas caminhavam uma distância considerável de seu apartamento para a igreja, hospitais e asilos, diariamente. Certo momento, o pastor Carmichael ficou com câncer. Ele lutou contra a doença e foi abençoado com alta, uma vez que a doença entrou em remissão. Logo que conseguiu caminhar, já estava para lá e para cá novamente.

Eu morava na esquina do hospital local, e um dia enquanto retirava as ervas em meu jardim levantei o olhar para ver o casal caminhando rapidamente em direção àquele lugar. Emocionei-me ao vê-lo de pé e gritei, acenando: "Pastor Carmichael! Como o senhor está?"

Sem diminuir sua caminhada proposital, ele acenou de volta para mim e gritou com seu sotaque musical escocês: "Olá Jennie. O Senhor me levantou para servi-lo mais um dia!"

Embora as lágrimas tenham sido derramadas em seu funeral, foi uma ocasião alegre com música e cantos. Para nós que nos lembramos dele e celebramos sua ida para casa, o céu, foi um funeral maravilhoso.

Um funeral *maravilhoso*? Isso não soa como um termo impróprio? No livro de João 11:1-45, há outra história sobre um funeral maravilhoso, embora aqueles que estavam entristecidos não tivessem ideia de que aquele dia acabaria em regozijo.

A história de Lázaro

Marta entrou no quarto mal iluminado, trazendo lençóis limpos para a cama de Lázaro.

"Ele melhorou, Maria?"

Sua irmã olhou para ela depois de atender ao irmão, que estava imóvel, e sua ansiedade estava clara em seu rosto.

"Não. Se algo mudou, foi apenas para pior. Marta, estou com medo! Se ao menos Jesus estivesse aqui! Sei que Ele faria Lázaro ficar bom!"

Deixando a roupa de cama num banquinho, Marta foi até a cabeceira. A palidez de seu irmão entristeceu seu coração. "Devemos avisar Jesus."

Marta e Maria se entreolharam solenemente por um instante.

"Pode ser perigoso Ele voltar, mas devemos avisá-lo", ela repetiu. "Ele certamente virá".

Jesus tinha saído de Jerusalém depois de ir à Festa da Dedicação. Enquanto estava no templo, foi rodeado por líderes judaicos furiosos que o atormentavam com perguntas e acusações de blasfêmia. Caminhando em torno dele, pegaram pedras para matá-lo. Cientes de que ainda não era chegada a Sua hora de morrer, Jesus saiu do alcance deles e afastou-se da cidade com Seus discípulos. Eles atravessaram o Rio Jordão e se refugiaram no lugar onde João

"Deus, o Senhor está atrasado! onde estavas quando precisei de ti?"

tinha batizado muitas pessoas e onde o próprio Jesus havia começado Seu ministério público.

Certo dia, um mensageiro veio com uma notícia urgente vinda de Betânia. Lázaro, o querido amigo de Jesus, estava gravemente doente.

Assustados com a notícia, os discípulos, que também se importavam com Lázaro e suas duas irmãs, ficaram aliviados quando Jesus afirmou: "...Esta enfermidade não é para morte, e sim para a glória de Deus, a fim de que o Filho de Deus seja por ela glorificado" (João 11:4).

Não compreendendo o significado da declaração de Jesus, os discípulos não estavam apenas aliviados porque seu amigo ficaria bem, mas também gratos por não terem de arriscar a vida seguindo Jesus de volta a Betânia. Esse vilarejo localizava-se a cerca de 3 km de Jerusalém e em território hostil.

Mas então, dois dias depois, Jesus assustou Seus discípulos ao anunciar: "vamos voltar para a Judeia".

Eles não acreditavam! "Mas Jesus", questionaram, "pouco tempo atrás os judeus tentaram matá-lo, e o Senhor ainda quer voltar lá?"

Sabendo que Lázaro havia morrido enquanto Ele esperava, Jesus disse: "...Nosso amigo Lázaro adormeceu, mas vou para despertá-lo ".

"Sem problemas então, Senhor. Se ele está dormindo, ele vai melhorar em pouco tempo". Acenando com a cabeça e concordando uns com os outros, eles estavam bastante satisfeitos em permanecer onde estavam.

"Lázaro está morto".

O quê? Todos voltaram a atenção para Jesus enquanto Ele suspirou e declarou. "E por vossa causa me alegro de que lá não estivesse, para que possais crer" (João 11:15).

Crer? Claro que eles criam. Espere um pouco. Crer no quê? Eles olharam uns para os outros, confusos.

Jesus levantou. "Vamos até ele".

Os discípulos sentaram estarrecidos por um minuto antes de Tomé levantar-se, encolhendo os ombros em renúncia: "Vamos. Melhor nós irmos e morrermos com Ele".

Os discípulos levantaram para viajar de volta a Betânia, mas ainda com certa relutância.

As cerimônias do funeral ainda estavam em pleno andamento quando eles se aproximaram da cidade. A vila estava cheia de judeus que chegaram de Jerusalém para confortar e chorar com Maria e Marta pela perda do irmão, que fora colocado na tumba havia quatro dias.

Em sua chegada, Jesus não se apresentou publicamente. Ao invés disso, mandou uma mensagem à Marta dizendo que viera e a esperava num lugar próximo, fora do vilarejo.

Angustiada em luto e frustração, Marta saiu pela porta de trás para escapar da multidão de pessoas por um instante. Mas ela não conseguia deixar de pensar nos eventos da semana passada, que estariam sempre gravados em sua mente. Lázaro, em seu último suspiro, chamando por Jesus, e tanto ela quanto Maria estavam certas de que Ele apareceria e transformaria sua tristeza em alegria. Por que Ele não tinha vindo? A pergunta trouxe um soluço indesejado, e ela lutou por controle.

Pelo amor de Deus! Jesus tinha curado estranhos! Ele amava essa família! Maria e Marta o amavam também! Elas haviam se doado para o ministério e aberto sua casa diversas vezes para Ele utilizá-la na obra de Deus. Por que, por que, por que Ele não viera?

"Psiu, Marta!" O sussurro rouco a pegou de surpresa. Quando ela se virou em direção ao som, surpreendeu-se ao ver um dos discípulos acenando, chamando-a na parede de pedra perto do jardim.

"Jesus está aqui. Ele não está longe. Você pode me seguir agora sem chamar a atenção dos outros? Ele quer ver você".

"Deus, o Senhor está atrasado! onde estavas quando precisei de ti?"

Marta concordou. Dirigiu-se rapidamente para o portão de trás e seguiu o discípulo até o jardim onde Jesus a aguardava. Seu coração estava cheio de desilusão. Ela acreditara de todo o coração que Jesus curaria Lázaro, mas Ele chegara tarde demais! Seu Senhor a tinha desapontado.

Esperando na sombra, Jesus viu Marta se aproximando. Seus olhos estavam vermelhos e inchados, e sua voz mudou à medida que ela falava. "Senhor, se tivesses vindo aqui meu irmão não teria morrido". Então, conforme ela olhava em Seus olhos, esperança entrou nela, e então disse: "mas sei que mesmo agora Deus vai dar o que Senhor lhe pedir."

Jesus tocou seu braço e disse gentilmente: "seu irmão irá ressuscitar novamente".

Assoando o nariz e enxugando os olhos com um pedaço de pano, Marta voltou a si, realista. Ela respeitosamente respondeu: "sim, sei que ele vai ressuscitar no último dia". Sim, um dia eles estariam no céu juntos. Mas aquele pensamento não tirou a dor.

"Marta", Jesus disse, segurando-a pelo cotovelo, chamou a atenção dela, dizendo com sinceridade: "...Eu sou a ressurreição e a vida. Quem crê em mim, ainda que morra, viverá; e todo o que vive e crê em mim não morrerá, eternamente. Crês isto?"

Enquanto ela o escutava e olhava em seus olhos, uma paz que ela não conseguia compreender tomou conta dela. "Sim, Senhor, respondeu ela, eu tenho crido que tu és o Cristo, o Filho de Deus que devia vir ao mundo."

Assentindo para ela com um sorriso amoroso, Jesus pediu: "Você voltaria para casa e diria a Maria que estou aqui?"

"Sim, Senhor".

Marta se apressou no caminho de volta para casa, onde Maria estava rodeada de judeus que também choravam. Chamando-a à parte, sussurrou: "Jesus está aqui e está chamando você. Você pode ir até Ele?"

Fé apaixonada

"Claro!" Maria, pálida e tensa, saiu da casa e correu até o local onde o Mestre a estava esperando. Os pranteadores perceberam seu rápido afastamento, e acharam que ela estava indo para a tumba chorar, então a seguiram.

Conforme Maria se aproximava de Jesus, Ele viu luto e desilusão em seu rosto precioso e gemeu em Seu espírito. Ela caiu aos Seus pés, chorando, e gritou: "Senhor, se estiveras aqui, meu irmão não teria morrido."

Até mesmo Maria não compreendeu Sua demora. Jesus olhou para sua cabeça e ombros curvados com tristeza e também para os que choravam ao seu redor. Cobrindo Seu próprio rosto com as mãos, o Filho de Deus chorou.

Não eram todos os judeus que se lamentavam com Maria e Marta que criam em Jesus Cristo. Quando a notícia da morte de Lázaro se espalhou, estes se reuniram por piedade e costume, mas também por curiosidade. Como as duas irmãs reagiriam àquela perda devastadora? Jesus ousaria entrar na Judeia para o funeral estando bem ciente de que o Sinédrio queria prendê-lo?

Enquanto a multidão seguia Maria em direção ao jardim, seu objeto de curiosidade estava a sua frente. Maria jogou-se aos pés de Jesus e expressou sua decepção pelo atraso dele. E, vendo-a derramar lágrimas, Jesus também o fez!

"Olhem como Ele amava Lázaro", a multidão cochichava. Mas outros não se comoveram sequer pela dor dos demais e tentaram criar confusão, dizendo criticamente: "Se Ele conseguiu abrir os olhos de um cego de nascença, não conseguiria manter Lázaro vivo?"

Mas Jesus ignorou tudo aquilo. "Onde vocês o sepultaram?", perguntou a Maria. As pessoas se afastaram, e aqueles perto dela falaram: "venha e veja, Senhor. Nós o levaremos à tumba".

Ainda muito comovido, Jesus seguiu a procissão até o local do sepultamento, na qual havia uma pedra na entrada. Marta estava

"Deus, o Senhor está atrasado! Onde estavas quando precisei de ti?"

lá naquele momento, e a multidão cresceu à medida que a notícia da chegada de Jesus se espalhara.

"Retirem a pedra", Jesus mandou.

Houve silêncio antes de Marta falar. "Senhor! Ele está na tumba há quatro dias. Já está cheirando mal!"

"Eu não falei a você que se cresse, você veria a glória de Deus?"

"Sim, Senhor". A respiração ficou presa na garganta assim que ela se lembrou de quem Ele era. Independente do que acontecesse, aquilo traria glória a Deus. Ela cria que seria assim. Virando-se, ela acenou com a cabeça para os homens perto dela, e a pedra foi removida. A multidão assistia atônita em silêncio.

Jesus orou e então falou em alta voz: "Lázaro, venha para fora!"

Exclamações chocadas surgiram conforme Lázaro, com faixas de linho ao redor de seu corpo, mãos e pés, mancava para fora da tumba! Tanto homens quanto mulheres gritaram. Alguns recuaram com medo e outros desmaiaram.

"Libertem Lázaro das ataduras", ordenou Jesus. "Libertem-no".

Marta e Maria, céticas por um instante, entraram em ação. Foram ajudadas pelos mesmos amigos queridos que as ajudaram a envolver linho e especiarias ao redor do corpo de Lázaro, antes sem vida.

Retirando o pano do rosto dele, os três se emocionaram ao fitar os olhos do irmão em seu precioso rosto, e os três choraram de alegria. Lázaro estava com saúde e vigor novamente!

E Jesus, o Filho de Deus, provara que Ele era Senhor — até mesmo sobre a morte. Nunca mais duvidariam dele novamente.

Aprofundando

Em sua decepção amargurada por pensarem que Jesus estava atrasado, Marta e Maria não perceberam o que Deus tinha reservado para elas. Jesus tinha *permitido* a morte trágica de Lázaro para poder demonstrar que Ele era a "ressurreição e a vida", antes de Ele mesmo morrer e ressuscitar. Além disso, como resultado da experiência difícil na vida de Marta e Maria, muitos vieram a crer em Cristo. Ele confiara esta dor a elas, pedindo para que cressem nele. Elas para sempre entrariam na história como protagonistas no último e maior milagre do ministério público de Jesus.

Conforme eu estudava a história da morte e ressurreição de Lázaro, minhas pesquisas responderam vários questionamentos óbvios que eu tinha.

Por que os líderes judeus odiavam Jesus? Porque Ele era uma ameaça tanto para a influência religiosa deles como para seu poder político sob o governo romano.

Havia dois principais grupos judeus religiosos, os fariseus e os saduceus. Estes dois grupos uniram forças para encontrar um meio de acabar com a vida e com a popularidade de Jesus.

Os fariseus eram legalistas e considerados "doutores" da Lei de Moisés. Eram fanáticos pela tradição rabínica, e Jesus definitivamente não era um rabino tradicional! Alguns deles até se recusavam a comer com os que não eram fariseus por medo de contaminação, enquanto Jesus comia, tocava e era amigo de pecadores.

Os saduceus eram, em sua grande maioria, os aristocratas de Jerusalém e de outras regiões da Judeia. Eles negavam a vida após a morte, dentre outras questões que Jesus ensinava. Muitos serviam no Sinédrio, ou Conselho Superior, que era a Suprema Corte judaica. Caifás, um saduceu, servia como sumo sacerdote e, como tal, era o maior líder religioso da época durante aquele período da história. O livro *The Word in Life Study Bible* (A Bíblia de estudo Palavra Viva, inédita) conta que "ele temia que a menor desordem civil mobilizasse as tropas romanas e levasse à queda da nação. Então, quando Jesus atraiu a atenção de um grande número de pessoas, realizando

"Deus, o Senhor está atrasado! onde estavas quando precisei de ti?"

milagres surpreendentes, especialmente a ressurreição de Lázaro, Caifás determinou que Ele deveria ser destruído."[1]

Quais eram os costumes fúnebres da época? As pessoas judias não embalsamavam os mortos, e por causa da alta temperatura, os corpos se decompunham rapidamente. O enterro acontecia o mais rápido possível — sempre dentro de 24 horas e geralmente poucas horas após a morte. O trabalho de preparar o corpo era feito por mulheres, que lavavam o corpo e perfumavam-no com óleos e especiarias. Após isso, vestiam-no com roupas da própria pessoa ou envolviam-no em lençóis especialmente preparados para isso e tiras de linho. O corpo era levado logo depois para a tumba e posto numa plataforma. A tumba era bem fechada com uma pedra grande ou lajota. "Parentes, amigos e profissionais contratados para se lamentarem (veja Mateus 9:23) formavam uma procissão, e qualquer pessoa que fosse ao encontro deveria juntar-se e prestar respeito ao falecido e aos familiares. Uma homenagem era geralmente proferida no local da sepultura."[2]

É interessante notar que quando Jesus chegou quatro dias após o sepultamento de Lázaro. Os pranteadores de Jerusalém ainda permaneciam lá. Talvez isso indique a popularidade ou importância da família de Lázaro, ou ainda que alguns da multidão permaneceram para verificar se Jesus apareceria.

Por que Jesus demorou para socorrer seus amigos? *Não* foi porque Ele estava com medo dos líderes judeus que procuravam matá-lo. Embora Sua vida na Terra estivesse acabando, Ele sabia que não era a hora de Sua morte. "Restavam apenas algumas semanas para Ele treinar as pessoas que levariam Seu nome, os 'cristãos'"[3]. Ele tinha uma importante lição para ensinar Seus seguidores por meio deste incidente.

Fé apaixonada

E se Ele tivesse ido ajudá-los de imediato? Maria, Marta e Lázaro teriam ficado aliviados e gratos. Os discípulos talvez dessem uma tapinha no ombro dele e dito: "É isso aí, Jesus! Louvado seja o Senhor — são negócios, ou melhor, ministério como sempre!".

Não, Ele queria demonstrar que, como Filho de Deus, triunfava sobre a morte. Dessa maneira, faria crescer a fé daqueles que o seguiam, e confortaria e daria esperança depois de Sua própria crucificação e morte. Ele também estava ciente de que essa demonstração de poder faria o Sinédrio lançar as bases para Sua prisão.

Por que Jesus chorou? Não foi porque Ele estava de luto pela morte de Lázaro, como os outros. Ele sabia que ressuscitaria seu amigo.

Há duas correntes de pensamento sobre a questão:

1. Ele estava cheio de compaixão da evidente tristeza de Maria e dos outros. E bem sabemos que Ele era um homem de compaixão.
2. Ele ficou angustiado pela incredulidade ao Seu redor.

Conforme eu estudava a história, cheguei à conclusão de que deve ter sido a combinação dos dois. Ele amava Marta e Maria, e tenho certeza que se comoveu pela tristeza delas. É interessante para mim, porém, que Ele não tenha chorado até se deparar com o choro de Maria. Apesar de Marta tê-lo confrontado com a mesma acusação: "… Senhor, se estiveras aqui, meu irmão não teria morrido". Ela ainda expressou uma ponta de fé quando disse: "Mas também sei que, mesmo agora, tudo quanto pedires a Deus, Deus to concederá" (João 11:21-22).

Quando Maria caiu aos pés dele fazendo a mesma acusação em alta voz, ela não expressou a mesma ponta de fé. E ela tinha sido aquela que sentara aos pés de Jesus como discípula, bebendo de Suas palavras.

Será que a falta de fé dela em relação à morte de Lázaro partiu o coração de Jesus?

"Deus, o Senhor está atrasado! onde estavas quando precisei de ti?"

Independente da causa de Suas lágrimas, a ressurreição de Lázaro afetou profundamente Maria e Marta. No banquete preparado em honra a Jesus, registrado no livro de João 12:1-11, podemos ler as últimas ações das duas mulheres. Marta mais uma vez servindo, exercendo alegremente seu dom de hospitalidade ao Senhor. E Maria mais uma vez aos pés de Jesus, demonstrando discernimento espiritual incrível, que até mesmo os discípulos não possuíam. Ela vai ser lembrada por ungir Jesus ternamente com óleo precioso como prelúdio de Seu próprio e inevitável enterro.

De que maneira esta história se aplica a sua vida?

Corra para o Salvador. Apesar das desilusões, Marta e Maria foram a Jesus e contaram exatamente o que sentiam. No livro de 1 Pedro 5:7 lemos "...lançando sobre ele toda a vossa ansiedade, porque ele tem cuidado de vós". Sendo eu uma pensadora pictorial, imagino que isso signifique que posso *jogar* minhas preocupações sobre Ele. Eu posso *descarregar* minhas dores nele. Posso desabafar e *entregar-lhe* minha frustração. Ele cuida de mim e me ama, e consegue lidar com isso. E mais, Ele tem um plano que ainda não consigo compreender, e quer que eu confie nele para converter minha tristeza em alegria.

Guarde a fé e conte suas bênçãos. Marta estava por um fio quando encontrou Jesus e o confrontou com seu lamento "Senhor, se apenas". O estudioso Matthew Henry disse que "sua fé era genuína, mas fraca"[4]. Então, no local da sepultura, quando Jesus mandou retirar a pedra, ela esqueceu-se de sua fé. Pensou no horror do corpo de Lázaro decompondo-se ao invés de confiar que Jesus sabia o que estava fazendo.

É apaixonada

Os autores Dee Brestin e Kathy Troccoli, em seu maravilhoso livro Jesus o amor da minha vida, (ed. Motivar), tem isso a dizer sobre lidar com decepções em nossas vidas: "É fácil dizer, intelectualmente, que Jesus é bom, se importa conosco e fará o melhor em nossas vidas. É outra história para estas verdades chegarem até o coração... Como podemos chegar neste ponto? Uma das coisas que Deus nos diz para fazer é olharmos para o passado e ver como Ele foi fiel na vida de outros cristãos e em nossas próprias vidas."[5]

Em outra passagem do livro, Kathy escreve: "Ainda questionamos a Deus? Ainda tenho dias em que levantar a cabeça do travesseiro parece uma tarefa impossível? Absolutamente. Estamos presas nestes corpos e iremos lidar com estas questões até que o vejamos face a face. Até lá, devemos nos agarrar desesperadamente naquele que é louco por nós, que nos prometeu plenitude e nunca nos abandonar."[6]

Nunca passou pela sua cabeça que Deus pode tirar todos os meios visíveis que nos trazem suporte para que aprendamos a confiar em Sua lealdade?

Aceite a "sala de espera" O quê? É brincadeira? Quando as coisas ficam desesperadoras e Deus não parece satisfazer minhas expectativas, espera-se que eu aprecie "este passar pelo vale"? Carol Kent, em seu livro *Secret Longings of the Heart* (Anseios secretos do coração), nos encoraja a nunca perder a esperança quando a realidade da vida não corresponde as nossas expectativas. "A renúncia as nossas expectativas não cumpridas tem o potencial surpreendente de libertar-nos para experimentar maior intimidade com Deus. É um ato de confiança nele quando não vemos um desfecho positivo".[7]

Para "renunciar" a nossas expectativas a fim de que Deus trabalhe em nós da maneira que desejar, devemos abandoná-las, abrindo mão de controlar nossos planos.

> "Deus, o Senhor está atrasado! onde estavas quando precisei de ti?"

Ter entendido a situação depois que ela aconteceu foi uma benção para Marta e Maria nesta história. Elas não tinham aceitado a sala de espera, mas logo aprenderam que Deus tinha um propósito incrível para realizar em seu tempo, que acabaria com sua desilusão. Aquele plano de ação traria glória a Deus e aumentaria significativamente sua própria fé.

Deus nos ama tanto que está muito mais interessado em nosso desenvolvimento do que em nosso conforto. Não entender a situação é maravilhoso. Olhando para trás, geralmente percebemos que decepções dolorosas foram ferramentas de amadurecimento e desenvolvimento de caráter usadas por Deus a fim de nos preparar para Seu plano. Essas experiências difíceis podem também nos confortar. Apesar de nosso tempo talvez não ser o mesmo de Deus, Ele nos ama e se importa com os nossos desejos mais profundos. Ele quer que esperemos e que nos posicionemos e também que sejamos testemunhas de Seu poder.

A decepção com Deus é uma dor comum entre muitas de nós. Quando pensamos que Ele deve responder nossas orações de certa forma, é muitas vezes difícil compreender porque Ele não é rápido em nos dar a resposta que buscamos. Como Marta e Maria, não percebemos tudo o que Ele deseja realizar em nossas vidas se não colocarmos nossa fé e confiança nele.

Em 1976, se alguém perguntasse ao meu jovem marido advogado o que seria um ideal de carreira a longo prazo, ele diria "gostaria de ser um juiz do tribunal e trabalhar com crianças e famílias. Seria um ministério como um trabalho".

Oito anos depois, apareceu uma oportunidade para concorrer como juiz do tribunal distrital. A pauta do tribunal estava atrasada, e Graydon foi abordado por vários líderes comunitários para concorrer contra o juiz incumbente. Não era a posição que ele tanto desejava, mas depois de orar e buscar aconselhamento sábio, ele disse sim.

Fé apaixonada

E assim iniciou-se um período intenso de campanha e sacrifício financeiro e pessoal para nós dois. Nós juntamos um incrível comitê, marchamos em desfiles, apertamos um incontável número de mãos, enviamos cartas em massa, escrevemos anúncios no jornal e oramos. Estávamos exaustos, mas confiantes, porque sabíamos que estávamos seguindo a direção de Deus, e, portanto, nós ganharíamos. Certo? Errado.

Graydon perdeu a eleição por apenas 4% das votações. Foi devastador. Foi emocional, física, financeira e espiritualmente desgastante. Mas Graydon se recuperou mais rápido do que eu. Ele não bateu portas, não berrou com as crianças nem chutou o gato. Simplesmente voltou ao escritório e continuou com o trabalho comunitário e compromissos na igreja. Eu, porém, sofri com a perda. Nós interpretamos erroneamente a vontade de Deus? Com certeza Ele não nos faria passar por um esforço tão extremo para apenas perdemos!

Onze anos depois, em 1995, outra oportunidade única apareceu. O mesmo juiz com quem Graydon concorrera estava se aposentando antes de terminar o mandato. Então o governador do Michigan nomearia o novo juiz do tribunal distrital. Depois de consultar vários líderes municipais e orar sobre a oportunidade, decidimos que Graydon deveria buscar a nomeação. Uma vez que já havia disputado para a posição e perdido por uma pequena porcentagem dos votos, parecia que ele seria um bom candidato. Meu marido procurou o apoio dos dirigentes municipais e estaduais e lançou uma campanha. Aquilo resultou em milhares de cartas pessoais enviadas por eleitores para o escritório do governo.

O processo de nomeação foi complicado, e nós agimos cautelosamente. Preenchemos formulários detalhados, fazendo de nossas vidas um livro aberto em relação à família, finanças, atividades comunitárias e envolvimento político. Uma entrevista formidável

"Deus, o Senhor está atrasado! onde estavas quando precisei de ti?"

com o comitê de advogados e juízes do estado do Michigan ratificou a elegibilidade dos candidatos. Finalmente, dois finalistas foram contatados para uma entrevista com o conselheiro-chefe do governador. Graydon foi um deles.

Estávamos tão entusiasmados com a iminente nomeação! Até nos conformamos com o fato de Deus ter permitido a Graydon exercer mais onze anos de Direito para prepará-lo para aquele posto. Ele honraria a Deus naquele cargo. Após trabalhar duro para garantir a nomeação, tínhamos grande expectativa de que a hora de Graydon havia chegado.

O outro finalista foi nomeado.

Chorei amargamente depois da derrota esmagadora. "Deus, eu não compreendo o que o Senhor está fazendo!", chorei. "Chegar tão perto duas vezes para só então perder é tão doloroso. Não posso suportar! O que o Senhor quer que eu aprenda? Humildade? Paciência? Decepção? Ser mais contente com o que temos? Então porque nós tínhamos tanta certeza de estar fazendo aquilo que o Senhor desejava que fizéssemos?"

Eu sofri com a desilusão. Lá estava eu, uma palestrante motivacional cristã, duvidando que Deus realmente se importava com os assuntos de nossas vidas ou sofrimento. Eu sempre ficava chorosa na igreja, no meu carro, no mercado, e eu odiava. "É melhor o Senhor me fortalecer, Senhor, porque minha situação está um caos!"

Finalmente, cheguei à conclusão de que era inútil perguntar o *por quê*. Era muito mais produtivo perguntar: "Senhor, o que queres que façamos agora?"

Às vezes, eu me perguntava se a dor passaria, mas encontrei paz ao tirar o foco de mim mesma e colocar de volta no meu Salvador.

Três anos se passaram e tanto o escritório de Graydon quanto meu ministério de palestrante estavam prosperando. Então um dia Graydon me telefonou para dizer que o juiz nomeado anteriormente estava se aposentando antes de cumprir o mandato no tribunal. Mais uma vez o governador indicaria um sucessor. Segurei o telefone em silêncio por um instante, e as experiências passadas pareciam estar voltando.

"O que você acha, meu bem?", ele perguntou. "Nem ligarei para pedir os papéis do formulário se você não estiver em paz com isso. Eu sei como foi difícil para você da última vez, e não precisamos passar por isso novamente".

"Mas Graydon, este emprego é o seu sonho. Você trabalharia com famílias problemáticas e idosos. Você *amaria*."

"Bem, a competição será acirrada, e a má notícia é que quem vencer só cumprirá o mandato até o final do ano e então vai ter de concorrer à reeleição".

Minha mente ficou agitada com o impacto da declaração. Além de correr atrás do complicado e estressante processo de nomeação, haveria o esgotante trabalho de passar por uma eleição? Será que Graydon deveria arriscar sair de seu escritório de advocacia por causa dessa aposta?

Sim, depois de orar considerando cada aspecto e novamente buscado conselhos sábios, Graydon se candidatou. Desta vez nós "conhecíamos o sistema" o suficiente para que alguns estresses fossem eliminados do processo. Graydon recebeu apoio inesperado de líderes influentes. Eleitores encheram o escritório do governador com cartas de recomendação. Mais uma vez, dois finalistas foram contatados. Novamente o Graydon era um deles.

Na maior parte do processo, eu estava em paz. Contudo, apenas uma semana antes da entrevista, tive um ataque de pânico. Eu nunca tinha experimentado aquilo. Apenas perdi o controle. Lembro-me de ter aberto minha Bíblia na mesa da cozinha num estado de agitação e sem ter noção de mais nada. Levantei-me, fui até a sala e comecei a chorar. Estendi a mão para cima, acho que tentando agarrar

"Deus, o Senhor está atrasado! onde estavas quando precisei de ti?"

Deus, e gritei: "Estou com medo! Nós viemos tão longe antes para então perder, e estou com tanto medo de fracassar novamente. Por favor, me ajude!" Eu me ajoelhei perto do sofá e chorei.

Quando meus soluços diminuíram, uma tranquilidade tomou conta de mim. Eu me levantei, caminhei de volta para a cozinha e sentei de novo à mesa. Foquei minha atenção na passagem das Escrituras que eu tinha abandonado anteriormente. Era o Salmo 107:28-31.

> *"Então, na sua angústia, clamaram ao SENHOR, e ele os livrou das suas tribulações. Fez cessar a tormenta, e as ondas se acalmaram. Então, se alegraram com a bonança; e, assim, os levou ao desejado porto. Rendam graças ao SENHOR por sua bondade e por suas maravilhas para com os filhos dos homens!"*

Lembro-me de estar sentada à mesa e com a sensação de plenitude sobre mim. Reconheci que não apenas Deus havia escutado o clamor do meu coração, mas também estava no controle da nossa situação e sempre esteve. Coloquei uma mão trêmula em cima das Escrituras Sagradas e comecei a louvá-lo.

Mais tarde naquela manhã, eu tinha alguns afazeres. Parei na farmácia para pegar uma receita médica, que não estava pronta. Então caminhei pela loja, parei numa mesa de vendas para ver uns cartazes inspiradores. No começo, pensei que eram todos do mesmo modelo, mas no fundo do saco peguei um que me deixou momentaneamente congelada no lugar. Era a figura de cinco homens lutando contra o vento, remando num barco em águas tempestuosas. Um versículo abreviado e impresso no cartaz dizia: "Então, na sua angústia, clamaram ao SENHOR, e ele os livrou das suas tribulações. Fez cessar a tormenta, e as ondas se acalmaram. Então, se alegraram com a bonança; e, assim, os levou ao desejado porto."

Sob o verso dizia: "as recompensas da jornada superam o risco de deixar o porto."

Desde aquela ocasião, minha confiança nunca mais oscilou. Graydon passou pela última entrevista e ligou para casa depois. Ele estava bastante confiante que a ligação do governador viria. E veio. Graydon vendeu seu escritório de 25 anos e alegremente tomou posse em abril. Então nosso pior medo veio quando o posto de juizado foi concorrido para a eleição de novembro. Deus nos deu uma paz tremenda, e nunca duvidamos que Ele estava dirigindo nosso caminho. A campanha foi exaustiva, mas desta vez Graydon ganhou com quase 70% dos votos.

Oração apaixonada

Querido Pai celestial, parece fácil correr até o Senhor quando estou em dificuldades, mas admito neste momento que não gosto da sala de espera. Por favor, ajuda-me a continuar confiando em Ti quando as coisas não ocorrem como eu gostaria. O Senhor foi tão fiel no passado. Ajuda-me a focar nas coisas tremendas que o Senhor já fez, tanto na minha vida e no meu coração como na vida de outras pessoas. Por favor, dá-me toda a paciência e paz de espírito que vou precisar enquanto eu "esperar" por Sua direção. Usa minha atitude e as circunstâncias da minha vida para dar honra e glória a ti.

No nome precioso de Jesus, amém.

Leitura das Escrituras: João 11:1-45

Estava enfermo Lázaro, de Betânia, da aldeia de Maria e de sua irmã Marta. Esta Maria, cujo irmão Lázaro estava enfermo, era a mesma que ungiu com bálsamo o Senhor e lhe enxugou os pés com os seus cabelos. Mandaram, pois, as irmãs de Lázaro dizer a Jesus: Senhor, está enfermo aquele a quem amas.

"Deus, o Senhor está atrasado! onde estavas quando precisei de ti?"

Ao receber a notícia, disse Jesus: Esta enfermidade não é para morte, e sim para a glória de Deus, a fim de que o Filho de Deus seja por ela glorificado. Ora, amava Jesus a Marta, e a sua irmã, e a Lázaro. Quando, pois, soube que Lázaro estava doente, ainda se demorou dois dias no lugar onde estava.

Depois, disse aos seus discípulos: Vamos outra vez para a Judeia.

Disseram-lhe os discípulos: Mestre, ainda agora os judeus procuravam apedrejar-te, e voltas para lá?

Respondeu Jesus: Não são doze as horas do dia? Se alguém andar de dia, não tropeça, porque vê a luz deste mundo; mas, se andar de noite, tropeça, porque nele não há luz.

Isto dizia e depois lhes acrescentou: Nosso amigo Lázaro adormeceu, mas vou para despertá-lo.

Disseram-lhe, pois, os discípulos: Senhor, se dorme, estará salvo. Jesus, porém, falara com respeito à morte de Lázaro; mas eles supunham que tivesse falado do repouso do sono.

Então, Jesus lhes disse claramente: Lázaro morreu; e por vossa causa me alegro de que lá não estivesse, para que possais crer; mas vamos ter com ele.

Então, Tomé, chamado Dídimo, disse aos condiscípulos: Vamos também nós para morrermos com ele.

Chegando Jesus, encontrou Lázaro já sepultado, havia quatro dias. Ora, Betânia estava cerca de quinze estádios perto de Jerusalém. Muitos dentre os judeus tinham vindo ter com Marta e Maria, para as consolar a respeito de seu irmão. Marta, quando soube que vinha Jesus, saiu ao seu encontro; Maria, porém, ficou sentada em casa.

Disse, pois, Marta a Jesus: Senhor, se estiveras aqui, não teria morrido meu irmão. Mas também sei que, mesmo agora, tudo quanto pedires a Deus, Deus to concederá.

Fé apaixonada

Declarou-lhe Jesus: Teu irmão há de ressurgir.

Eu sei, replicou Marta, que ele há de ressurgir na ressurreição, no último dia.

Disse-lhe Jesus: Eu sou a ressurreição e a vida. Quem crê em mim, ainda que morra, viverá; e todo o que vive e crê em mim não morrerá, eternamente. Crês isto?

Sim, Senhor, respondeu ela, eu tenho crido que tu és o Cristo, o Filho de Deus que devia vir ao mundo.

Tendo dito isto, retirou-se e chamou Maria, sua irmã, e lhe disse em particular: O Mestre chegou e te chama. Ela, ouvindo isto, levantou-se depressa e foi ter com ele, pois Jesus ainda não tinha entrado na aldeia, mas permanecia onde Marta se avistara com ele. Os judeus que estavam com Maria em casa e a consolavam, vendo-a levantar-se depressa e sair, seguiram-na, supondo que ela ia ao túmulo para chorar.

Quando Maria chegou ao lugar onde estava Jesus, ao vê-lo, lançou-se-lhe aos pés, dizendo: Senhor, se estiveras aqui, meu irmão não teria morrido.

Jesus, vendo-a chorar, e bem assim os judeus que a acompanhavam, agitou-se no espírito e comoveu-se.

E perguntou: Onde o sepultastes?

Eles lhe responderam: Senhor, vem e vê!

Jesus chorou.

Então, disseram os judeus: Vede quanto o amava.

Mas alguns objetaram: Não podia ele, que abriu os olhos ao cego, fazer que este não morresse?

Jesus, agitando-se novamente em si mesmo, encaminhou-se para o túmulo; era este uma gruta a cuja entrada tinham posto uma pedra. Então, ordenou Jesus: Tirai a pedra.

Disse-lhe Marta, irmã do morto: Senhor, já cheira mal, porque já é de quatro dias.

"Deus, o Senhor está atrasado! onde estavas quando precisei de ti?"

Respondeu-lhe Jesus: Não te disse eu que, se creres, verás a glória de Deus?

Tiraram, então, a pedra. E Jesus, levantando os olhos para o céu, disse: Pai, graças te dou porque me ouviste. Aliás, eu sabia que sempre me ouves, mas assim falei por causa da multidão presente, para que creiam que tu me enviaste.

E, tendo dito isto, clamou em alta voz: Lázaro, vem para fora! Saiu aquele que estivera morto, tendo os pés e as mãos ligados com ataduras e o rosto envolto num lenço.

Então, lhes ordenou Jesus: Desatai-o e deixai-o ir.

Muitos, pois, dentre os judeus que tinham vindo visitar Maria, vendo o que fizera Jesus, creram nele.

Nota final: Esta história é registrada por João, irmão de Tiago. Primeiramente como discípulo e depois como apóstolo, ele observou pessoalmente o ministério de Jesus Cristo. Foi provavelmente escrita entre 85 e 90 d.C., após a destruição de Jerusalém, em 70 d.C. e antes de ele ser exilado na ilha de Patmos em sua velhice. João é autor do evangelho de João, de três cartas do novo testamento e do livro de Apocalipse.

10

escape do corredor da morte!

Uma história sobre libertação e resposta de oração

Olhávamos fixamente para a tela, segurando a respiração enquanto o vilão da história usava seu poder contra os camponeses da vila para seu próprio proveito maligno.

Minha vizinha Bernadine e eu estávamos vendo um filme novo sobre a história de Robin Hood, e o personagem do xerife de Nottingham era muito malvado. Ele cobrava impostos das pessoas sem dó e pôs fogo na vila. Acusava homens inocentes de blasfemar contra Deus e os condenou à morte para poder confiscar suas propriedades. Ele matou homens e meninos por caçarem para alimentar suas famílias. Usou mulheres de forma egoísta, manipulou líderes religiosos em seu próprio interesse, consultou uma bruxa e prendeu a donzela Marian! Foi um grande alívio quando o Robin Hood veio fazer o resgate!

Depois, procurei em minha enciclopédia e descobri que, apesar de canções e histórias sobre Robin Hood serem do século 13 e 14, poucas evidências realmente existem para comprovar a veracidade da lenda. Eu ainda estava intrigada com o xerife. Então me dei conta de que lembrava de um personagem da história que se portava quase da mesma forma.

Chamado Herodes Agripa I, ele era uma pessoa má. Entrou no poder como o rei designado ao povo judeu, vários anos depois da morte e ressurreição de Jesus Cristo. Eu gostaria de relatar brevemente alguns eventos que levaram a essa história antes de falar sobre Herodes mais detalhadamente.

Quando Sua hora chegou, Jesus foi crucificado e enterrado numa tumba. Após três dias, ressuscitou dos mortos. Algum tempo depois de encontrar com os discípulos, ascendeu aos céus na frente de muitas testemunhas, prometendo voltar para receber todos os que cressem nele. Nesse meio tempo, Seu Santo Espírito estaria com eles para ensinar e guiá-los. Os cristãos deveriam levar o evangelho de Jesus a todas as nações. E eles fizeram isso. O evangelho possuía enorme poder para quebrar barreiras sociais e culturais, originando um novo povo de Deus.

Este movimento cresceu rapidamente e era uma grande ameaça aos líderes religiosos judeus. Os cristãos se tornaram objetos de assédio e perseguição cruel. Apesar disto, a igreja continuava a crescer por todo o império romano e além dele.

A história de Pedro

Herodes Agripa percorreu a imensa arena, feliz com a instalação que estava sendo construída e serviria para várias finalidades. Como rei nomeado para a nação judaica debaixo do controle do império de Roma, ele usou o coliseu para jogos e competições que encantavam romanos e gregos. Ele havia descoberto uma utilidade para o lugar que satisfazia os judeus também.

Não eram fácil agradá-los. Isso era certo. Eles o aceitaram relutantemente por causa de sua avó, que era judia. Ele tomou cuidado em observar todos os feriados religiosos, para mantê-los pacificados. Com o rápido crescimento do movimento cristão, ele encontrou uma oportunidade única de ganhar o favor sem precedentes dos líderes religiosos: prendeu alguns membros da igreja cristã, com a intenção de persegui-los. Aquilo agradava tanto os judeus que ele ousadamente seguiu os passos dos líderes do movimento.

O apóstolo Tiago fora recentemente executado com uma espada, e Herodes havia descoberto que as decapitações rendiam um espetáculo que atraía grandes multidões. Alguns se alegravam, outros derramavam lágrimas. Ele se lembrava desses eventos com um sorriso maligno, e os líderes judeus o estimavam desde então. A execução se tornou um acontecimento tão popular que decidiu ir além, prendendo o apóstolo Pedro.

Herodes caminhou até o trono de julgamento, onde se sentava quando o "réu" era trazido, e passava a mão sobre o estofamento fino. Então ele olhou em volta da grande arena, imaginando a multidão aplaudindo. O feriado religioso acabaria no dia seguinte, e ele queria entreter mais uma vez os judeus que vieram de fora para o festival.

Sua presa estava no cárcere interno naquele exato momento, e Herodes cuidou para que o pescador estivesse bem vigiado. Ele ouviu que aquele homem havia escapado da prisão misteriosamente um vez, e ele não tinha intenções de desapontar sua plateia ansiosa. Com um suspiro de satisfação e estalando os dedos, ele chamou seus servos para escoltá-lo de volta ao seu alojamento, onde um belo jantar o aguardava.

Pedro exprimiu um pedido de desculpas ao guarda à sua esquerda conforme mudava de posição. Ele arrastou a corrente ligada à algema em seu pulso esquerdo sobre seu quadril para que pudesse virar e deitar do lado direito. Uma lanterna foi fixada na parede do outro lado da sala, fazendo sombras estranhas sobre Pedro e seus dois companheiros. Havia um pote de barro para esgoto no canto e palha no chão.

Como um importante preso político, Pedro não tinha nada menos do que 16 soldados o vigiando. Trabalhando em escalas, quatro de cada vez, eles tinham a responsabilidade de mantê-lo encarcerado a sete chaves até o julgamento público, que estava agendado para o dia seguinte. Com seus pulsos algemados, Pedro estava acompanhado bem de perto por dois dos soldados, e os outros dois vigiavam do lado de fora da porta.

Que trabalho miserável estes caras fazem, ele pensou. *Deveriam ser prisioneiros também.* Com um suspiro, começou a pensar na gravidade de sua própria situação.

A consciência de que sua morte muito provavelmente seria seguida de seu julgamento trouxe uma estranha mistura de emoções. Ainda havia muito trabalho a fazer em encorajamento e edificação da igreja cristã, que crescia rapidamente. Uma ponta de remorso o atingiu enquanto pensava que não faria parte do desabrochar milagroso do crescimento da igreja. Liderança era tão importante. Deus simplesmente teria de levantar outra pessoa em seu lugar.

Aquele pensamento despertou a memória da recente morte de Tiago. Como aquilo entristeceu os irmãos e irmãs cristãos! Ele pensou na reunião dos cristãos na casa de Maria, mãe de Marcos, depois que souberam da notícia. Pedro comprimiu os olhos ao lembrar-se da dor deles. Era um grupo de cristãos tão preciosos. Ele não duvidava que soubessem de sua prisão e dos planos de Herodes para o dia seguinte. Eles estariam orando para que Deus fizesse um milagre que, de alguma forma, salvasse sua vida. Era confortante pensar que estavam orando. Se Deus escolhesse não intervir, bem, então ele veria Jesus amanhã, e aquele pensamento também o confortou. Que maravilhoso seria ver seu precioso Senhor novamente!

Seus pensamentos foram mais longe. Ele veria Estevão, o querido Estevão, que fora apedrejado até à morte. E veria Tiago, seu antigo companheiro de pesca. Estariam juntos novamente. Eles tinham navegado no mar da Galileia muitas vezes, envolvendo as mãos em torno das cordas brutas e lançando suas redes com João, André e seus pais. Então Jesus viera e mudou a vida de todos. Ele os havia ensinado a serem pescadores de homens.

Com seu manto enrolado debaixo da cabeça servindo como travesseiro, Pedro inspirou profundamente e fechou os olhos. A paz de Deus tomou conta dele, e apesar das circunstâncias terríveis, dormiu.

Durante a madrugada, Pedro acordou assustado. Alguém havia o atingido do lado, e ele ouviu uma voz ordenando em um sussurro alto: "rápido, levante-se!".

Ele levantou-se, apoiando-se no cotovelo, e apertou os olhos para ajustá-los à luz brilhante que encheu a cela. A visão diante dele o despertou. Em pé no cárcere estava um anjo do Senhor, que chamou a atenção dele para os guardas. Pedro notou que estavam dormindo na mesma posição de quando ele adormecera e totalmente sem perceber a presença da brilhante luz e do anjo. Quando Pedro ficou de pé, as correntes de seu pulso caíram.

"Coloque sua roupa e sandálias", o anjo mandou.

Pedro pegou o cinto de couro e amarrou-o sobre a túnica. Ele se inclinou para amarrar as sandálias, pensando: *devo estar sonhando*.

"Agora envolva o manto em volta de seu corpo e me siga", instruiu o anjo.

Com um olhar de despedida para os guardas imóveis, Pedro seguiu a orientação do guia porta afora, prestando atenção aos vigias no corredor conforme ele e o anjo passavam o primeiro e o segundo posto de guardas. Os soldados estavam atentos, mas parecia que não viam nada! Que sonho estranho era aquele.

Finalmente, chegando à saída que dava acesso à cidade, Pedro surpreendeu-se em presenciar o enorme portão de ferro abrindo-se sozinho! Eles passaram por ele, e o anjo o conduziu até o final da rua e desapareceu.

Pedro ficou lá em pé por um momento, confuso. Estava frio naquela noite, e ele pôs as mãos no rosto. Claramente, percebeu que aquilo não fora um sonho! Ele declarou em voz alta, "sem dúvida, eu sei que o Senhor enviou Seu anjo para me resgatar das garras de Herodes e de tudo o que os judeus estavam planejando".

Com essa percepção, o apóstolo ficou ciente de que era um fugitivo da prisão de Herodes e que um alarme poderia soar a qualquer momento! Sentindo que deveria contar a alguns cristãos o que Deus havia feito, correu pelas ruas escuras até a casa de Maria, mãe de Marcos. Para a sua grande alegria, conseguia ver que ainda havia luzes fracas brilhando lá, mesmo naquela hora da madrugada. Após verificar se não havia perseguidores dos dois lados da rua, ele bateu na porta da grande casa.

Os cristãos haviam lotado a casa de Maria para uma vigília de oração quando souberam da prisão de Pedro e do julgamento que estava por vir. A morte recente e violenta do apóstolo Tiago era um lembrete fresco da gravidade da situação de Pedro. Eles se reuniram para suplicar em favor dele. Conforme as horas passavam, o grupo derramou seus corações a Deus, pedindo por um milagre. O Senhor derrubaria seus inimigos? O julgamento poderia ser interrompido por uma defesa poderosa? Hora após hora eles oraram, mas a possibilidade de Pedro ser o próximo mártir deixava seus corações aflitos.

O clamor intenso dos corações dos cristãos foi ouvido por aquele a quem pediram.

Fé apaixonada

Que som era aquele? Rode, uma jovem serva, espiou do lugar onde se encontrava para escutar. Lá estava novamente! Parecia que alguém batia no portão do lado de fora. Ela se levantou em silêncio, sem incomodar aqueles que estavam orando profundamente ao seu redor, e saiu pela porta até o pátio. Ela tinha certeza de que alguém estava batendo no portão insistentemente. Seu coração batia no peito enquanto pensava nas recentes prisões de cristãos naquela área, e ela hesitou em abrir a porta.

"Deixe-me entrar! Rápido! Abra o portão. Sou eu, Pedro! Por favor, deixe-me entrar!"

Reconhecendo a voz do apóstolo, Rode estava tão chocada que, depois de ficar estática por um momento, correu de volta para dentro a fim de avisar os outros. Em sua emoção, ela se esqueceu de destrancar o cadeado e deixou Pedro do lado de fora, na rua escura.

Irrompendo na casa, ela gritou: "Pedro está aqui! Escutei a voz dele! Pedro está aqui!"

Profundamente engajados na oração, o grupo repreendeu Rode pela rude interrupção. Comprometidos a orar a noite inteira, fizeram sinal para ela ir embora.

"Eu estou dizendo, ele estava no portão!"

"Você o viu?", perguntou Maria, a dona da casa.

"Não, mas eu escutei sua voz!", Rode respondeu.

"Então deve ter sido seu anjo", alguém propôs. Então, assustado com a ideia, alguém perguntou: "será que já o executaram?"

Maria ficou em pé e foi para o pátio. "Acho que é melhor eu ver do que se trata".

"Eu ouvi a voz dele", Rode insistia. "Eu nem abri o portão". A garota deu meia volta e correu atrás de sua senhora. Os outros a seguiram também, formando uma aglomeração no pátio.

escape do corredor da morte!

Pedro continuava a bater, desesperado para que alguém voltasse e o deixasse entrar. Eles estavam com medo de abrir a porta temendo serem presos? *Nem mesmo posso culpá-los,* pensou, batendo com mais força e lançando um olhar preocupado na rua em direção de onde viera. As autoridades poderiam estar em cima dele a qualquer momento. Foi mais fácil sair da prisão do que entrar nesta casa!

Finalmente, ele ouviu pessoas se aproximando e chamou em um sussurro alto. "Abram o portão! Sou eu, Pedro! Depressa!"

Maria se apressou em destrancar o cadeado e alegremente recebeu seu amigo. Surpresos, os cristãos começaram a falar simultaneamente, mas Pedro fez sinal com a mão pedindo silêncio e os exortou para que fossem de volta para o interior da casa.

"Não aumente a luz da lamparina", ele advertiu. "Tenho poucos minutos antes de partir, mas preciso dizer a vocês o que o Senhor fez esta noite. Não queremos atrair atenção neste bairro ou a desconfiança das autoridades vai aumentar!"

Quando eles estavam quietos, Pedro relatou os surpreendentes eventos que tinham acabo de acontecer e falou do maravilhoso livramento que o Senhor tinha dado a ele. "Obrigado, meus queridos amigos, pelas fiéis orações! Deus respondeu suas petições de uma forma que eu jamais teria imaginado! Devo ir agora, tanto para segurança de vocês como para a minha. Contem a Tiago, irmão de Jesus, o que aconteceu, e também aos outros irmãos e irmãs em Cristo, para que também sejam encorajados no Senhor."

Então, abraçando seus amigos, Pedro se preparou para partir, esperando apenas por uma pequena bolsa que Maria providenciou, com coisas que ele precisaria na fuga. Ele saiu na escuridão partindo para outro lugar.

Na manhã seguinte, a prisão estava tumultuada. Quando os soldados chegaram para a troca de guardas da manhã, aqueles que estavam designados a vigiar Pedro durante a noite descobriram, para o seu terror, que o prisioneiro havia fugido. Uma busca desenfreada começou em todo o presídio; afinal, se Pedro tinha conseguido fugir de sua cela, ele certamente não teria passado pelos portões de entrada, que eram de ferro. Mas para o desespero deles, a busca não deu nenhuma pista do paradeiro de Pedro. Com medo, mandaram avisar Herodes.

Herodes levantou e colocou suas vestes reais, ansioso pelos eventos que aconteceriam naquele dia. Cantarolando desafinado, escolheu a joia que usaria para a importante aparição pública. Colocando vários anéis, fez sinal para que seu servo colocasse a corrente pesada de ouro ao redor de seu pescoço.

Em seguida, uma batida na porta. Era Blasto, seu servo de confiança, anunciando que o capitão da guarda estava lá para vê-lo.

"Mande que entre!" Herodes disse alegremente. "Eu gostaria de ouvir como minha presa vai implorar por misericórdia esta manhã! Se ele fizer isso na arena, vai ser muito mais divertido do que se ficar em pé como um cordeiro burro indo para o batedouro!"

O soldado entrou no cômodo, curvou-se diante do rei e ficou num silêncio incômodo por um instante.

"Bem, fale!" Herodes ordenou. "Você tem notícias ou não?"

"Senhor, o prisioneiro escapou."

Herodes ergueu a cabeça e olhou incrédulo para o soldado a sua frente. "O quê?" berrou. "Certamente você não ousaria brincar comigo!"

"O apóstolo Pedro se foi. Os guardas não viram nem ouviram coisa alguma. Fizemos uma busca completa na prisão e não o achamos."

"Vocês *vão* encontrá-lo, está me ouvindo?" Herodes gritou. "Se ele não for encontrado, vai haver um alto preço a pagar!"

Quando terminaram a busca minuciosa, que nada adiantou, Herodes, em sua fúria, teve finalmente uma demonstração pública de sua maldade no final das contas. Todos os 16 soldados designados a vigiar Pedro foram condenados à morte.

Mais tarde, Herodes saiu de Jerusalém para viajar à sua casa, em Cesareia, onde permaneceu por um tempo. Enquanto estava lá, os líderes das cidades litorâneas de Tiro e Sidom ganharam a confiança de Blasto, o servo de Herodes. Eles queriam uma audiência com o rei, porque este havia racionado seu suprimento de comida, e eles marcaram a reunião por meio do servo.

No dia da reunião, o soberano colocou suas vestes reais, sentou-se em seus trono e mandou um mensagem pública e formal ao povo. Eles então bradavam, satisfazendo o ego de Herodes: "Esta é a voz de um deus, não de um homem!"

Herodes desfrutou por um momento da glória que deveria ser dado apenas a Deus. Então o anjo do Senhor o feriu. Ele foi comido por vermes e morreu.

Mas a palavra de Deus continuou a se espalhar.

Aprofundando

Quem é quem? Antes de estudarmos mais detalhes da história, seria útil explicar a identidade das duas pessoas que fazem parte dela.

- **Outra Maria?** A Maria desta história não era Maria, mãe de Jesus, e não era a outra Maria, irmã de Marta e Lázaro. Esta mulher era Maria, a mãe de João Marcos, o evangelista, que quando jovem era um companheiro de viagem dos três grandes primeiros missionários: Paulo, Barnabé e Pedro. Ele também foi um dos primeiros a registrar os acontecimentos da vida de Jesus em seu livro, o evangelho de Marcos. Sua mãe, Maria, era uma viúva rica que dedicou sua grande casa em Jerusalém para o trabalho do Senhor. "Durante os dias de terrível perseguição, os santos de Jerusalém se reuniam regularmente em sua adorável casa não apenas para a leitura e estudo da Palavra, mas também para orar pelos santos afligidos."¹ Evidentemente, Pedro estava lá com frequência, porque Rode, a serva, reconheceu a voz dele. Maria era um nome bastante comum, derivado de Miriã (você se lembra da mulher do Antigo Testamento cuja vida foi o assunto do capítulo 3 neste livro?).

🙾 **Outro Tiago?** O apóstolo Tiago foi morto por Herodes Agripa antes de Pedro ser preso. Quando Pedro já estava pronto para sair do grupo de oração da casa de Maria, ele diz para o grupo nos verso 17 para avisar Tiago e outros sobre o que ocorrera. Este Tiago era um dos irmãos de sangue de Jesus, isso é, ele era filho de Maria, mãe de Jesus, e do marido dela, José. Ele se tornou um dos líderes cristãos chave em Jerusalém durante aquele tempo perigoso para a igreja primitiva.

Agora vamos nos aprofundar nesta história poderosa e analisar diversos desafios que Pedro e os primeiros cristãos encararam. Também vamos ver a ferramenta que usaram para lidar com esses desafios.

Herodes Agripa I era um inimigo poderoso e mau. Ele era um tirano mau que veio de uma longa linhagem de maus líderes. Seu avô, Herodes o Grande, era o governante que, quando soube pelos sábios que Jesus nascera, tentou matá-lo, ordenando que todos os bebês do sexo masculino de Belém fossem assassinados. Sua irmã, Herodias, foi responsável pela morte de João Batista (Marcos 6:17-28). Herodes Agripa I seguiu seus passos perversos.

Os romanos o tinham nomeado para governar a maior parte da Palestina, incluindo os territórios da Galileia, Pereia, Judeia e

Samaria. Ele perseguiu os cristãos para agradar os líderes judeus que se opunham a eles, na esperança de solidificar seu posto. Pedro foi preso durante a Festa dos Pães Asmos, um festival que tinha início logo após a Páscoa e durava uma semana. Essa foi uma ação estratégica, uma vez que havia mais judeus na cidade do que o normal e Herodes poderia impressionar mais pessoas.[2]

Robertson, no seu livro *"Word Pictures in the New Testament"* (Figuras de linguagem do Novo Testamento), dá mais detalhes sobre Herodes: "Ele era o favorito de Calígula, o imperador romano, e estava ansioso em apaziguar seus súditos judeus mantendo o favor dos romanos. Então ele construiu teatros, promoveu jogos para os romanos e gregos e matou os cristãos para agradar os judeus."[3]

Pedro estava preso em cativeiro. O inimigo tinha Pedro em completo cativeiro físico. Determinado que nada mudaria sua agenda má, Herodes designou 16 soldados para vigiar Pedro até seu julgamento. Robertson faz um comentário a mais sobre a prisão de Pedro: "havia dois soldados do lado de dentro com o prisioneiro (acorrentados a ele) e dois do lado de fora, em turnos de seis horas cada, 16 soldados ao total, o costume de Roma."[4]

Herodes tinha ocupado todas as bases e amarrado cada nó necessário para assegurar que Pedro permanecesse em suas garras e estivesse disponível para seus propósitos malignos. Matthew Henry observou: "Pedro foi mantido encarcerado com vários cuidados, para que fosse impossível, seja por força ou furto, tirá-lo de lá; mas as orações da igreja a favor de Pedro não cessavam."[5]

Pedro tinha consolo e uma arma secreta. A igreja primitiva dava grande ênfase à oração.

"A primeira reunião de oração do novo movimento era notável por incluir as mulheres (Atos 1:14). Encontros religiosos judaicos separavam-nas dos homens e designavam papéis diferentes aos dois grupos. Em contraste, os apóstolos eram acompanhados por mulheres que seguiram Cristo, incluindo Sua mãe. Juntos, eles formaram um grupo unido de seguidores dedicados. Deus queria que todos fossem Suas testemunhas."[6]

A história de saída dramática de Pedro está relacionada com a seguinte informação: "... havia oração incessante a Deus por parte da igreja a favor dele" (Atos 12:5). A Bíblia *afirma* que "a oração da igreja a Deus era incessante a seu favor". Depois de sua libertação, Pedro fez uma parada num local, a casa da viúva chamada Maria, onde uma vigília noturna estava sendo realizada a seu favor. Os cristãos estavam usando a oração, sua arma mais poderosa, para travar uma guerra espiritual contra o inimigo.

"O plano de Herodes era, sem dúvida, de executar Pedro, mas os cristãos estavam orando pela segurança dele. A fervorosa oração da igreja influenciou significativamente o desfecho desses acontecimentos."[7]

O inimigo era realmente poderoso, e a situação, humanamente falando, sem esperança. Mas Deus interveio. A batalha foi ganha por meio da oração.

Pedro experimentou libertação sobrenatural. Dormindo enquanto preso em correntes, ele primeiramente foi cutucado a acordar por nada menos que um anjo do Senhor, e então, muitos acontecimentos incomuns sucederam. Uma luz brilhante encheu a cela. As correntes de Pedro caíram. Todos os guardas estavam alheios aos seus movimentos. O portão pesado de ferro se abriu automaticamente. O que estava acontecendo parecia tão impossível que Pedro achou que era um sonho ou uma visão! O anjo o guiou até o final da rua e desapareceu. Quando ele se beliscou e percebeu que realmente estava na rua, fora da prisão, declarou em voz alta que Deus o havia libertado das garras de Herodes e dos planos dos judeus.

Deus operou um grande milagre na vida de Pedro, mas naquele instante dependia dele tomar atitudes.

De que maneira esta história se aplica a sua vida?

Há relação entre a história e as nossas vidas? Com certeza sim.

Herodes era um inimigo poderoso e mau. Com suas táticas arrepiantes, Herodes era facilmente reconhecido como o principal inimigo dos cristãos primitivos. O maligno que o controlava, contudo, é nosso inimigo também.

As pessoas não falam muito de Satanás atualmente, mas ele está vivo e bem, almejando derrotar os cristãos todos os dias. Ele adoraria ver lares destruídos, vidas perdidas para o suicídio ou violência, vícios, amargura, e desespero — qualquer coisa que impeça os cristãos de viverem uma vida alegre e vitoriosa. Sherrer e Garlock, em seu livro *Manual da mulher para uma vida cheia do Espírito* (Editora Atos), lista tanto o método de Satanás quanto seu caráter explicados nas Escrituras. Satanás é:

- sagaz (Gênesis 3:1)
- o enganador (Gênesis 3:13)
- o inimigo e o vingador (Salmo 8:2)
- o assolador (Isaías 54:16)
- o tentador (Mateus 4:3; 1 Tessalonicenses 3:5)
- maioral dos demônios [Belzebu] (Mateus 12:24)
- homicida (João 8:44)
- mentiroso e pai da mentira (João 8:44)
- o mal (Mateus 6:13; João 17:15)
- deus deste século (2 Coríntios 4:4)

apaixonada

- um mascarado, fingindo ser um anjo de luz (2 Coríntios 11:14)
- príncipe da potestade do ar (Efésios 2:2)
- o dragão… a antiga serpente (Apocalipse 12:7-9)
- o acusador (Apocalipse 12:10).[8]

Essa lista me faz querer correr em direção oposta! Entretanto, receio que muitas vezes não reconheçamos quem e o que ele é, e flertemos com a tentação que o inimigo oferece ao invés de guerrear contra ele.

Da prisão, Paulo escreveu aos cristãos de Éfeso: "Quanto ao mais, sede fortalecidos no Senhor e na força do seu poder. Revesti-vos de toda a armadura de Deus para poderdes ficar firmes contra as ciladas do diabo" (Efésios 6:10-11). Precisamos dar ouvidos ao mesmo conselho e perceber que temos alguns recursos impressionantes para nos protegermos e libertarmos do controle do inimigo sobre nossas vidas.

Pedro estava preso em cativeiro. Pedro estava preso a correntes que via e sentia. Muitas mulheres hoje estão em cativeiro. A maioria não está presa fisicamente, mas sim emocional e espiritualmente. Com muita frequência, mulheres cristãs escondem seu cativeiro atrás de um sorriso alegre, da fachada de um casamento e família feliz, de ações de caridade na igreja ou comunidades, ou de várias outras máscaras. Tudo enquanto o inimigo sorri orgulhosamente.

Como palestrante de congressos e retiros, fui abordada por diversas mulheres que estão em cativeiro. Algumas são controladas pelo medo, raiva ou memórias de um passado de abusos. Muitas lutam contra a culpa de vícios secretos. Elas jogam no computador, assistem novelas ou leem romances tantas vezes que chegam ao ponto de negligenciar suas famílias, empregos e outras responsabilidades importantes. Algumas têm vícios de tomar remédios sem prescrição médica ou são viciadas em álcool. Um número crescente delas é viciada em pornografia ou salas de bate-papo na internet. Outras são vencidas pela raiva, vergonha, preocupação ou desespero por causa do comportamento dos filhos ou maridos. Elas criaram divisão em seus lares que geralmente parecem inevitáveis zonas de guerra.

Num grande retiro de mulheres no Canadá, uma jovem perguntou se poderíamos conversar em particular. Achamos um local quieto no hotel, e ela me contou o quanto amava participar no ministério de louvor da sua igreja. Então, ela me entregou uma foto de sua linda família. "Eu os amo muito", ela disse, "mas estou tendo um caso com outro homem há quase dois anos. Eu o conheci em viagens a negócios, e meu marido não sabe. Eu disse a mim mesma que me divertiria um pouco e então sairia do relacionamento, mas eu não consigo largar". Ela estava em cativeiro.

Sharon era uma jovem mãe com vício de comprar. Se ela queria se sentir emocionalmente bem, ia para o shopping e comprava produtos. Seu marido não tinha percebido, a princípio, mas finalmente reclamou dos gastos. Ao invés de refrear seu hábito, ela gastou mais. Então pediu a um amigo que emprestasse centenas de dólares para pagar suas contas antes que o marido descobrisse, prendendo-se em mais culpa e dívidas. Cativeiro.

O cativeiro é controlador na vida de muitas mulheres. Vergonha geralmente impede que elas peçam ajuda. A maravilhosa notícia é que Jesus nos ama e veio libertar os cativos. Sei que isto é verdade, porque Jesus me libertou, e eu o vi mudar a vida de muitas outras irmãs em Cristo.

Pedro tinha uma arma secreta e consolo. Os cristãos da igreja primitiva levavam a oração a sério. Eles sabiam que separados da intervenção de Deus em suas vidas e circunstâncias, não havia esperança.

Fé apaixonada

Correram o risco de se encontrarem, e coletivamente derramavam seus corações diante de Deus. J. Vernon Mcgee afirmou: "eles não iam diante de Deus com uma oração tipo lista de mercado. Eles iam diante de Deus e seriamente oravam para que aquele homem, Simão Pedro, fosse liberto. Seus corações estavam na oração."⁹

O resultado dela foi a libertação do medo e paz de espírito para Pedro, ao ponto de dormir bem na noite anterior ao seu julgamento. Outro resultado foi a libertação sobrenatural, que aconteceu de maneira muito melhor do que esperavam! Além disso, Deus usou a experiência para fortalecer a fé deles e sua determinação em expandir o evangelho. Além de tudo isso, Deus literalmente eliminou o inimigo deles, Herodes.

Você leva a oração a sério? É uma parte essencial de sua vida? Você coloca seu coração na oração? Você se esforça em orar coletivamente com outros que vão dividir sua carga? Você ora especificamente por membros da sua família? Muitas vezes, cristãos estão cegos para o fato de que uma vida cristã vitoriosa requer guerra espiritual, da qual a oração é uma arma poderosa.

Pedro experimentou libertação sobrenatural. A mão de Deus na libertação de Pedro é irrefutável. Não é interessante que, quando Deus enviou Sua resposta a Pedro na forma de um anjo, o apóstolo tenha pensado que era muito bom para ser verdade — parecendo ser um sonho? E quando Deus trouxe a resposta da oração bem na porta, e os cristãos estavam muito ocupados orando que não reconheceram de imediato a resposta de Deus? Eu acho isso um tanto engraçado, mas também confortante. Por mais que a fé deles não fosse tão forte quanto poderia ter sido, Deus ouviu o seu clamor e mandou Sua resposta.

Eu termino este último capítulo de *Fé Apaixonada* compartilhando a comovente história de fé da transformação de vida de

Katie. Faço isso por dois motivos. Primeiramente porque vai encorajar muitas mulheres que têm lutado por plenitude. Em segundo, porque enfatiza os elementos-chave da história de Pedro: um inimigo poderoso, escravidão ao medo e vício, o poder da oração e liberdade em Cristo. Terminar o livro com a história de Katie parece ser perfeito, já que ela veio a Cristo depois de ler a Bíblia por ela mesma.

Katie sofria de timidez e baixa autoestima ao ponto odiar estar em público. Ela se forçava a fazer compras para a família, mas escolheu mercados que eram abertos até tarde da noite para que então pudesse encontrar o mínimo de pessoas possível. A jovem mulher talentosa e inteligente ansiava por amizades e propósito em sua vida, mas se sentia presa e sem esperança em sua situação. Ela estava em cativeiro, tanto em relação ao medo quanto ao vício a um antigo hábito.

Nós nos conhecemos no dia em que matriculamos nossos filhos na creche. A extrema timidez dela era evidente, então nossa primeira conversa foi um tanto estranha. Descobri que ela era esposa de um executivo, uma mãe jovem dedicada e artista. Quando soube que eu precisava de ajuda em algumas obras de arte para meu trabalho, ela nos surpreendeu. Apareceu na minha porta uma semana depois com algumas obras de arte debaixo do seu braço. Então concordamos que ela criaria o logotipo da minha empresa.

Cerca de uma semana depois, Katie apareceu de novo inesperadamente. Eu a convidei para entrar e nos sentamos na mesa da sala de jantar. Eu tinha visitas chegando naquela noite e muitos afazeres. Tive, porém, um forte anseio por falar de Cristo a Katie em um nível mais profundo do que eu havia sentido em suas outras breves visitas.

"Katie, estou tão feliz que nos conhecemos naquele dia que levamos nossos filhos para a creche!"

Fé apaixonada

Ela retribuiu o sorriso e acrescentou: "Eu também".

"Bem", continuei, "se vamos nos conhecer melhor, há uma coisa que gostaria de te falar sobre mim mesma." Sorrindo para ela do outro lado da mesa, eu mergulhei no assunto. "Sou cristã, e gostaria de explicar para você o que isso significa pra mim".

Prossegui contando a Katie que eu cresci numa maravilhosa família cristã e que me dei conta, numa certa altura da vida, de que eu precisava de um relacionamento pessoal com Deus. Contei a ela como convidei Jesus para entrar na minha vida e a diferença que aquilo fez conforme eu permitia que Ele me direcionasse. Até compartilhei como meu marido tinha procurado sentido para sua vida e achou a verdade na Palavra de Deus, a Bíblia. Quando terminei, Katie me deu uma resposta franca.

"Suponho que essa foi uma história interessante, Jennie. Mas agora quero contar algo sobre mim mesma. *Não* estou interessada! Quando eu era adolescente, reprimi tudo na minha vida que remetesse à religião e rotulei como 'infantilidade'. Espero que toda vez que a gente se encontre você não dê uma de religiosa!"

Senti que levei uma tapa, mas consegui abrir um sorriso de desculpas. "Eu nunca quis ofender você, Katie, e prometo agora mesmo. Nunca vou falar de religião ou questões espirituais a não ser que você traga à tona primeiro. Mas também vou fazer uma segunda promessa. Prometo orar por você todos os dias, para que, de alguma maneira, sem eu dizer uma palavra, você veja Cristo em mim e queira conhecê-lo também."

Ela saiu abruptamente, mas depois de uma semana voltou. Nossas visitas eram meio estranhas no começo, mas depois ficaram melhores. E dia após dia eu orava pela minha amiga.

Vários meses se passaram, e numa manhã o telefone tocou. "Jennie, olhe pela janela da sua cozinha e me diga o que você está vendo", Katie disse.

Havia nevado na noite anterior, e a visão lá fora estava impressionante. "Vejo uma neve em cada galho e ramo das árvores", comecei falando. "O sol está brilhando, e a neve parece refleti-lo. É lindo, Katie".

"Sim, aqui também. Jennie, lembra aquele dia que eu passei pela sua casa e você me contou aquela grande história sobre Deus, e como você convidou Seu Filho para entrar na sua vida, e como Deus mudou a vida de seu marido, e tudo mais?"

Eu sorri. "Certamente, Katie, e espero que você tenha notado que eu mantive minha promessa de não tocar nesse assunto! Embora eu tenha cumprido também a outra promessa. Orei por você todos os dias."

"Imaginei que você estava orando", ela disse calmamente, e então continuou. "Eu estava tão brava aquele dia que poderia ter agredido você fisicamente, Jennie. Você percebeu isso? Então quando voltei para casa e vários dias se passaram, eu me vi com uma perda terrível. Descobri que minha visão artística havia me deixado. Antes eu era capaz de olhar para uma cena pela janela como você acabou de me descrever e recriá-la no papel. De repente, eu estava sem o talento, e isso me deixou com medo e raiva. Eu culpei você. Eu voltei ao meu antigo vício de ficar chapada todos os dias, esperando que aquilo me relaxasse e minha criatividade fluísse novamente, mas minha frustração só aumentou."

Meu coração estava batendo fortemente enquanto eu escutava as palavras de Katie, e orei por sabedoria. E ela continuou.

"Então decidi que eu assumiria o desafio que seu marido assumiu e comecei a ler a Bíblia. Comecei no livro de João, como você sugeriu, e quando eu terminasse confrontaria você com o fato de que era inútil. Mas não foi bem o que aconteceu.

Eu estava lendo um capítulo por dia, me sentindo orgulhosa por não significar nada, até que cheguei ao capítulo nove de João.

apaixonada Fé

Esse texto relata que Jesus não veio apenas para dar vista aos cegos, mas para mostrar àqueles que acreditavam enxergar que, na verdade, eles eram cegos. Bem, eu li isso e fiquei triste por causa de minha própria cegueira espiritual. Eu me ajoelhei, você acredita? E gritei a Deus, clamando que precisava desesperadamente que Ele me ajudasse a enxergar, e que eu havia feito da minha vida uma confusão".

Senti lágrimas escorrendo pelo meu rosto à medida que escutava. "Katie, você percebeu o que está falando? Você abriu seu coração a Deus!"

"Sim, eu abri, Jennie, e essa paz e alegria incríveis vieram sobre mim. Eu não queria ligar para você logo em seguida, porque talvez o sentimento fosse embora. Mas não foi. Só aumentou. Eu terminei o livro de João e comecei a ler todo o Novo Testamento. Você acha que posso ir até a sua casa e ver os livros da sua biblioteca? Quero aprender muito mais."

Foi impressionante ver o desdobramento da nova vida de Katie. Aquela jovem mãe solitária encontrou plenitude em Jesus Cristo. Ao longo dos três anos seguintes, ela me escreveu onze lindas cartas que narravam seu despertar espiritual e crescimento. Gostaria de simplesmente citar as cartas, para que você possa compreender o milagre que Deus operou na vida dela.

1. *Surpreende-me como fé e confiança são elementos diários na minha nova vida. São muito mais do que apenas tomar um passo original, ousado e confiante quando me dirijo ao Senhor.*
2. *Deus está começando a tocar no íntimo da minha vida (gosto de pensar como a "casa da minha alma") e está fazendo uma "faxina". Ele é cuidadoso e carinhosamente examina algumas questões antigas da minha vida. O meu problema é como um grande pedaço mofado de um móvel estofado escondido no "porão da casa da minha alma", e é tempo de me livrar dele.*

3. Sinto um grande desejo em falar tudo o que tem acontecido desde a última vez que vi você. A coisa mais emocionante é o crescimento espiritual que estou experimentando à medida que leio a Bíblia, e também enquanto oro.
4. Minhas orações têm crescido ao ponto de minha mente se encher de louvor e gratidão, com arrependimento, súplicas por mim e por outros, e assim vai. A oração tornou-se uma experiência viva e vibrante!
5. Na minha antiga vida, eu poderia esconder um problema, enterrá-lo, negar sua existência, fumar para sentir estar em outra realidade ou tomar uma bebida para atenuar a dor. Agora, todas essas antigas formas de lidar com as coisas não existem mais. Acredito que Deus está permitindo que venham à tona para poder trabalhar nelas — para fazer minha vida mais verdadeira e em ordem novamente.
6. Estou participando de dois grupos de estudo. São os momentos bons para mim durante a semana e eu sinto que as mulheres que conheci são o começo de boas amizades.
7. A verdade de Deus continua a se revelar a mim; a me preencher com admiração, alegria e gratidão inexprimíveis.
8. Comecei a ver como Deus me ama e se importa com todos os aspectos da minha vida, e que Sua intenção é que eu alcance a plenitude em cada área por meio dele. O Senhor estende Sua mão em meio a tudo isso. Não preciso mais lutar sozinha. Estou sendo transformada parte por parte, à medida que mais e mais Sua luz entra em mim. Ele se revela para mim de maneira que compreendo.
9. Eu vejo que a verdadeira transformação e a cura são possíveis por meio de Deus. O processo de me tornar íntegra vai além das palavras! Conforme ofereço a Deus tudo o que posso, Ele me dá de volta mais do que pensei ser possível... Ele realmente pode nos fazer pessoas novas; e à medida que olho ao meu redor e vejo os corações

mais duros e personalidades distorcidas, posso ter esperança nele, que pode fazer qualquer coisa. É fácil de acreditar nisso agora que Ele mudou a minha própria vida tão dramaticamente.

10. Olhando para trás, percebo que andei por um território perigoso. Fui tentada a buscar uma cópia do que eu realmente queria... Este é o verdadeiro teste, não é? Ser capaz de recusar o que você mais deseja porque sabe que não está correto. Precisei lutar e brigar com isso por dois meses. A única verdadeira paz que eu tinha era quando eu falava: "está bem, Deus, é Seu."

11. Passei por essas provações, apegando-me àquela maneira de viver – sendo justa aos Seus olhos por meio de Cristo e preservando essa justiça. Fiz isso por meio da entrega de todo o meu ser a Ele. Obrigada por ler todas as minhas cartas, Jennie. Estou feliz em saber que sempre podemos conversar independentemente do tempo, porque o assunto do qual falamos não se restringe ao tempo.

Com amor, Katie.

Oração apaixonada

Querido Pai celestial, obrigada por me escutar quando oro. Sinto-me confiante nos dias incertos em saber que o Senhor se importa com detalhes da minha vida, e interfere neles, me protege e me guia. Obrigada por Seu poder de libertar a mim e a outros. Estou livre do peso das correntes do pecado. O Senhor é verdadeiramente um grande Deus!

Obrigada pela Bíblia, Sua preciosa Palavra Sagrada, que me ensina a viver pela fé e me encoraja a orar. Pai, permito que o Senhor entre na minha vida e limpe a casa da minha alma. Por favor, ajuda-me a ter fome de justiça e a rejeitar o que me afasta de um relacionamento correto contigo.

Eu Te amo, querido Pai. Obrigada por me amar.

No nome poderoso de Jesus. Amém.

escape do corredor da morte!

Leitura das Escrituras: Atos 12:1-24

Por aquele tempo, mandou o rei Herodes prender alguns da igreja para os maltratar, fazendo passar a fio de espada a Tiago, irmão de João. Vendo ser isto agradável aos judeus, prosseguiu, prendendo também a Pedro. E eram os dias dos pães asmos. Tendo-o feito prender, lançou-o no cárcere, entregando-o a quatro escoltas de quatro soldados cada uma, para o guardarem, tencionando apresentá-lo ao povo depois da Páscoa.

Pedro, pois, estava guardado no cárcere; mas havia oração incessante a Deus por parte da igreja a favor dele.

Quando Herodes estava para apresentá-lo, naquela mesma noite, Pedro dormia entre dois soldados, acorrentado com duas cadeias, e sentinelas à porta guardavam o cárcere. Eis, porém, que sobreveio um anjo do Senhor, e uma luz iluminou a prisão; e, tocando ele o lado de Pedro, o despertou, dizendo: Levanta-te depressa! Então, as cadeias caíram-lhe das mãos.

Disse-lhe o anjo: Cinge-te e calça as sandálias. E ele assim o fez. Disse-lhe mais: Põe a capa e segue-me.

Então, saindo, o seguia, não sabendo que era real o que se fazia por meio do anjo; parecia-lhe, antes, uma visão. Depois de terem passado a primeira e a segunda sentinela, chegaram ao portão de ferro que dava para a cidade, o qual se lhes abriu automaticamente; e, saindo, enveredaram por uma rua, e logo adiante o anjo se apartou dele.

Então, Pedro, caindo em si, disse: Agora, sei, verdadeiramente, que o Senhor enviou o seu anjo e me livrou da mão de Herodes e de toda a expectativa do povo judaico.

Considerando ele a sua situação, resolveu ir à casa de Maria, mãe de João, cognominado Marcos, onde muitas pessoas estavam congregadas e oravam. Quando ele bateu ao postigo do portão, veio uma criada, chamada Rode, ver quem era;

reconhecendo a voz de Pedro, tão alegre ficou, que nem o fez entrar, mas voltou correndo para anunciar que Pedro estava junto do portão.

Eles lhe disseram: Estás louca.

Ela, porém, persistia em afirmar que assim era. Então, disseram: É o seu anjo.

Entretanto, Pedro continuava batendo; então, eles abriram, viram-no e ficaram atônitos. Ele, porém, fazendo-lhes sinal com a mão para que se calassem, contou-lhes como o Senhor o tirara da prisão e acrescentou: Anunciai isto a Tiago e aos irmãos. E, saindo, retirou-se para outro lugar.

Sendo já dia, houve não pouco alvoroço entre os soldados sobre o que teria acontecido a Pedro. Herodes, tendo-o procurado e não o achando, submetendo as sentinelas a inquérito, ordenou que fossem justiçadas.

E, descendo da Judeia para Cesareia, Herodes passou ali algum tempo.

Ora, havia séria divergência entre Herodes e os habitantes de Tiro e de Sidom; porém estes, de comum acordo, se apresentaram a ele e, depois de alcançar o favor de Blasto, camarista do rei, pediram reconciliação, porque a sua terra se abastecia do país do rei.

Em dia designado, Herodes, vestido de trajo real, assentado no trono, dirigiu-lhes a palavra; e o povo clamava: É voz de um deus, e não de homem! No mesmo instante, um anjo do Senhor o feriu, por ele não haver dado glória a Deus; e, comido de vermes, expirou.

Entretanto, a palavra do Senhor crescia e se multiplicava.

Nota final: Lucas, o primeiro historiador da igreja primitiva, registrou esta história entre os anos 63 e 70 d.C.

notas

conclusão

Meu objetivo ao escrever este livro é dar a você um gostinho surpreendente do que a Bíblia tem a dizer. Espero que tenha aguçado o seu apetite em abrir a Palavra de Deus e ir mais fundo para ver o quão aplicável ela pode ser em sua vida. A minha oração é que as histórias criem um anseio nos corações das leitoras que ainda não têm um relacionamento pessoal com Deus. Desejo que Ele as leve a buscar aquele que as ama e tem poder para trazer liberdade, paz e plenitude de vida.

"…Quem, todavia, lhe aceita o testemunho, por sua vez, certifica que Deus é verdadeiro" (João 3:33).

guia de estudo de dez semanas

jennie afman dimkoff

guia de estudo de dez semanas

Semana 1
um par perfeito

Meditação individual ou para discussão em grupo: Qual foi o pedido de casamento mais romântico que você já ouviu falar? (Pode ser algo que você leu, sua própria história ou ainda a de alguém que você conhece).

DIA UM: Leia a história (pp.14-22)

Quem é quem? Descreva os seguintes personagens e explique quais eram seus papéis:

❧ Abraão

❧ Isaque

❧ Eliézer

❧ Betuel

❧ Labão

❧ Rebeca

apaixonada Fé

DIA DOIS: Leia a seção Aprofundando nas páginas 22-31 e o texto do livro de Gênesis 24 (talvez você prefira ler em sua própria Bíblia, em que há divisão dos versículos).

- Escreva quais eram os costumes em relação ao casamento naquela época.

- Por que você acredita que Abraão quis que seu filho Isaque se casasse com uma moça cananeia?

- Se você é solteira: existem homens "inapropriados" no seu círculo de relacionamentos que você reconhece que eles são a escolha errada? Por quê? Você namorou alguns deles anteriormente? Qual foi o resultado desses relacionamentos?

- Se você é mãe: você gostaria de "arranjar" um casamento para seus filhos? Por que ou por que não?

DIA TRÊS: O poder da oração

- Você acha que Eliézer, servo de Abraão, sentiu-se preparado para a missão que seu senhor o enviou? Por que ou por que não?

- Em quem ele buscou ajuda?

- O que o Salmo 145:18-19 diz sobre alguém que ora?

🙣 Você tem alguém que ora por você regularmente? Quem é?

🙣 Leia o texto de Colossenses 4:2. Ele nos ensina a vigiar e a sermos perseverantes e gratas. Como Eliézer aplicou essas instruções em sua oração?
- Perseverança
- Vigia
- Gratidão

🙣 A hora da chegada de Eliézer à cidade de Naor era perfeita. Por quê?

🙣 O que ele fez ao chegar lá?

🙣 Por que Eliézer ficou animado quando Rebeca lhe contou quem era?

🙣 O que ele fez quando soube quem era Rebeca?

🙣 Quantas vezes Eliézer parou para orar e louvar o Senhor por Sua resposta de oração?

apaixonada Fé

- O servo clamou por direção em sua busca. Qual foi a última vez que você procurou a direção do Senhor a respeito de alguma área de sua vida?

- Você pede a ajuda de Deus diariamente? Qual foi a última vez que Ele respondeu especificamente uma de suas orações?

- Você o agradeceu por Sua intervenção na situação?

- Deus proveu "a mulher certa no tempo certo" em resposta à oração de Eliézer. Você crê que o Senhor provê o cônjuge certo para Seus filhos ainda hoje? Por que ou por que não?

- Em sua opinião, Deus se importa com quem namoramos ou com quem escolhemos como cônjuge? Você já convidou o Senhor para estar presente em sua vida ou na vida de seus filhos?

DIA QUATRO: O que existe por trás de um nome?

- O que significa o nome de Isaque? (Veja na p.19).

- E o de Rebeca?

- Rebeca parece ter feito jus a seu nome. Por quê?

- Você sabe o que seu nome significa? Isso indica sua personalidade? Como?

- Liste as prováveis características de personalidade de Rebeca.

- Rebeca concordou em se casar com Isaque sem tê-lo visto e em partir quase imediatamente com Eliézer. O que ela ouviu sobre aquele que seria seu marido que pode ter influenciado sua decisão?

- Você acha que Rebeca pode ter crido que esta mudança em sua vida foi direcionada por Deus em parte por ter testemunhado inúmeras vezes Eliézer orando?
  - Gênesis 24:12-14
  - Gênesis 24:26-27
  - Gênesis 24:50-52

- Lembre-se de que todo namorado é um parceiro em potencial. Se você é solteira, descreva quais características procura num marido e quais delas são essenciais.

- Agora liste as qualidades "extras", que seriam como um bônus em seu ideal de homem.

- A família de Rebeca não podia planejar ou comparecer ao casamento (eles nem sequer conheciam o noivo). Antes de ela partir, porém, a abençoaram, dizendo: "...És nossa irmã. Sê tu a mãe de milhares de milhares, e que a tua descendência possua a porta dos seus inimigos" (Gênesis 24:60). Pense em alguém que você ama. Pode ser sua filha, irmã ou melhor amiga. Escreva as palavras de "bênção" que você gostaria de dizer no dia do casamento dela.

DIA CINCO: O fator fé

ॐ Como os personagens a seguir exercitaram a fé? O que fizeram?

ॐ Abraão (quem Abraão esperava que guiasse seu servo? —Gênesis 24:7).
- Isaque
- Eliézer
- Rebeca
- Família de Rebeca

ॐ Leia o livro de Mateus 6:25-34. O que você pode aprender com as Escrituras sobre encarar desafios?

ॐ Pare por um momento e pense numa área de sua vida que você precisa exercitar a fé. Você crê que Deus vai ajudá-la?

ॐ O que você precisa fazer para fazer mover a sua fé?

guia de estudo de dez semanas

Semana 2
escolhendo confiar

Meditação individual ou para discussão em grupo: Quem são as duas primeiras pessoas que você procuraria em meio a uma crise? Por quê?

DIA UM: Leia a história (pp.40-48).

🙢 Quem eram os protagonistas, nominados e não nominados? Identifique-os e explique seus papéis:
- Arão
- Joquebede
- Miriã
- Anrão
- Faraó
- Capataz
- Parteiras
- Filha de Faraó

DIA DOIS: Leia a seção Aprofundando nas páginas 48-51 e o texto de Êxodo 1:6–2:10.

🙢 Explique a situação em que os hebreus se encontravam no início da história (talvez você queira ler o livro de Êxodo 1–5 para mais esclarecimentos).

🙢 Quais foram as três medidas que Faraó tomou para controlar o crescimento populacional hebreu?

Fé apaixonada

- O povo de Deus foi extremamente abusado e usado durante aquela época. Você já foi tratada de maneira injusta socialmente ou no trabalho? Como você reagiu e o que aprendeu com a experiência?

- Você reagiria da mesma maneira se tivesse de enfrentá-la novamente? Por que ou por que não?

- O que o livro de Romanos 5:3 ensina sobre provações?

- E mais: continuamos a louvar a Deus mesmo em meio aos problemas, porque sabemos que estes podem desenvolver a paciência em nós. E essa paciência forja nosso caráter, mantendo-nos preparadas para o que Deus fará em seguida. Mantendo-nos alertas, nunca nos sentiremos sem o auxílio dele. Pelo contrário, podemos encher muitos vasos de bênçãos que Deus generosamente traz em nossas vidas por meio do Seu Espírito (Romanos 5:3-5).

DIA TRÊS: Alicerce moral e espiritual

- As parteiras tiveram dois encontros face a face com o Faraó. Qual atribuição foi dada a elas no primeiro deles?

- Se você fosse uma das parteiras, o que teria sentido se cumprisse as ordens do Faraó?

guia de estudo de dez semanas

- O que as parteiras fizeram?

- Como resultado da desobediência, o soberano chamou as parteiras para um segundo encontro, querendo saber por que infringiram o decreto. O que elas responderam?

- Leia o livro de Êxodo 1:17. A quem as parteiras temiam?

- Todas as mulheres da história mostraram um forte alicerce maravilhosa moral e espiritual diante das circunstâncias ameaçadoras. Como o Senhor as recompensou? (veja no livro de Êxodo 1:20-21).

- Você já esteve numa situação em que uma autoridade ordenou que você fizesse algo imoral, ilegal ou antiético? Como você reagiu?

- Todas nós estamos num nível de maturidade espiritual diferente, e Deus nos ama no patamar em que nos encontramos. Considere sua situação desafiadora do passado no seu nível espiritual de hoje. Você acredita que reagiria do mesmo modo caso se defrontasse com ela novamente? Por que ou por que não?

- A quem você admira como sendo uma mulher de força espiritual? Por que você a admira?

🕊 Que ações você deve tomar para ser mais parecida com ela?

DIA QUATRO: Uma situação impossível

🕊 Joquebede levava uma vida complicada por vários motivos. Ela era uma escrava que tinha um bebê condenado à morte para esconder. A hebreia conseguiu manter o segredo por três meses, até chegar ao limite, como conta a Bíblia no livro de Êxodo 2:3. Coloque-se no lugar dela e discuta sobre isso com seu grupo de estudo. Quais foram os possíveis desafios que Joquebede enfrentou nesse período?

🕊 O Senhor abençoou aquela mulher de fé com um plano incomum, que envolvia dois dos filhos dela. No que ela poderia estar pensando ao preparar o cesto em que colocaria Moisés?

🕊 Como você acha que Miriã pensava quanto ao plano?

🕊 No livro de Lucas 1:26-38, podemos ler sobre a história de outra mulher de fé que escolheu confiar em Deus a respeito de algo que parecia ser impossível. Quem era ela?

🕊 Qual foi a última vez que você se colocou em uma situação de risco sabendo que estava fazendo a vontade de Deus? (Pode ser mudar de emprego, uma decisão financeira, uma mudança, estabelecimento de limites saudáveis ou parar de controlar algo ou alguém.)

≽ O resultado recompensou o risco?

≽ Você envolveu o Senhor em sua decisão?

≽ Quanto tempo você demorou para reconhecer que Deus estava agindo na sua situação?

≽ Leia os versículos a seguir e explique o que eles ensinam sobre situações impossíveis:
- Mateus 19:26
- Lucas 1:37

DIA CINCO: O fator fé

≽ O que é fé? Descreva o que isso significa para você.

≽ No livro de Hebreus 11, são listados os "Heróis da Fé", do Antigo Testamento. Como a fé é definida em Hebreus 11:1?

≽ Leia o livro de Hebreus 11:23. O que diz sobre o estado de espírito de Anrão e Joquebede?

≽ Como eles puderam não ficar amedrontados diante do que se apresentava? Confiaram em Deus. Joquebede não colocou o bebê dentro do cesto no rio por mais ou menos uma hora e em seguida mudou de ideia, pegando-o novamente e conduzindo a situação a sua maneira. Ela teve fé e deixou-o ir, permitindo que Deus agisse em seu plano para a família dela.

- O livro de Isaías 12:2 assinala que "Eis que Deus é a minha salvação; confiarei e não temerei, porque o SENHOR Deus é a minha força e o meu cântico; ele se tornou a minha salvação." Você tem, atualmente, algo impossível de se resolver? Como palestrante, eu discurso a mulheres que parecem ser totalmente equilibradas por fora — mas na verdade, a maioria está lutando com muitas questões. Algumas delas, com complicações no trabalho. Outras, com a infidelidade do marido, a doença terminal de um parente, uma criança rebelde, um vício secreto. E a lista continua.

- Você sabe que Deus ama você e tem um plano especial para sua vida? Leia em voz audível os versículos de Jeremias 29:11-13. Deus escuta sua oração. Se você o procura, vai encontrá-lo. Se escolhe confiar nele, o Senhor vai mudar a situação ou sua atitude diante dela (o que seria um grande milagre) — pode ser também que aja das duas maneiras.

- O que é impossível para você? Essa pode ser uma questão pessoal e também desconfortável para compartilhar em seu grupo de estudo. É importante, porém, identificá-la (e lembre-se de que, se decidir contar, o grupo vai fortalecer sua fé em oração para que você a encare).

🔸 Qual passo de fé você deve dar para entregar a Deus essa área difícil em sua vida? Você pode fazer a "oração apaixonada" da página 53 e personalizá-la, conversando com Ele sobre isso? Lembre-se: com Deus, tudo é possível!

Semana 3
primeiro eu, primeiro eu!

Meditação individual ou para discussão em grupo: Ops! Às vezes, falo antes de pensar, e então desejo que eu pudesse voltar atrás. Você se lembra de algum episódio em que isso aconteceu com você?

DIA UM: Leia a história (pp.59-67).

🔸 Quem é quem? Quais eram os três principais personagens e quais eram seus papéis?

DIA DOIS: Leia a seção Aprofundando nas páginas 68-71 e o texto do livro de Números 12:1-16.

🔸 Qual era a faixa de idade de Miriã quando a história começou?

🔸 Ao longo de sua vida, Miriã demonstrou uma variedade de temperamentos ou atitudes. (E considerando o episódio, sabemos que ela era idosa demais para a TPM ter sido um motivo.

- Como você descreveria a atitude dela logo que o povo saiu do Egito e atravessou o Mar Vermelho? Por que você acha que ela agiu assim?

- Por que a atitude dela antes da intervenção divina?

- Leia o livro de Números 12:3. Como essa passagem descreve o temperamento de Moisés? Entende-se que ele abusou de sua autoridade para com Arão e Miriã?

- Descreva a postura de Miriã no fim da história e por que ela mudou.

- Como você diria ser seu próprio temperamento? Você acha que as outras pessoas gostam de conviver com você? Por que ou por que não?

DIA TRÊS: Má liderança. Quem comanda?

- Deus usou Miriã de maneiras importantes durante sua vida. Como ela foi usada no livro de Êxodo 2?

- Leia a passagem de Êxodo 15:20, que descreve algumas das habilidades de Miriã como líder. Ela era música e dançarina, e conduziu uma canção de louvor ao Senhor. Mais do que isso, Miriã era uma "profetisa", isso é, a pessoa que proferia a Palavra do Senhor.

guia de estudo de dez semanas

❧ Quantas mulheres seguiram Miriã nessa ocasião?

❧ O que podemos ler no livro de Miqueias 6:4 sobre a responsabilidade que Deus depositou nela?

❧ Quais qualidades você considera importantes numa boa líder?

❧ O que você acredita que motiva as pessoas a buscarem posições de liderança?

❧ John C. Maxwell dá aos seus leitores um "teste de liderança", baseado no texto de 1 Pedro 5:1-3. Ele diz que Deus nos convoca a liderar e servir voluntariamente, e não para proveito próprio, desejosos de fazer a vontade de Deus, não por constrangimento, mas para servir como um exemplo. Maxwell incita que os líderes verifiquem se estão seguindo os pontos a seguir:

1. Enquanto lidera, você se lembra do exemplo do sofrimento de Jesus? (v.1).

2. Enquanto pastoreia, você o faz por obrigação ou privilégio? (v.2).

3. Quando serve, você é motivado por Deus ou pelos homens? (v.2).

4. Quando ministra, você o faz para proveito próprio ou por paixão divina? (v.2).

5. Quando influencia outros, você vive o que prega? (v.3).

6. Quando se sacrifica em algo, você consegue esperar pela recompensa final ou concentra-se em recuperar seu investimento imediatamente?

🌿 Veja o que diz o versículo de Provérbios 11:2 e transcreva-o abaixo.

🌿 Qual ministério você sente que o Senhor lhe confiou?

🌿 É fácil ou desafiador interagir com as pessoas a quem você tem de responder em casa, no trabalho ou no ministério? Por quê?

🌿 Você ora por essas autoridades que estão sobre você? Por que isso seria uma boa ideia?

DIA QUATRO: A língua sem controle. O livro de Tiago 1:26 afirma: "Se alguém supõe ser religioso, deixando de refrear a língua, antes, enganando o próprio coração, a sua religião é vã." Miriã e Arão criticaram Moisés, a quem Deus claramente escolheu para liderar o povo. É interessante que eles não escolheram falar de suas habilidades de liderança, mas sim criticar. A quem eles ofenderam, afinal?

🌿 O que os versos a seguir asseguram sobre os que fofocam?
- Provérbios 13:3
- Provérbios 13:10

- 2 Timóteo 2:16

🙂 Analisando esses acontecimentos, o que você acha que Deus pensa sobre a fofoca?

🙂 O que você acredita que incita as pessoas a criticarem os líderes?

🙂 Você já foi tentado a criticar alguém?

🙂 Voltando à história, o livro de Números 12:4 diz que "Logo o Senhor disse a Moisés, e a Arão, e a Miriã…" Como você se sentiria se Deus interrompesse você repentinamente enquanto estivesse criticando alguém negativamente?

🙂 O versículo (Números 12:4) parece indicar que Moisés estava presente enquanto era criticado pelos irmãos. Como você acha que ele se sentiu? Ele pediu ao Senhor para puni-los? O que ele rogou?

🙂 Como você respondeu da última vez que foi criticada injustamente?

Fé apaixonada

DIA CINCO: O fator fé

Líderes cristãos não somente têm a responsabilidade de conduzir a vida de maneira digna de ser seguida, mas também de dar exemplo na caminhada de fé com Deus.

A presença física de Deus estava com os filhos de Israel de modo palpável — numa coluna de nuvens durante o dia e numa coluna de Fogo à noite (Êxodo 13:21). Para nós, o fato parece incrível, mas Miriã aparentava ter perdido essa admiração. Ela percebeu que Deus havia visto suas ações e escutado sua fofoca. A irmã do líder israelita tentou se justificar, enfatizando sua própria posição como profetisa.

- Lembre-se de alguma vez em que você confiou mais na sua própria habilidade do que na direção de Deus. Como foi a experiência?

- O que você aprendeu?

- O que o livro de Filipenses 4:13 ensina sobre obter êxito?

- No Novo Testamento podemos ler a história de um líder que tirou seu foco de Jesus.

- Leia-a no livro de Mateus 14:22-33. O que diz?

- O que tem tirado sua atenção do Senhor?

🙢 Que escolhas você fez (ou precisa fazer hoje) para colocar sua fé nos trilhos novamente? Compartilhe com alguém o que você aprendeu com a experiência.

🙢 Miriã já era idosa quando esse episódio aconteceu. As Escrituras não nos contam o que ela fez após o período em que foi disciplinada, mas nos informam que os israelitas não levantaram acampamento até que ela estivesse restaurada, com eles. O que podemos aprender no livro de Tito 2:3-5 sobre como nós, mulheres, deveríamos viver?

🙢 Lembre-se de que não importa sua idade. Se existem mulheres mais novas que você, seja a pessoa que influencia a vida delas (uma mulher na casa dos 30 anos pode influenciar uma na casa dos 20, e uma nesta idade pode ser um exemplo para uma adolescente).

🙢 Qual foi o epitáfio sobre Miriã registrado no livro de Deuteronômio 24:9?

🙢 Agora escreva abaixo o que diz o livro de 2 Timóteo 4:7.

🙢 Se a sua caminhada de fé fosse avaliada e impressa em sua lápide, qual das seguintes afirmações seria verdadeira? (1) Ela seguiu o Senhor; (2) Ela falhou e desviou-se; (3) Ela falhou e depois seguiu o Senhor fielmente.

Fé apaixonada

🕊 Você já permitiu que o Senhor seja o "comandante" da sua vida? Você pode fazer sinceramente a oração encontrada no final da história de Miriã, nas páginas 67-68?

Semana 4
O orgulho leva um banho

Meditação individual ou para discussão em grupo: No começo deste capítulo, estudamos sobre uma mãe que foi desafiada por sua filha. Você consegue lembrar de alguma vez em que seu orgulho colocou você em uma situação constrangedora?

DIA UM: Leia a história (pp.81-88)

🕊 Quem foram os personagens importantes, nominados e não nominados? Identifique-os e explique seus papéis:
- Naamã
- A esposa
- A menina cativa
- Eliseu
- Os dois reis
- Os servos de Naamã

DIA DOIS: Leia a seção Aprofundando nas páginas 89-94 e o texto do livro de 2 Reis 5:1-19.

- Naamã era um poderoso, honrado e respeitado líder militar na terra pagã. De acordo com o livro de 2 Reis 5:1, quem era responsável pelo sucesso dele?

- Descreva o problema de Naamã e como isso pode ter afetado sua posição.

- Qual ação dele indicou que sua situação estava ficando desesperadora?

- Por que você acha que Deus permitiu que Naamã ficasse doente?

- Você acredita que Deus permite dificuldades em nossas vidas às vezes para que o procuremos? A adversidade já aproximou você do Senhor? Como e quando foi?

DIA TRÊS: Expectativas boas

- Como Naamã se preparou para a viagem ao território inimigo?

- O que ele esperava do rei de Israel? O que recebeu?

- O que ele esperava ao chegar à casa do profeta Eliseu? O que aconteceu de fato?

🙢 Qual foi a resposta de Naamã? Por que você acha que ele respondeu dessa maneira?

🙢 O que o livro de Romanos 9:20-21 diz sobre a resposta de Deus à rebelião humana?

🙢 O que teria acontecido a Naamã se ele tivesse permanecido rebelde?

🙢 Como você reagiu quando as suas expectativas não corresponderam ao que você recebeu?

🙢 O que o livro de Hebreus 10:35-36 diz sobre a perseverança em tempos de decepção?

Há momentos em que, como Naamã, podemos não entender porque é importante obedecer à vontade de Deus. No livro de 1 Coríntios 2:7, podemos ler: "…mas falamos a sabedoria de Deus em mistério, outrora oculta, a qual Deus preordenou desde a eternidade para a nossa glória…"

🙢 O que podemos aprender com os trechos bíblicos a seguir e como você pode aplicar as verdades neles escritas em sua vida e situação?
- Salmo 119:24-37
- 1 João 5:2-5

DIA QUATRO: O valor de um conselho sábio

- A cada quatro anos, o presidente dos Estados Unidos escolhe seu pessoal de gabinete. Cuidadosamente, ele seleciona pessoas com experiência e habilidade em suas áreas de atuação. Por que você acredita ser importante procurar por pessoas confiáveis para estas posições?

- Embora fosse um homem poderoso, Naamã deu atenção aos sábios conselhos de pessoas que se importavam com ele. Quem deu a ele um conselho valioso e por que essa ação representava um risco?

- Quem são as pessoas que podem dar a você conselhos sábios e não egoístas? Você está próxima o suficiente delas para que a desafiem com sinceridade em relação às questões específicas em sua vida?

- O que os provérbios a seguir ensinam sobre a busca de conselhos?
  - Provérbios 12:15
  - Provérbios 19:20
  - Provérbios 15:22

- O livro de 1 Reis 22:5 conta sobre um homem poderoso, o rei de Judá, que instruiu outra pessoa influente, o rei de Israel, a consultar "primeiro a palavra do Senhor". O que os versos no livro de João 14:26-27 ensinam sobre aquele que é nosso melhor conselheiro?

apaixonada Fé

DIA CINCO: O fator fé

🕊 Quem era a pessoa de fé na casa de Naamã?

🕊 Leia o livro de Lucas 4:27. As Escrituras indicam que uma garotinha destacou-se pela sua fé notável. Por quê?

🕊 A criança escolheu ser uma bênção ao invés de prender-se as suas circunstâncias negativas. Consulte o livro de Romanos 12:9-15. Descreva como ela colocou em prática a conduta piedosa aconselhada nesta passagem?

🕊 A maioria das mulheres de hoje não é cativa em terra estrangeira. Muitas, contudo, encontram-se cativas de suas condições negativas. Estas podem ser uma dificuldade no ambiente de trabalho, um casamento arruinado, uma família disfuncional, familiares problemáticos, ou até mesmo confusões com irmãos da igreja. Você já passou ou está passando por um momento complicado? Como você pode aplicar em sua vida o que aprendeu com a garotinha da história?

🕊 A cura física e a conversão espiritual de Naamã estão entre as mais comoventes de toda a Bíblia. Antes de obedecer a instrução do Senhor, algo o atrapalhou — seu orgulho.

🕊 Liste pelo menos três acontecimentos que Deus permitiu ocorrer para que essa característica negativa dele fosse confrontada.

❧ Inicialmente, Naamã se rebelou e então se afastou para longe da direção divina, enfurecido. Mais tarde, ao ouvir o sábio conselho de seus servos, ele escolheu humilhar-se e seguir a orientação do servo de Deus. O que as passagens abaixo afirmam sobre a importância da humildade?
- Salmo 25:9
- Tiago 4:10

❧ Quando se humilhou e obedeceu às ordens, Naamã recebeu muito mais do que somente cura física. "A obediência dele permitiu que acontecesse um milagre extremamente maior do que ele esperava."[2] Aquele homem se converteu ao verdadeiro Deus naquele dia. Quais ações de Naamã provaram que ele havia sido transformado?

❧ Não é maravilhoso que Deus nos permita fazer mudanças de rumo em nossa vidas?

❧ Quando abrimos mão do pecado e da rebelião e vamos em Sua direção, Ele opera milagres em nossos corações e vidas. O que o livro de 2 Coríntios 5:17 diz sobre a nova vida em Cristo, o Filho de Deus?

❧ Você precisa implementar uma mudança de rumo em sua vida e seguir o Senhor?

apaixonada Fé

🕊 As outras pessoas conseguem visualizar evidências da sua fé em Jesus como Senhor e Salvador? O que mudou?

🕊 Você pode fazer honestamente e sinceramente a oração da página 97?

Semana 5
querida Abigail

Meditação individual ou para discussão em grupo: Você consegue lembrar de algum namorado que deixou para traz e é grata por ter tomado tal decisão? Por quê?

DIA UM: Leia a história (pp.102-113)

🕊 Quem é quem? Descreva os seguintes personagens importantes e explique quais eram os seus papéis:
- Davi
- Nabal
- Abigail

🕊 Leia a seção aprofundando nas páginas 89-94 e o texto de 1 Samuel 25:1-42:
- Qual favor Davi fez a Nabal?
- O que Davi esperava receber dele?

- E o que Davi recebeu?

DIA TRÊS: Dormindo com o inimigo

🔖 Abigail vivia um casamento difícil. Descreva o caráter de Nabal, marido dela. Os versos bíblicos a seguir se referem a alguém com o caráter de Nabal. O que eles dizem?
- Provérbios 5:22
- Provérbios 17:13
- Provérbios 17:16
- Provérbios 18:6
- Provérbios 18:7
- Provérbios 19:3
- Tiago 1:26

🔖 Qual ação de Nabal colocou Abigail e todos os outros de sua casa em risco?

🔖 Apesar de sua condição de esposa infeliz, Abigail escolheu responder ao ocorrido com ações e palavras sábias. Como ela fez isso?

🔖 O que você aprende com as passagens a seguir, que remetem a alguém com caráter similar ao de Abigail?
- Provérbios 8:7
- Provérbios 12:18
- Provérbios 31:26
- 2 Timóteo 1:7

🕊 Como você reage quando é confrontada pelo inimigo?

DIA QUATRO: Estabelecendo limites saudáveis

🕊 Abigail era paciente e sensata com Nabal, até ele agir de maneira a pôr em perigo os de sua casa. Naquela situação, ela agiu para poupá-los. O que ela fez para estabelecer limites saudáveis?

🕊 A ira é a reação mais comum à injustiça, mas nesta história Abigail agiu sabiamente. O Dr. Henry Cloud e o Dr. John Townsend, no livro Limites, Editora Vida, 2002, afirmam: "Quanto mais nossos limites se fundamentarem na Bíblia, menores vão ser os sentimentos de ira. Indivíduos que estabelecem limites maduros são as pessoas menos furiosas do mundo."[3]

🕊 O que os versículos a seguir ensinam sobre reagir à injustiça?
- Provérbios 28:5
- Provérbios 3:27
- Isaías 40:29
- Salmo 31:24

Pense sobre isso: em qual área de sua vida seria sábio estabelecer limites saudáveis? (Pode ser em casa, no trabalho, em sua família estendida etc.)

🕊 Utilize um dos versos acima para clamar ao Senhor por seu problema.

DIA CINCO: O fator fé

🌿 Abigail era uma mulher bela, mas é conhecida mais por sua sabedoria e temor ao Senhor. Qual risco ela correu que exigiu grande fé de Abigail? Qual poderia ter sido o resultado se ela não tivesse tomado este passo de fé?

🌿 Você está passando por um momento difícil? O que diz o livro de Tiago 1:5?

🌿 Você consegue tirar uma lição da história de Abigail? Qual?

🌿 Leia a passagem de Provérbios 4:5-7 e transcreva o texto de Josué 1:9.

🌿 Apesar de não saber naquele tempo, Deus usou uma crise terrível para aproximá-la do seu futuro marido. Você realmente acredita que Deus pode manejar os acontecimentos para trazer algo bom para você? Posicione-se! Transcreva o versículo do livro de Deuteronômio 31:8 e rogue a Deus em relação à área necessitada de sua vida.

Fé apaixonada

Semana 6
buscando a face de Deus na correria da vida

Meditação individual ou para discussão em grupo: o presidente estava vindo para a nossa cidade! A entrada era de graça, mas o ingresso era obrigatório. Meu marido e meus filhos estavam animados para ir. Contudo, após chegarem, foram redirecionados a um estacionamento externo, onde assistiriam ao programa em uma tela gigante ao ar livre, ao invés de terem a oportunidade de ver o presidente pessoalmente. Que decepção!

- Quando foi a última vez que você foi a um show, desfile ou evento esportivo em que estava impossibilitada de ver ou desfrutar da apresentação como desejava?

DIA UM: Leia a história (pp.127-132)

- Quem é quem? Quem eram os dois personagens principais e quais eram seus papéis?

DIA DOIS: Leia a seção Aprofundando nas páginas 132-133 e o texto de Lucas 19:1-10.

- Por que os colegas judeus de Zaqueu não gostavam dele?

- Você acha que Zaqueu foi bem sucedido na vida? Por que ou por que não?

Jennie Afman Dimkoff

🍃 Descreva por que Zaqueu se esforçou tanto em ver Jesus naquele dia.

🍃 Mentalmente, coloque-se num galho espiando por entre folhas no elevado esconderijo de Zaqueu. Como você se sentiria se Jesus parasse, olhasse nos seus olhos, e a chamasse pelo nome?

DIA TRÊS: Quem merece o perdão de Deus?

🍃 Você já presenciou alguém abusar de sua posição de autoridade para benefício próprio?

🍃 Zaqueu era um pecador conhecido. Ele tinha autoridade sobre seus colegas judeus por causa da posição de chefe na coleta de impostos. Ele era conhecido, porém, por se utilizar do seu trabalho para enganar os outros. Leia os seguintes versículos. O que nos falam a respeito do que Deus pensa sobre desonestidade?
- Provérbios 11:1,12
- Lucas 16:10-13

🍃 Se Deus odeia o pecado, por que Jesus gastaria tempo para fazer amizade com alguém como Zaqueu quando havia tantas outras pessoas o seguindo? O que este versículo nos diz sobre quem Jesus queria alcançar e como se sentia a respeito deles?
- Lucas 15:1-7
- Lucas 19:10

Fé apaixonada

- As pessoas religiosas nesta história estavam aborrecidas pelo fato de Jesus ir à casa de Zaqueu. Se um presidiário era liberto da prisão ou uma prostituta local entrasse na igreja, eles seriam bem-vindos?

- O livro de Romanos 3:23 diz "...pois todos pecaram e carecem da glória de Deus" No fim, Deus odeia o pecado, mas ama os pecadores. Por que essa é uma boa notícia para nós?

DIA QUATRO: Buscar e encontrar.

- Zaqueu era uma "pessoa que buscava", e seu coração solitário e pecaminoso ansiava por vislumbrar Jesus naquele dia, em Jericó. Pouco sabia do efeito que suas ações teriam! Zaqueu realizou três coisas importantes naquele dia que mudariam sua vida. Para hoje, pense em duas dessas três ações importantes e como você poderia ter a mesma atitude — com uma mudança de vida impactante.

- **1. Ele saiu da rotina para ver Jesus.** Quando obstáculos interromperam seu plano, ele criou outro. Pense a respeito. Apesar de sua agenda cheia, liste três ações específicas e práticas que você pode fazer esta semana para sair da sua rotina a fim de se encontrar com Jesus. O que o livro de Isaías 55:6 diz?

- **2. Ele respondeu imediatamente quando Jesus chamou seu nome.** Quando Jesus chamou Zaqueu e disse que queria ir até sua casa, ele não hesitou. Não examinou sua agenda nem esperou a multidão se dispersar para descer da árvore, para que não vissem sua falta de agilidade. Também não tentou ser politicamente correto na frente de qualquer judeu ou romano que pudesse estar presente. Sua atitude e ações simplesmente expressaram um "sim" para Jesus.

👉 Você acha que Deus tem dificuldades em chamar a sua atenção? Por que e por que não?

👉 O que você vê como o maior obstáculo que a impede de responder a Deus quando Ele toca seu coração e você sabe que deveria investir tempo com Ele?

DIA CINCO: O fator fé

👉 A história de Zaqueu é um exemplo maravilhoso de vida transformada radicalmente quando alguém escolhe buscar, crer e reconhecer seu relacionamento com Jesus Cristo diante das pessoas. Quando os dois saíram da casa de Zaqueu, este testemunhou publicamente sua fé. Então deu um passo a mais, provando que era um homem transformado.

👉 O que o livro de 2 Coríntios 5:17 diz a respeito da mudança que Cristo faz na vida de todos os que creem?

Fé apaixonada

Releia o livro de Lucas 19:8 e descreva como Zaqueu permitiu que seu relacionamento com Jesus Cristo afetasse seu relacionamento com outras pessoas.

🕊 Você já declarou publicamente sua fé em Jesus Cristo? Se sim, o que você fez e como os outros reagiram?

🕊 Se não, quais seriam algumas maneiras de você fazer isso?

🕊 Você é uma "pessoa que busca", como Zaqueu? Você precisa de um relacionamento com Jesus Cristo? Por que não fazer a oração da página 142 e convidar o Salvador para dentro de seu coração e sua vida?

🕊 No livro de 1 Crônicas 28:9, o rei Davi dá ao seu filho Salomão o conselho de buscar e servir a Deus. Diz: "...conhece o Deus de teu pai e serve-o com um coração íntegro e alma voluntária; porque o SENHOR esquadrinha todos os corações, e penetra todos os desígnios do pensamento. Se o buscares, ele deixará achar-se por ti".

Semana 7
fé e amizade se encontram

Meditação individual ou para discussão em grupo: você tem um amigo que faria qualquer coisa por você? Pense num exemplo de quando ele fez algo "muito maior do que o esperado" por você ou sua família.

DIA UM: Leia a história (pp.148-155)

- Quem é quem? Jesus e um homem paralítico são os dois personagens principais. Havia dois grupos de pessoas no desenrolar dos acontecimentos. Quem eram eles?

DIA DOIS: Leia a seção Aprofundando nas páginas 155-157 e o texto de Marcos 2:1-12.

- Você já (ou alguém bem próximo a você) foi paralítica ou mesmo inválida, temporariamente? Se sim, quais foram seus maiores desafios físicos, emocionais, sociais e espirituais?

- Você tem amigos ou familiares que se reuniram para ajudá-lo? O que fizeram por você?

- Você recebeu a assistência de bom grado?

- Como você descreveria o público para o qual Jesus se dirigia naquele dia?

Fé apaixonada

DIA TRÊS: Amizade persistente

🌿 Descreva os desafios que os amigos do paralítico enfrentaram.

🌿 Algumas vezes, é desafiador ser amigo de uma pessoa necessitada, pois geralmente requer sacrifício de tempo. O que o livro de Gálatas 6:2 diz sobre ajudar os outros?

🌿 As necessidades espirituais dos seus amigos são tão importantes quanto às físicas? de que modo você tem tentado supri-las?

🌿 Houve um tempo em que você achou que a situação de alguém não tinha mais jeito e desistiu de ajudá-lo? Se sim, quais foram as circunstâncias?

🌿 O livro de 1 Coríntios 13:4 afirma que "O amor é paciente, é benigno…" e o verso 7 diz que o amor "…tudo sofre, tudo crê, tudo espera, tudo suporta". De que formas você tem sido um amigo persistente? Como tem perseverado?

DIA QUATRO: O que Deus vê?

🌿 Descreva o que a audiência viu quando o leito foi baixado pela abertura no teto naquele dia.

🌿 O que o livro de 1 Samuel 16:7 tem a dizer sobre a diferença do ponto de vista do homem e de Deus?

- Descreva o que Jesus viu naquele dia quando olhou para:
  - O público naquele quarto
  - Os quatros amigos olhando pela abertura no telhado
  - O paralítico aos Seus pés

- O que é mais importante para Jesus: curar o homem espiritual ou fisicamente?

- Quando Jesus olha para você hoje, o que você acredita que Ele julgue como sua maior necessidade?

- O que o Salmo 7:9 fala sobre a maneira que Deus nos vê?

DIA CINCO: O fator fé

- No livro de Marcos 2:5 está escrito: "Jesus, vendo-lhes a fé…" A fé de quem você acredita que Ele viu?

- Aqueles rapazes tinham fé persistente, resistente, determinada e fervorosa. Eles criam que Deus poderia mudar a vida do amigo, e estavam dispostos a superar grandes obstáculos para levá-lo a Jesus.

- Você crê que Deus pode mudar a vida de seus amigos? Você está disposto a sair da rotina para apresentá-los a Jesus Cristo?

Fé apaixonada

- Quão importante é nossa fé para Deus? O que o livro de Mateus 13:58 e de Marcos 6:5-6 revelam?

- O que o livro de Hebreus 11:6 diz sobre fé?

- Quem você conhece que precisa encontrar-se com Jesus?

- Que atitudes você poderia tomar para apresentar essa pessoa ao Salvador?

- Se ela rejeitar ou recusar o convite, de que outra forma você poderia transmitir-lhe o amor de Deus?

Semana 8
Adivinhe quem vem para o jantar

Meditação individual ou para discussão em grupo: qual é o seu cardápio favorito para cozinhar quando está esperando visitas para o jantar?

guia de estudo de dez semanas

DIA UM: Leia a história (pp.165-172).
- Quem é quem? Liste os personagens importantes, nominados e não nominados. Explique quais eram seus papéis.

DIA DOIS: Leia a seção Aprofundando nas páginas 172-175 e o texto de Lucas 10:38-42.
- Em qual vilarejo Marta, Maria e Lázaro viviam e qual era a distância de Jerusalém?

- Descreva o relacionamento que Jesus tinha com esses três irmãos.

- Enumere cinco pessoas que se sentem à vontade quando chegam de repente em sua casa para uma visita ou refeição.

DIA TRÊS: O que há de novo
- Não nos é dito nas Escrituras que tipo de comida Marta preparou para o grande grupo de visitas, mas nos é relatado que estava ocupada demais com o serviço. Sabemos que a dona da casa não podia pedir pizza ou comprar comida, mas que era conhecida por sua hospitalidade. Jesus e Seus discípulos se sentiam à vontade lá — isso é, exceto quando ela perdeu a compostura na frente de todos.

Fé apaixonada

- Você tem o dom da hospitalidade? Numere as seguintes palavras em ordem de importância, considerando o que você acredita que um anfitrião deveria providenciar:
  - comida caseira
  - conversa relevante
  - música de fundo
  - belo arranjo da mesa
  - luz de velas
  - contato visual
  - café/chá
  - sobremesa
  - um sorriso

- O que os seguintes versículos falam sobre hospitalidade?
  - 1 Pedro 4:9-10
  - Marcos 9:41
  - Romanos 12:13
  - Hebreus 6:10
  - Hebreus 13:2

- Se uma grande família resolvesse parar inesperadamente na sua casa antes do jantar, você os convidaria para ficar para a refeição? Se sim, o que serviria?

DIA QUATRO: Bem-vindas, mulheres!

- Mateus, Marcos e Lucas, ao escreverem sobre a vida e o ministério de Jesus Cristo, mencionam o fato de que "muitas" mulheres seguiram Jesus e ajudaram a sustentar Seu ministério.

Embora a tradição judaica desencorajasse o aprendizado de mulheres com os rabinos, nessa história encontramos Maria sentada no chão perto de Jesus enquanto Ele ensinava. Quando ela foi criticada, Jesus defendeu sua presença ali.

Leia os livros de Mateus 27:55; Marcos 5:41; 15:41; Lucas 8:1-3; 24:1 e João 4:27.

Todas essas passagens se referem às mulheres e a Jesus. Explique por que você acredita que mulheres amavam, seguiam e apoiavam o Seu ministério.

Em algumas regiões do mundo contemporâneo, mulheres ainda são consideradas inferiores ou indignas de educação ou de expressar opinião. Coloque-se no lugar delas.

- Pense em como você se sentiria caso encontrasse Jesus na rua e Ele passasse tempo conversando com você. Digamos então que Ele estendesse a mão e mudasse sua vida radicalmente para melhor, curando o seu filho enfermo. Como você se sentiria? O que faria?

- Jesus Cristo ainda transforma vidas. Ele mudou a sua? Se sim, de que forma?

- Você ama, segue e apoia o ministério de Jesus? Se sim, de que modo?

- Pense por um momento sobre como você poderia apoiar ainda mais a causa de Cristo e encorajar outras mulheres a fazerem o mesmo.

Fé apaixonada

DIA CINCO: O fator fé

Porque Jesus e Seus seguidores divergiam com frequência, havia riscos nos encontros.

Sem sombra de dúvida, isso intensificava a agitação das visitas e aumentava a tensão do dono da casa. Marta exercitou a fé ao receber Jesus e Seus discípulos em casa. Maria demonstrou fé ao sentar aos pés de Jesus com os homens na sala, escutando-o enquanto ensinava.

- O texto de Romanos 12:6-8 descreve uma série de dons espirituais e nos exorta a usar nosso dom "segundo a graça que nos foi dada". Quais dons são listados?

- Você consegue identificar o seu dom nessa lista? Se sim, qual é e como você o está usando na causa de Jesus?

- Qual era o dom espiritual de Marta?

- Se ela estava exercitando seu dom, o que a levou a ter problemas? Em suas próprias palavras, descreva em que você acredita que ela errou.

- Você se lembra de um período em que trabalhou arduamente organizando um encontro de família e acabou em lágrimas antes da "alegre" reunião ter finalizado? Recordando alguns dos episódios constrangedores da minha vida, percebo que várias situações foram provavelmente porque: trabalhei a ponto de me desgastar antes da chegada das minhas visitas; não deleguei funções corretamente a respeito da refeição e das atividades; outros parentes não ajudaram tanto quanto imaginei; minhas expectativas eram muito superiores; eu tentei impressionar meus convidados ao invés de me esforçar para tornar aquele encontro agradável. Qual foi a última vez que algo assim aconteceu com você? Você faria algo diferente se pudesse reviver aquele dia?

Jesus amava Marta o suficiente para responsabilizá-la por suas atitudes e ações naquela noite. O resultado foi uma mudança de vida, e vemos uma Marta totalmente nova na passagem do livro de João 11-12, da qual vamos estudar mais para frente. No fim das contas, ela aprendeu com seus erros e fez uma declaração apaixonada de fé em meio à grande decepção. E continuou a servir a Cristo e aos outros.

❧ Você é apaixonada por servir a Deus e compartilhar sua fé?

❧ Sua casa é um local aberto onde Deus é honrado com o que as pessoas conversam? As visitas que você recebe estão mais impressionadas com seu acolhimento genuíno e carinhoso ou com a refeição e o serviço à mesa?

❧ Você pode fazer sinceramente a oração das páginas 184?

Fé apaixonada

Semana 9
"Você se atrasou, Deus! onde o Senhor estava quando precisei de ti?"

Meditação individual ou para discussão em grupo: qual foi o funeral mais significativo que você já compareceu? O que havia de especial?

DIA UM: Leia a história (pp.189–194).
- Quem é quem? Enumere os quatro protagonistas e explique quais eram seus papéis.

DIA DOIS: Leia a seção Aprofundando nas páginas 194–205 e o texto em João 11:1-45.
- Por que Marta e Maria estavam desanimadas e desiludidas?

DIA TRÊS: Política e religião
- Por que era arriscado que Jesus aparecesse em Betânia depois que Lázaro morreu?

- Você acredita que Jesus esperou para ir ajudar seus amigos por causa do risco envolvido? Por que ou por que não?

- Quais eram os dois maiores grupos religiosos judaicos e por que eles não receberam Jesus bem?

guia de estudo de dez semanas

🍂 De acordo com os seguintes versículos, como os líderes religiosos tentaram tirar o crédito de Jesus?
- Mateus 9:10-12
- Mateus 9:32-34
- Mateus 12:1-2
- Mateus 12:9-10
- Mateus 12:22-24
- Mateus 21:43-45

🍂 Você acredita que há atualmente grupos religiosos que se opõem à causa de Cristo e abusam de sua autoridade para propósitos políticos?

🍂 Frequentemente, Jesus se recusava a fazer um "show" de milagres (Mateus 12:38-39) para os líderes religiosos. No livro de Mateus 7:1-6, Jesus instruiu sobre como lidar com encrenqueiros. Como você resumiria esse conselho?

DIA QUATRO: Mágoa e desilusão

🍂 O que Marta e Maria esperavam quando enviaram a mensagem a Jesus?

🍂 Qual foi a resposta dele?

🍂 Você considera que o pedido delas foi sensato, dada sua amizade próxima com Jesus?

Fé apaixonada

- Por que ou por que não?

- As duas irmãs sofreram com a desilusão. Parecia que Jesus havia ignorado seu pedido de ajuda. Se Ele realmente as amava, por que demorou em vir? Você acha que Jesus compreendeu sua dor e desilusão? Se sim, por quê?

- Philip Yancey, em seu livro Onde está Deus quando chega a dor?, Editora Vida, 2005, escreve: "o sofrimento humano permanece sem sentido e inútil ao menos que tenhamos total certeza de que Deus se importa com nossa dor e pode, de certa forma, curá-la. Em Jesus, temos essa certeza". O que os seguintes versículos falam sobre mágoa e sofrimento?
  - Salmo 27:14
  - Salmo 126:5-6
  - João 14:1
  - João 14:27
  - Apocalipse 21:4

- Você já se decepcionou com Deus? Se já, você teve alguma revelação quanto ao "por quê" Deus permitiu aquele acontecimento ou como Ele agiu por meio dele para transformá-lo em algo bom?

Estou convencida de que há perguntas cujas respostas só vou saber no céu. O comentário abaixo de alguém que estudou o sofrimento, porém, é reconfortante. Sofrimento pode ser o que economistas chamam de "ativo passivo". Pode não parecer um ativo, a princípio, mas encontramos sentido nele gradualmente, um sentido duradouro que nos ajudará a transformar a dor.⁵

Maria e Marta viram sua tristeza se tornar alegria mais rápido do que esperavam — e sua experiência evidenciou que Jesus tem poder sobre a morte, antes mesmo de morrer e ressuscitar.

DIA CINCO: O fator fé

Jesus era bem conhecido por curar os enfermos. Mesmo assim "permitiu" que seus queridos amigos experimentassem a tristeza por causa da morte de Lázaro.

Foi o suficiente para abalar a fé das irmãs. E mesmo quando elas perceberam que Jesus viera, foram ao Seu encontro separadamente e derramaram suas angústias sobre Ele.

🖎 Que mensagem importante para nós! O que os seguintes versículos falam sobre como ou quando devemos nos aproximar de Deus?
- Salmo 55:4,5,16
- Salmo 55:22
- 1 Pedro 5:6-7
- Provérbios 3:5-6
- Hebreus 4:16

No momento da dor, pode parecer impossível imaginar que um desfecho bom possa vir da tragédia (deve ter parecido assim a Cristo no Jardim de Getsêmani). Jamais sabemos anteriormente como o sofrimento pode ser transformado em motivo de celebração, mas é nisso que somos chamados a crer. Fé significa crer antecipadamente naquilo que só fará sentido apenas mais tarde.⁶

Fé apaixonada

Apesar de Marta e Maria terem dito "Senhor, se estivesses aqui meu irmão não teria morrido", a primeira teve uma conversa com Jesus que resultou em sua declaração de fé, uma das mais nítidas da Bíblia. Escreva abaixo a declaração dela, que é encontrada no livro de João 11:27.

Mais tarde, de pé ao lado da tumba, Jesus a lembrou que, se ela cresse, veria a glória de Deus naquele dia (João 11:40). Momentos depois, seu irmão ressuscitou. Você está lutando contra a dor ou uma grande decepção? Separe um momento para identificar alguma área de sua vida em que você luta com elas.

- Uma vez identificada, vá até Deus e descarregue sua decepção, lembrando que Ele se importa genuinamente com você e com a situação. Você consegue fazer com sinceridade a oração da página 189?

- Ao invés de perguntar a Deus o "por quê" de sua decepção, escolha pedir a Ele que a utilize para glorificá-lo e que indique a direção que quer que você siga.

- Quando tiver necessidades ou alegrias, vá ao encontro de Jesus. Permaneça em Sua presença e viva.

guia de estudo de dez semanas

Semana 10
escape do corredor da morte!

Meditação individual ou para discussão em grupo: você acredita no poder da oração? Qual foi a resposta de oração mais emocionante que você já recebeu?

DIA UM: Leia a história (página 210-218)

🕊 Quem é quem? Quem foram os protagonistas? Identifique-os a seguir e explique quais foram seus papéis:
- Rei Herodes
- Pedro
- Maria
- Rode
- Participantes da vigília de oração

DIA DOIS: Leia a seção Aprofundando nas páginas 191-202 e o texto de Atos 12:1-24.

🕊 Qual era a finalidade dos coliseus durante este período da história?

🕊 Qual é o maior estádio ou arena que você já foi? O que atraiu a multidão naquele dia?

🕊 Nesse relato, que tipo de evento Herodes preparou para entreter as multidões?

apaixonada Fé

DIA TRÊS: Nas garras do inimigo

🕊 Quem era o avô do rei Herodes e por qual ato terrível ele era conhecido?

🕊 Por que Pedro foi preso? O que Herodes planejava fazer com ele?

🕊 Quantos guardas foram escalados para vigiar Pedro?

🕊 Pedro estava numa situação desesperadora. Sem sombra de dúvida, o apóstolo se consolou por meio das Escrituras que havia estudado e se empenhado em memorizar.

🕊 Como as seguintes passagens o teriam confortado?
- Salmo 23:6
- Salmo 31:23-24
- Josué 1:9
- Provérbios 14:32

🕊 Imagine-se na situação de Pedro. Você está para ser julgada e executada amanhã. O que você desejaria ter tempo para fazer?

🕊 Você percebe que tem um inimigo?

DIA QUATRO: O poder da oração

Enquanto Pedro dormia no chão úmido da prisão, alguns amigos fiéis haviam se reunido nas proximidades para orar a favor dele. Sabemos que ambos homens e mulheres e pelo menos uma criança participaram da reunião de oração fervorosa naquela noite. Para surpresa deles, Deus respondeu seu clamor! Descreva como a oração deles foi atendida.

- Você crê que Deus responde a oração? O que as seguintes passagens falam sobre isso?
  - Salmo 50:15
  - Salmo 145:18-19

- Deus não apenas livrou Pedro das garras de Herodes, mas também destruiu o tirano. O que aconteceu com ele?

- Com que frequência você ora?

- Que acontecimentos a incentivaram a orar intensamente no ano passado?

- Você está aberta a uma nova forma de oração? Planeje uma "jornada de oração". Faça uma caminhada com a finalidade específica de investir tempo a sós com Deus e converse com Ele. Ofereça louvores e ações de graça por Sua criação ao redor de você.

Fé apaixonada

- Abra-se com o Senhor sobre as preocupações do seu coração. Se um amigo ou parente puder acompanhá-la, revezem, orando audivelmente enquanto caminham. Agradeça a Deus pelo modo como Ele respondeu suas orações no passado. Se você não consegue sair para caminhar, pense em outra forma de passar tempo em oração. (É a sua arma secreta e poderosa contra o inimigo!)

DIA CINCO: O fator fé

Quando escolhemos confiar em Deus, Ele fará uma destas coisas. Ou vai mudar as circunstâncias (Ele é Deus, afinal de contas) ou vai mudar sua atitude em relação às circunstâncias (o que pode ser um grande milagre) — ou vai operar em ambos.

- Antes de Pedro ser liberto das correntes, as Escrituras dizem que ele adormeceu. Surpreendente! Como o discípulo pode ter permanecido calmo o suficiente para dormir?

- Procure os seguintes versículos sobre a paz que está disponível a todos aqueles que depositam sua fé em Deus.
  - Salmo 4:8
  - Salmo 145:13
  - Isaías 26:3-4
  - Filipenses 4:7

Você percebe que, como cristã, tem acesso à paz de Deus? Todas nós podemos nos achegar a Ele e trocar nosso medo ou fraqueza por Sua força e paz.

Pedro estava preso fisicamente pelo seu inimigo. Muitas de nós estamos presas de outras maneiras pelo inimigo. Escolha um dos versículos citados para clamar por sua situação. E lembre-se de que Deus nos convida a lançar sobre Ele o que nos aflige.

Você permitirá que Deus use este estudo da Sua Palavra em dez semanas para aumentar sua fé? Você pode fazer a oração de encerramento da página 231? Se você sente que sua fé está abalada, peça a Deus para torná-la suficiente. Transforme-se numa mulher de *fé apaixonada*.

notas

Capítulo 1: Um par perfeito
1. Dr. Wilkinson, Bruce H. *A oração de Jabez*. Editora Mundo Cristão, 2001.
2. Gower, Ralph. *Usos e costumes dos tempos bíblicos*. Editora CPAD, 2002.
3. Ibid.

Capítulo 2: Escolhendo confiar
1. Fonte desconhecida.
2. A fonte original da história é desconhecida. A ideia básica foi adornada pela autora deste livro.

Capítulo 3: Primeiro eu, primeiro eu!
1. Telushkin, Rabbi Joseph, *Biblical Literacy* (New York: William Morrow and Company, 1997), 130.
2. Esta história também é citada em *Carol Kent's Mothers Have Angel Wings* (As mães têm asas de anjos) (Colorado Springs: NavPress, 1997).
3. Elwell, Walter. *Baker Commentary on the Bible* (Grand Rapids, 1989), 86.

Capítulo 4: O orgulho leva um banho
1. A. R. Fausset, *Fausset's Bible Dictionary* (Grand Rapids: Zondervan, 1981), 430.
2. Dr. Wilkinson, Bruce e Kenneth, Boa, *Talk Thru the Old Testament* (Uma conversa sobre o Antigo Testamento) (Nashville: Thomas Nelson, 1983), 92.

Capítulo 5: Querida Abigail
1. Hunt, Susan. *A graça que vem do lar*. Editora Cultura Cristã, 2008
2. *Nosso Pão Diário* (Grand Rapids: Ministérios RBC), data e autor desconhecido.

notas

Capítulo 6: Buscando a face de Deus na correria da vida
1. Fonte desconhecida.
2. Powell, John. *Porque tenho medo de te dizer quem sou?* Editora Crescer, 1989.
3. Gower, Ralph. *Usos e costumes dos tempos bíblicos.* Editora CPAD.
4. Esta citação foi extraída de estudo sobre publicanos do índice *Emprego e Profissão* em (Bíblia de estudo Palavra Viva). Editora Thomas Nelson.

Capítulo 8: Adivinhe quem vem para o jantar
1. A fonte original da história é desconhecida. Ideia básica foi adornada pela autora deste livro!
2. Dr. Lockyerk, Herbert. *All The Women of the Bible* (Todas as mulheres da Bíblia) (Grand Rapids: Zondervan, 1988).
3. Hendricks, Jeanne W. *A Women For All Seasons* (Uma mulher para todos os momentos) (Nashville: Thomas Nelson, 1977), 152.
4. Gower, Ralph. *Usos e costumes dos tempos bíblicos.* Editora CPAD.
5. Esta citação foi retirada da anotação de estudo de Lucas 23:49 em Bíblia de estudo *Palavra Viva*). Editora Thomas Nelson
6. Alcorn, Randy. *Can't you see that I'm busy?* (Você não percebe que estou ocupado? (Moody, October 1984), 36.
7. Henry, Matthew *Comentário bíblico Matthew Henry Antigo e Novo Testamento.* Editora CPAD.

Capítulo 9: "Deus, o Senhor está atrasado! Onde estavas quando precisei de ti?"
1. Esta citação é extraída de uma anotação de estudo do livro de Mateus 26:3-5 em Bíblia de estudo *Palavra Viva*. Editora Thomas Nelson.
2. Esta citação é extraída de uma anotação de estudo do livro de João 12:1-8 em Bíblia de estudo *Palavra Viva*. Editora Thomas Nelson.
3. Esta citação é extraída de uma anotação de estudo de Lucas 9:51 em *A Bíblia do Estudante, Nova Versão Internacional.* Editora CPAD.
4. Henry, Matthew. *Comentário bíblico de Matthew Henry Antigo e Novo Testamento.* Editora CPAD

5. Brestin, Dee e Troccoli, Kathy. *Jesus, o amor da minha vida.* Editora Motivar.
6. Ibid.
7. Kent, Carol, *Secret Longings of the Heart* (Anseios secretos do coração)(Colorado Springs: Nav Press, 1997), 204.

Capítulo 10: Escape do corredor da morte!
1. Lockyerk, *All the Women of the Bible.* (Todas as mulheres da Bíblia) (Grand Rapids: Zondervan, 1988). 141.
2. *Life Application Bible,* Nova Versão Internacional (Bíblia de aplicação para a vida),1974.
3. Robertson, A. T. *Word Pictures in the New Testament* (Figuras de linguagem no Novo Testamento)(Grand Rapids: Baker, 1990), citado em http://bible.crosswalk.com
4. Ibid.
5. Henry, Matthew. *Comentário bíblico Matthew Henry Antigo e Novo Testamento.* Editora CPAD.
6. *Bíblia de estudo Palavra Viva.* Editora Thomas Nelson
7. Extraído do estudo bíblico de Atos 12:5 *Life Application Bible,* Nova Versão Internacional (Bíblia de aplicação para a vida) (Wheaton: Tyndale House e Grand Rapids: Zondervan, 1991), 1974.
8. Sherrer, Queen e Garlock Ruthanne. *Manual da mulher para a batalha espiritual.* Editora Atos, 2003.
9. McGee, J. Vernon, *Acts chapters 1-14* (Atos capítulos 1-14) (Nashville: Thomas Nelson, 1991), 139.

Guia de estudo de 10 semanas
1. Maxwell, John C. *Bíblia da Liderança Cristã.* Sociedade Bíblica do Brasil, 2007.
2. Spanglers, Ann e Wolgemuth Robert. *Eles.* Editora Educação Cristã, 2005.
3. Dr. Cloud, Henry e Dr. Townsend John. *Limites.* Editora Vida, 2001.
4. Yancey Philip. *Onde está Deus quando chega a dor?* Editora Vida, 2005.
5. Ibid.
6. Ibid.

notas